Vogt

Von Java zu Kotlin

Ihr Plus – digitale Zusatzinhalte!

Auf *plus.hanser-fachbuch.de* gibt es kostenloses Zusatzmaterial zu diesem Buch. Den Zugangscode finden Sie am Ende des Werkes.

Bleiben Sie auf dem Laufenden!

Der Hanser Computerbuch-Newsletter informiert Sie regelmäßig über neue Bücher und Termine aus den verschiedenen Bereichen der IT. Profitieren Sie auch von Gewinnspielen und exklusiven Leseproben. Gleich anmelden unter

www.hanser-fachbuch.de/newsletter

E-Book inklusive

Mit folgendem Code können Sie die E-Book-Ausgabe dieses Buches downloaden:

dvq6t-awxmi-h6cdj-qxfji-lctay

Registrieren Sie sich unter

plus.hanser-fachbuch.de/ebookinklusive

Das E-Book können Sie auf Ihrem Rechner*, Tablet-PC und E-Book-Reader nutzen.

* Systemvoraussetzungen: Internet-Verbindung und Adobe® Reader®

Lehrbücher zur Informatik

Begründet von
Prof. Dr. Michael Lutz und *Prof. Dr. Christian Märtin*
weitergeführt von
Prof. Dr. Christian Märtin
Hochschule Augsburg, Fachbereich Informatik

Zu dieser Buchreihe

Die Werke dieser Reihe bieten einen gezielten Einstieg in grundlegende oder besonders gefragte Themenbereiche der Informatik und benachbarter Disziplinen. Alle Autoren verfügen über langjährige Erfahrung in Lehre und Forschung zu den jeweils behandelten Themengebieten und gewährleisten Praxisnähe und Aktualität.

Die Bände der Reihe können vorlesungsbegleitend oder zum Selbststudium eingesetzt werden. Sie lassen sich teilweise modular kombinieren. Wegen ihrer Kompaktheit sind sie gut geeignet, bestehende Lehrveranstaltungen zu ergänzen und zu aktualisieren.

Die meisten Werke stellen Ergänzungsmaterialien wie Lernprogramme, Software-Werkzeuge, Online-Kapitel, Beispielaufgaben mit Lösungen und weitere aktuelle Inhalte auf eigenen Websites zur Verfügung.

Titel in dieser Reihe

- Peter Forbrig, Objektorientierte Softwareentwicklung mit UML
- Arne Mayer, Die Kunst der IT-Produktentwicklung [in Planung]
- Rainer Oechsle, Parallele und verteilte Anwendungen in Java
- Claudia Reuter, Requirements Engineering – klassisch, agil und hybrid [in Planung]
- Wolfgang Riggert / Ralf Lübben, Rechnernetze
- Carsten Vogt, Von Java zu C
- Carsten Vogt, Von Java zu Kotlin

Carsten Vogt

Von Java zu Kotlin

Effizient eine neue Sprache lernen

HANSER

Der Autor:
Prof. Dr. Carsten Vogt, Bergisch Gladbach

MIX
Papier | Fördert gute Waldnutzung
FSC® C016368

Print-ISBN: 978-3-446-48372-9
E-Book-ISBN: 978-3-446-48483-2
E-Pub-ISBN: 978-3-446-48590-7

Die allgemein verwendeten Personenbezeichnungen gelten gleichermaßen für alle Geschlechter.

Bibliografische Information der Deutschen Nationalbibliothek:
Die Deutsche Nationalbibliothek verzeichnet diese Publikation in der Deutschen Nationalbibliografie; detaillierte bibliografische Daten sind im Internet unter http://dnb.d-nb.de abrufbar.

Vilshofener Straße 10 | 81679 München | info@hanser.de
www.hanser-fachbuch.de
Lektorat: Brigitte Bauer-Schiewek, Kristin Rothe
Copy editing: Petra Kienle, Fürstenfeldbruck
Herstellung: Grazyna Lada
Coverkonzept: Marc Müller-Bremer, www.rebranding.de, München
Covergestaltung: Thomas West
Satz: Eberl & Koesel Studio, Kempten
Druck: Elanders Waiblingen GmbH, Waiblingen
Printed in Germany

Inhalt

Vorwort

Der Mensch ist ein Gewohnheitstier: Wenn man sich erst einmal an etwas gewöhnt hat, dann bleibt man gern dabei und sieht über Unzulänglichkeiten hinweg. Manchmal ist das auch gut so, denn Veränderungen machen Arbeit und Neues ist nicht unbedingt besser. Oft ist aber der Aufwand für einen Wechsel geringer, als es zunächst scheint, und er lohnt den Gewinn, den man damit macht. Im Idealfall kann man sogar Neues und Altes gemeinsam einsetzen, sodass der Übergang weich ist und man bewährte Dinge beibehalten kann.

Ein gutes Beispiel hierfür ist das Programmiersprachen-Duo Java und Kotlin. Java als altbewährte Sprache bietet viele Möglichkeiten und wird in vielen Bereichen verwendet. Wer aber intensiver mit Java programmiert, dem/der wird einiges auffallen, das verbessert werden könnte – so zum Beispiel die Robustheit gegen Null Pointer Exceptions, eine Unterstützung von „Stand-Alone-Funktionen“ (also Methoden, die unabhängig von Klassen definiert und verwendet werden), weniger Zwang zum Einsatz von try-catch-Konstrukten, eine kompaktere Definition von Klassen und einiges mehr.

Kotlin wurde in diesem Sinne als Nachfolgesprache von Java entwickelt. Es hat einerseits viele bewährte Dinge von Java übernommen und andererseits Problemstellen beseitigt sowie zahlreiche neue Programmkonstrukte hinzugefügt. Sehr vorteilhaft ist, dass man Kotlin und Java gemeinsam einsetzen, also im selben Programm einen Teil des Codes in Java und einen anderen in Kotlin schreiben sowie auf Bibliotheken beider Sprachen zurückgreifen kann. Java und Kotlin sind somit „interoperabel“. Daher lohnt sich ein Übergang von Java zu Kotlin nicht nur, sondern er kann zudem weich vonstattengehen.

Aktuell wird Kotlin, neben Backend-Anwendungen, insbesondere für die Programmierung von Mobilgeräte-Apps eingesetzt. So empfiehlt Google für seine Android-Plattform nunmehr Kotlin anstelle von Java. Gerade auf diesem Feld kann Kotlin seine Stärken ausspielen: Die Programmierarbeit wird leichter und man kann vorhandenen

Java-Code in neuen Kotlin-basierten Projekten weiterverwenden und bei Bedarf schrittweise anpassen.

Das Buch wendet sich daher an Lernende und Profis, die bereits Erfahrung mit Java haben und Kotlin als weitere Programmiersprache lernen wollen oder müssen. Es ist keine grundständige Darstellung von Kotlin, sondern konzentriert sich auf die Besonderheiten der Sprache gegenüber Java. Damit bietet es eine zwar vergleichsweise kurze, aber doch recht detaillierte und tiefgängige Einführung in Kotlin.

Künstliche Intelligenz ist beim Schreiben dieses Buchs nur begrenzt eingesetzt worden. Die Beispielprogramme und natürlich auch die Texte selbst wurden per Kopf und Hand erstellt. KI wurde, neben Literatur und Web-Quellen, zur Recherche genutzt und zum nachträglichen Gegenlesen einiger Textstellen. Das war in vielen Fällen hilfreich, brachte aber manchmal auch irreführende oder sogar schlichtweg falsche Resultate. Es zeigte sich wieder, dass man sich auf KI nicht unbesehen verlassen sollte, und mein Dank an sie (wenn man sie denn personifizieren möchte) ist daher nur ein eingeschränkter.

Mein uneingeschränkter Dank geht aber an

- alle Beteiligten beim Hanser-Verlag, insbesondere Frau Bauer-Schiewek und Frau Rothe, für die wieder problemlose und angenehme Zusammenarbeit,
- meine Frau Sabine dafür, dass ich auch abends auf dem Sofa neben ihr auf meinem Notebook herumtippen durfte, und
- ganz besonders Herrn Dipl.-Ing. Marcel Henk für viele anregende Gespräche zu Kotlin und Android sowie für alles andere in einem langen gemeinsamen Berufsleben.

Kommentare zum Buch und (hoffentlich wenige) Fehlermeldungen erbitte ich per Mail an *carsten.vogt@th-koeln.de*.

Bergisch Gladbach, im Sommer 2025 — Carsten Vogt

Für eine schnelle Übersicht können Sie zunächst den Abschnitt **Kotlin kurzgefasst** im Anhang lesen, bevor Sie mit der eigentlichen Lektüre beginnen.

Zusatzmaterial zum Buch

Zu diesem Buch stehen Ihnen weitere Inhalte digital zur Verfügung:

- die Beispielprogramme
- der Lösungscode der Aufgaben
- die nach Drucklegung entdeckten Fehler
- Links auf Online-Quellen

Die Zugangsinformationen finden Sie im Kasten zum Zusatzmaterial auf Seite I im Buch.

Hinweise auf Dokumentationen und Werkzeuge, die im Internet frei verfügbar sind, gibt der Literaturteil im Anhang.

1 Einführung

1.1 Von Java zu Kotlin

Java ist eine weitverbeitete, seit Jahrzehnten etablierte Programmiersprache. Ihre wesentlichen Grundprinzipien sind Objektorientierung, Robustheit/Sicherheit und Plattformunabhängigkeit. Im Laufe der Zeit hat Java circa zwei Dutzend Erweiterungen und Aktualisierungen erfahren, so unter anderem Version 5, in der insbesondere generische Klassen eingeführt wurden, und Version 8 mit der Einführung von Lambdas und weiteren Konzepten der funktionalen Programmierung.

Die tschechische Software-Firma **JetBrains** vertreibt Werkzeuge zur Programmierung und Projektverwaltung. Ihr bekanntestes Produkt ist die Softwareentwicklungsumgebung **IntelliJ IDEA**, die unter anderem die Basis für **Android Studio** ist, das Standardwerkzeug zur Entwicklung von Android-Apps. IntelliJ IDEA war ursprünglich in Java programmiert worden. Aufgrund verschiedener Schwächen von Java (siehe Abschnitt 1.2) wuchs jedoch der Bedarf für eine neue Sprache und JetBrains entschied sich, eine solche Sprache selbst zu realisieren. Dmitry Jemerov, einer der führenden Köpfe bei der IntelliJ-IDEA-Entwicklung, schrieb:

> *„We want to become more productive by switching to a more expressive language. At the same time, we cannot accept compromises in terms of either Java interoperability (the new language is going to be introduced gradually, and needs to interoperate smoothly with the existing code base) or compilation speed." [Jeme11]*

Ziel war also der Entwurf einer Sprache, die die Defizite von Java behebt, aber dennoch Java-nah ist. Der Begriff „Java-nah" umfasst mehrere Aspekte:

- Die Sprache kann in Bytecode für die Java Virtual Machine (JVM) compiliert werden, sodass ihre Programme auf derselben Plattform wie Java ausführbar sind.

- Die Sprache ist mit Java voll interoperabel:
  - Ein Projekt sowohl Java-Quellcode als auch Code der neuen Sprache enthalten. Man kann also wahlweise in einer der beiden Sprachen programmieren und bestehende Java-Projekte können schrittweise in die neue Sprache überführt werden.
  - Externe Java-Pakete und -Klassen können importiert werden. Selbst entwickelter Java-Code sowie Standard-Software wie die Java-SE-Klassenbibliothek sind also weiterhin nutzbar.
- Die Sprache hat deutliche konzeptuelle und syntaktische Ähnlichkeiten zu Java, sodass Programmierern/-innen der Umstieg leicht fällt.

Die neue Sprache wurde im Jahr 2011 unter dem Namen **Kotlin** vorgestellt – benannt nach einer Insel vor Sankt Petersburg, wo die beteiligten Personen seinerzeit arbeiteten. Kotlin wurde, neben Java, von C# und den weniger bekannten Sprachen Scala und Groovy beeinflusst und vereinigt Prinzipien der objektorientierten, der prozeduralen und der funktionalen Programmierung.

Einen großen Schub erhielt Kotlin im Jahr 2019, als Google Kotlin als bevorzugte Sprache zur Entwicklung von Android-Apps ausrief. Android Studio bietet seither, wie das zugrunde liegende IntelliJ IDEA, volle Unterstützung für die Programmierung in Kotlin, sodass mitlerweile plattformspezifische Android-Anwendungen mehrheitlich in Kotlin und nicht mehr in Java geschrieben werden. JetBrains und Google gründeten gemeinsam die **Kotlin Foundation**, die die Kotlin Trademark betreut, während die Weiterentwicklung der Sprache selbst weiterhin bei JetBrains liegt.

Neben Benutzeranwendungen wird zunehmend auch Backend-Software, insbesondere im Webserver-Bereich, in Kotlin programmiert. Kotlin-Quellcode kann nicht nur in JVM-Bytecode übersetzt werden, sondern (Stichwort **Kotlin Multiplatform**) auch nach JavaScript zur Ausführung in Browsern und mit Node.js sowie in nativen Code für Betriebssysteme wie Linux, Windows, macOS und iOS. Mit **Compose Multiplatform** lassen sich Benutzeroberflächen erstellen, die auf verschiedenen Plattformen angezeigt werden können.

1.2 Javas Schwächen und Kotlins Stärken

Java ist eine mächtige Sprache; jedoch kann es bisweilen etwas mühsam und mit Einschränkungen verbunden sein, damit zu arbeiten. Mit Kotlin wurde eine Programmiersprache geschaffen, die Java-nah ist, aber grundlegende Defizite von Java behebt. Die folgende Tabelle benennt in groben Stichworten die hervorstechendsten Java-Schwächen und Kotlins Lösungen dazu und gibt Verweise zu entsprechenden Abschnitten dieses Buchs. Eine ausführlichere Erläuterung folgt im Anschluss an die Tabelle.

Tabelle 1.1 Java-Schwächen und Kotlins Lösungen dazu

Java-Schwäche	Kotlin-Lösung	siehe
Funktionen / Methoden:		
Funktionen nur als Methoden in Klassen	eigenständige „Top-Level Functions"	Abschnitt 5.1.1
Typkonzept für Methoden durch objektorientierte „Functional Interfaces"	eigenständiges Typkonzept für Funktionen als „First-Class Citizens"	Abschnitt 5.3.2
unterschiedliche Argumentlisten einer Methode nur durch Überladung	unterschiedliche Argumentlisten auch mithilfe von Defaultwerten für Parameter und benannten Aufrufargumenten	Abschnitt 5.1.3
Klassen:		
Redundanzen in den Definitionen von Attributen, Konstruktoren, Gettern/Settern	Definition von „Properties" (≈ Attributen) gemeinsam mit Konstruktordefinitionen, implizite Definition von Gettern/Settern, „Data Classes" mit impliziten Funktionsdefinitionen	Abschnitt 7.2.2 Abschnitt 7.1.1 Abschnitt 7.4.1
Klassen:		
Erweiterung der Funktionalität einer Klasse nur durch Vererbung	Erweiterung der Funktionalität auch durch „Extension Functions" und Delegation	Abschnitt 8.3 Abschnitt 8.5
genaue Abbildung der Pakethierarchie auf die Verzeichnisstruktur, pro öffentliche Klasse eine eigene Datei	Verzeichnisstruktur unabhängig von der Pakethierarchie möglich, mehrere öffentliche Klassen in einer Datei möglich	
Ausnahmebehandlung:		
Schutz vor `NullPointerExceptions` nur kleinteilig programmgesteuert	„Nicht-nullfähige Typen" mit grundlegendem Schutz vor `NullPointerExceptions`	Abschnitt 4.1
zwingende Behandlung bestimmter Ausnahmen	Ausnahmebehandlung immer optional	Abschnitt 3.3
Nebenläufigkeit:		
Nebenläufigkeit nur durch relativ schwergewichtige Thread-Objekte	Nebenläufigkeit auch durch leichtgewichtige „Coroutines"	Abschnitt 9.1.3
Ausdrucksfähigkeiten und syntaktische Details:		
eine Reihe von syntaktischen Umständlichkeiten und Einschränkungen in der Ausdrucksfähigkeit	entsprechende Verbesserungen und Erweiterungen von Syntax und Semantik	

Funktionen/Methoden:

- In Java können Funktionen nicht eigenständig definiert werden, sondern man muss sie als statische Methoden in Klassen einbetten. Dies betrifft insbesondere Hauptprogramme main(), deren Klassen meist keine weitere Bedeutung haben, aber Schreibarbeit verursachen.

  Kotlin ermöglicht dagegen „Top-Level Functions“, die unabhängig von Klassen definiert und verwendet werden können.

- Java unterstützt zwar seit seiner Version 8 grundlegende Konzepte der funktionalen Programmierung. Insbesondere kann man seither Lambdas (also namenlose Funktionen in Kompaktschreibweise) an Methoden übergeben und Referenzen auf sie in Variablen speichern. Das zugrunde liegende Typkonzept greift aber auf eine Technik der objektorientierten Programmierung zurück, nämlich sogenannte „funktionale Schnittstellen“. Dies führt dazu, dass sich Typangaben nicht sehr eingängig lesen – wie beispielsweise Bifunction<Integer,Float,Float> für Funktionen mit je einem Integer- und einem Float-Parameter sowie dem Rückgabetyp Float.

  In Kotlin dagegen wurden Prinzipien der funktionalen Programmierung von Beginn an integriert. Das Typkonzept für Funktionen erlaubt es, Funktionen als „First-Class Citizens“ zu behandeln, sie also in typisierten Variablen zu speichern, an Funktionen zu übergeben und als Rückgabewerte von Funktionen zu erhalten. Collection-Klassen machen intensiven Gebrauch von der Möglichkeit, Lambdas an Funktionen zu übergeben – beispielsweise um bei einer Suchfunktion das Suchkriterium festzulegen.

- Für Methodenparameter können in Java keine Defaultwerte vereinbart werden, sodass man stets Werte für sämtliche Parameter übergeben muss. Möchte man das vermeiden, so muss man die Methode überladen, also Versionen definieren, die nur einen Teil der Parameter anbieten und den übrigen in ihrem Körper Defaultwerte zuweisen. Je mehr Parameter es gibt, desto mehr Überladungen sind erforderlich, und wenn mehrere Parameter denselben Typ haben, ist ein sinnvolles Überladen eventuell gar nicht möglich.

  Kotlin erlaubt es demgegenüber, Defaultwerte für Parameter festzulegen, sodass man sie in der Argumentliste eines Aufrufs weglassen kann. Um eindeutig zu spezifizieren, welches Argument zu welchem formalen Parameter gehört (und dabei gegebenenfalls auch die Reihenfolge der Parameter zu ändern), kann man bei Aufrufen Parameternamen explizit angeben.

Klassen:

- Klassendefinitionen weisen in Java oft Redundanzen auf: Bereits deklarierte Attribute erscheinen nochmals mit ihren Namen und Typen in Konstruktoren, Gettern und Settern. Zwar können Entwicklungsumgebungen solch redundanten Code automatisch erzeugen und damit die Schreibarbeit reduzieren, aber der Programmtext wird dennoch aufgebläht.

In Kotlin kann man Attribute innerhalb von Konstruktoren deklarieren, sodass die Festlegung der Namen und Typen und die Zuweisung von Anfangswerten zusammenfallen. Getter und Setter werden automatisch implizit bereitgestellt, können aber individuell überschrieben werden. Ein Getter muss nicht auf einen gespeicherten Wert zugreifen, sondern kann ihn bei einem Zugriff dynamisch berechnen. (Übrigens spricht man aufgrund dieser Erweiterungen in Kotlin nicht von „Attributen", sondern von „Properties".)

- Um die Funktionalität einer Java-Klasse zu erweitern, muss man eine Unterklasse schreiben. Eine einfache Operation, mit der man einer Klasse eine weitere Methode (eine „Extension Function") hinzufügen könnte, fehlt in Java. Ebenso wird Delegation, also die Bearbeitung eines Auftrags an ein Objekt durch ein anderes Objekt, sprachlich nicht unmittelbar unterstützt.

  Kotlin dagegen ermöglicht Vererbung an Unterklassen, Erweiterungsfunktionen ohne Unterklassenbildung und Delegation.

- Eine Java-Quellcode-Datei darf höchstens eine öffentliche Klasse enthalten; ein großes Java-Projekt mit vielen öffentlichen Klassen besteht also zwingend aus entsprechend vielen, oft kleinen Dateien. Die Package-Hierarchie, die die Menge der Klassen strukturiert, wird von der Entwicklungsumgebung üblicherweise direkt in eine entsprechende Verzeichnisstruktur umgesetzt, was zu tief geschachtelten, unübersichtlichen Verzeichnissen führen kann.

  Demgegenüber muss die Verzeichnisstruktur eines Kotlin-Projekts seine Pakethierarchie nicht unbedingt nachbilden; tiefe Verzeichnisschachtelungen können also vermieden werden. Eine Datei darf mehrere öffentliche Klassen enthalten, sodass die Anzahl der Dateien nicht ausufert.

Ausnahmebehandlung:

- In Java gibt es keinen grundlegenden Schutz vor `NullPointerExceptions`, sondern ein Programm muss sich durch `if`-Abfragen, `try-catch`-Blöcke oder mithilfe der Klasse `Optional` explizit dagegen absichern. Das ist insbesondere bei verketteten Ausdrücken wie zum Beispiel `myData.getTable(x).getLine(y).getColumn(z)` aufwendig, in denen jeder Teil den Wert `null` haben kann.

  In Kotlin wird zwischen „nullfähigen Typen" und „nicht-nullfähigen Typen" unterschieden. Man kann also bereits bei der Deklaration einer Variablen festlegen, dass sie nie den Wert `null` annehmen wird, sodass man für sie anschließend `NullPointerExceptions` nicht mehr berücksichtigen muss.

- Java verlangt für zahlreiche Exception-Typen, dass das Programm sie explizit abfängt, also in einen `try-catch`-Block einbettet oder per `throws` deklariert. Aus Anwendungssicht ist dies aber oft nicht erforderlich, sondern es führt nur zu aufgeblähtem Code.

Kotlin verzichtet auf diesen Zwang; Exceptions können durch das Programm abgefangen werden, müssen es aber nicht.

Nebenläufigkeit:

- Nebenläufigkeit in Java basiert auf Objekten, insbesondere der Klasse `Thread`. Sollen viele Aktionen nebenläufig stattfinden, so müssen entsprechend viele Objekte erzeugt werden, was aufwendig ist und an Kapazitätsgrenzen stößt. Auch ist eine gewisse Schreibarbeit zu leisten, da die eigentlichen Operationen in Unterklassen von `Thread` mit deren `run()`-Methoden eingebettet werden müssen.

  In Kotlin kann man zwar ebenfalls mit Threads programmieren, man kann aber auch mit leichtgewichtigen Coroutinen arbeiten, bei denen der nebenläufige Code nicht in gesonderte Objekte ausgelagert wird, sondern im fließenden Programmtext aufgeführt wird. Zudem können Coroutinen in sehr großer Anzahl erzeugt werden, ohne dass dabei Performanceprobleme auftreten.

Ausdrucksfähigkeit und syntaktische Details:

- Ausdrucksfähigkeiten und Möglichkeiten einiger syntaktischer Konstrukte sind in Java eingeschränkt. Beispielsweise ist ein `if-else` in Java eine Anweisung und kein Ausdruck, was den gesonderten ternären Operator `a?b:c` erforderlich macht; in Kotlin kann `if-else` auch als Ausdruck mit einem Wert verwendet werden. Auch `switch-case` in Java und das entsprechende `when` in Kotlin sind unterschiedlich ausdrucksfähig.

- Eine Reihe von syntaktischen Details führt in Java zu unnötiger Schreibarbeit – zum Beispiel der vergleichsweise komplexe Kopf von `for`-Schleifen, die lediglich einen Zahlenbereich durchlaufen sollen, das verpflichtende `break` am Ende eines `case`-Zweigs oder einfach nur das Semikolon, mit dem man auch am Zeilenende eine Anweisung abschließen muss. Kotlin hat hier eine kompaktere Syntax, sodass häufig verwendete Codemuster knapper formuliert werden können.

Eine sehr große Stärke von Kotlin ist, wie schon betont, seine Interoperabilität mit Java: Java-Klassen und -Pakete können in ein Kotlin-Projekt importiert und dort prinzipiell beliebig verwendet werden, und im selben Projekt können Dateien mit Java- und mit Kotlin-Code vorhanden sein und interagieren. Will man also von Java nach Kotlin umsteigen, so kann man das schrittweise tun und vorhandenen Java-Code weiterverwenden.

> **!** Natürlich hat auch Kotlin seine Schwächen, wie beispielsweise Zwänge zur expliziten Typumwandlung sowie ein in Teilen unübersichtliches Konstruktorensystem. Hinweise dazu werden im Text durch ein entsprechendes Symbol gekennzeichnet.

1.3 Erste Codebeispiele

Codebeispiele aus drei Bereichen sollen einen ersten Eindruck von Kotlins Konzepten und Ausdrucksmöglichkeiten geben und damit einige Stärken von Kotlin illustrieren. Detaillierter werden die gezeigten Techniken dann im weiteren Verlauf des Buchs erklärt.

1.3.1 Beispiel 1: Ein einfaches Hauptprogramm

Ein Kotlin-Hauptprogramm, das eine Folge von Quadratzahlen berechnet, könnte so in eine Programmdatei geschrieben und dann übersetzt und ausgeführt werden:

```
import java.util.Scanner
fun main() {
  print("Bitte Schleifengrenze eingeben (>0): ")
  val grenze = Scanner(System.`in`).nextInt()
  for (i in 1 .. grenze)
    println("$i hoch 2 = ${i*i}")
}
```

Die erste Zeile zeigt, dass Java-Klassen und -Pakete in Kotlin-Programme importiert werden können (Nutzung dann in der vierten Zeile). Anschließend fällt im Vergleich zu Java Folgendes auf:

- Das Hauptprogramm **`main()`** muss nicht in eine Klasse eingebettet werden, sondern kann als Top-Level Function für sich allein stehen.
- Anweisungen stehen jeweils in einer eigenen Zeile und müssen nicht durch ein Semikolon abgeschlossen werden.
- Variablen, deren Werte nach der ersten Zuweisung nicht mehr geändert werden sollen, werden durch das Schlüsselwort **`val`** gekennzeichnet (anderenfalls kennzeichnet man sie durch **`var`**).
- Wenn der Typ einer Variablen aus dem zugewiesenen Wert abgeleitet werden kann, muss er bei der Deklaration nicht explizit angegeben werden (**Typinferenz** – hier für die Variablen `grenze` und `i`).
- **Konstruktoren** werden ohne das Schlüsselwort `new` aufgerufen (hier bei der Erzeugung eines `Scanner`-Objekts).
- `for`-Schleifen können mithilfe von **Ranges** `von .. bis` formuliert werden.
- **`println`** wird ohne das Präfix `System.out` aufgerufen, da es eine Top-Level Function ist.

- Werte von Variablen und Ausdrücken können durch **Templates** (`$Variablenname`, `${Ausdruck}`) direkt in Strings eingefügt werden; ein Konkatenieren von festen und variablen Teilstrings mit dem +-Operator ist also nicht nötig.

1.3.2 Beispiel 2: Funktionen

Das zweite Beispiel zeigt eine **Top-Level Function**, die einen Namensstring aus vier Bestandteilen konkateniert:

```
fun namensstring(anrede : String = "",
                 titel : String = "",
                 vorname : String,
                 nachname : String ) : String {
  var result = ""
  if (!anrede.equals("")) result += anrede + " "
  if (!titel.equals("")) result += titel + " "
  result += vorname + " " + nachname
  return result
}
```

Man kann diese Funktion in dieselbe Datei wie das Hauptprogramm schreiben, und zwar darunter oder darüber; man kann sie aber auch in eine eigene Datei setzen. Sie wäre dort für das Hauptprogramm und für Funktionen und Klassen in möglichen weiteren Dateien des Kotlin-Projekts direkt zugreifbar.

Neben syntaktischen Details (Definition eingeleitet durch `fun`, Typangaben nachgestellt durch `: String`) bemerkt man, dass für die beiden ersten Parameter **Defaultwerte** angegeben sind. Für diese Parameter müssen also bei einem Aufruf keine Argument übergeben werden. So kann man die Funktion durch

```
namensstring(vorname = "Tim", nachname = "Tintenklecks")
```

aufrufen, was äquivalent zu

```
namensstring("","","Tim","Tintenklecks")
```

ist. Mögliche Mehrdeutigkeiten (an welche Parameter sollen die Argumente übergeben werden?) werden dadurch aufgelöst, dass man beim Aufruf **Parameternamen** explizit angibt.

An Kotlin-Funktionen können nicht nur Werte oder Objektreferenzen, sondern auch weitere Funktionen übergeben werden. Kotlin unterstützt also **Funktionen höherer Ordnung** mit Parametern eines Funktionstyps. Die Funktion von oben könnte man beispielsweise folgendermaßen überladen und damit erweitern:

```
fun namensstring(
  anrede : String = "", titel : String = "", vorname : String, nachname : String,
  pruefung : (String, String, String, String) -> Boolean
```

```
) : String {
  if (!pruefung(anrede,titel,vorname,nachname)) return "FEHLER"
  return namensstring(anrede,titel,vorname,nachname)
}
```

Über den zusätzlichen Parameter `pruefung` wird eine Funktion übergeben, die vier `String`-Parameter hat und einen `Boolean`-Wert zurückliefert. Mit dieser Funktion wird im Körper von `namensstring` geprüft, ob deren `String`-Parameter bestimmte Bedingungen erfüllen. Wie diese Prüfung abläuft, steht also nicht a priori fest, sondern kann bei jedem Aufruf individuell spezifiziert werden. Soll also zum Beispiel geprüft werden, ob Vor- und Nachname aus mindestens zwei Zeichen bestehen, so kann man `namensstring` so aufrufen:

```
  namensstring(
    "Herr", "Prof.", "Habakuk", "Tibatong",
    { s1:String, s2:String, s3:String, s4:String
                              -> s3.length>2 && s4.length>2 }
  )
```

An `pruefung` wird dabei ein entsprechendes **Lambda** (also eine namenlose Funktion in Kompaktschreibweise) übergeben, die dann im `namensstring` -Körper aufgerufen wird und die übergebenen Strings `Habakuk` und `Tibatong` prüft, die Strings `Herr` und `Prof.` jedoch nicht.

Alternativ kann man benannte Funktionen übergeben – entweder direkt ...

```
fun laengenpruefung(s1 : String, s2 : String,
                    s3 : String, s4 : String) : Boolean {
  return s3.length>1 && s4.length>1
}
namensstring("","","Seelefant","",::laengenpruefung)
```

... oder nachdem man sie einer **Funktionsvariablen** zugewiesen hat:

```
val funktionsVar = ::laengenpruefung
namensstring("","","Wutz","",funktionsVar)
```

1.3.3 Beispiel 3: Klassen und Objekte

Das dritte Beispiel illustriert den Umgang mit Klassen und Objekten. Eine Kotlin-Klasse für Vektoren im dreidimensionalen Raum mit drei **Properties** `x, y, z` (die Java-Attributen entsprechen) und einer **Member Function** `laenge()` könnte wie folgt definiert werden:

```
class Vektor3D(var x : Double, var y : Double, var z : Double) {
  fun laenge() : Double { return Math.sqrt(x*x+y*y+z*z) }
}
```

Klassendefinitionen können in dieselbe Datei wie das Hauptprogramm geschrieben werden oder in eigene Dateien, wobei eine Datei mehrere, auch öffentliche Klassen enthalten kann.

Die Deklarationen in der Klammer hinter dem Klassennamen legen die Properties fest und definieren gleichzeitig einen **Konstruktor**. Redundanzen, wie sie in Java durch getrennte Attribut- und Konstruktordefinitionen auftreten, gibt es hier also nicht. Der Konstruktor wird dann wie in Java aufgerufen, allerdings ohne das Schlüsselwort `new`:

```
var vektor : Vektor3D = Vektor3D(2.4, 3.5, 0.4)
```

Damit ergibt sich in Kotlin dasselbe Bild wie in Java: Eine Variable speichert eine **Referenz** auf ein Objekt. Das Objekt wiederum speichert Werte in seinen Properties/Attributen und bietet nach außen Funktionen/Methoden, um (über die Referenz in der Variablen) auf die Werte zuzugreifen:

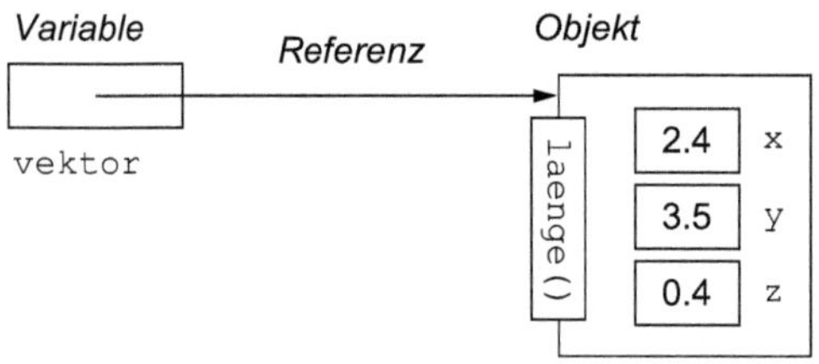

Bild 1.1
Variable, Referenz, Objekt

Die Typangabe `Vektor3D` besagt, dass `vektor` Referenzen auf `Vektor3D`-Objekte aufnehmen kann, nicht jedoch den Wert `null`! Die Variable vektor ist also **nicht-nullfähig**. Objektvariablen, denen auch `null` zugewiesen werden kann, werden mit einem Fragezeichen hinter dem Typ deklariert:

```
var vektorOrNull : Vektor3D? = null
```

Kotlin bietet ein reichhaltiges Instrumentarium für die Arbeit mit Klassen und Objekten. Ein Beispiel hierfür sind **Extension Functions**, also Funktionen, die zusätzlich zu den in der Klasse definierten Funktionen spezifiziert werden. Der Klasse `Vektor3D` könnte beispielsweise eine Extension Function hinzugefügt werden, die prüft, ob ein Vektor eine bestimmte Mindestlänge hat:

```
fun Vektor3D.istLaengerAls(minLength : Double) : Boolean {
  return laenge() > minLength  }
```

Extension Functions und Funktionen aus der Klassendefinition werden auf genau die gleiche Weise aufgerufen:

```
vektor.laenge()
vektor.istLaengerAls(10.0)
```

1.4 Das Buch und sein Umfeld

1.4.1 Aufbau und Ausrichtung des Buchs

Das Buch umfasst, nach dieser Einführung, neun weitere Kapitel:

- **Kapitel 2** gibt eine Einführung in das Variablen- und Typkonzept von Kotlin und stellt die grundlegenden Typen für Zahlen, Wahrheitswerte, Zeichen, Strings, Wertebereiche, Zeiten sowie Arrays mit ihren Operationen vor.
- **Kapitel 3** beschreibt Kotlins Kontrollstrukturen, nämlich Alternativen, Mehrfachverzweigungen, Schleifen und Blöcke zur Ausnahmebehandlung.
- In **Kapitel 4** geht es um die „Nullsicherheit" in Kotlin, also um Techniken, mit denen Null Pointer Exceptions verhindert werden.
- **Kapitel 5** befasst sich mit Funktionen und geht dabei insbesondere auf Funktionstypen, Lambdas und Funktionen höherer Ordnung ein – Konzepte, mit denen Kotlin eine funktionale Programmierung unterstützt.
- **Kapitel 6** behandelt Collections, also Datenstrukturen wie Lists, Sets und Maps, sowie Sequences. Kotlin bietet eine Vielzahl von Funktionen, die eine effiziente Arbeit damit ermöglichen und mithilfe von Lambda-Parametern flexibel einsetzbar sind.
- **Kapitel 7** zeigt, wie man Klassen mit ihren „Properties" (Attribute in einem erweiterten Sinn), Funktionen und Konstruktoren selbst definiert. Thema sind auch spezielle Klassen, nämlich Datenklassen, Enumerationsklassen und generische Klassen.
- **Kapitel 8** beschreibt Möglichkeiten, Klassen miteinander in Beziehung zu setzen und sie zu erweitern. Im Einzelnen geht es um Vererbung, Interfaces, Extensions, Delegation, das Überladen von Operatoren und die Schachtelung von Klassen.
- Thema von **Kapitel 9** ist die Nebenläufigkeit mit leichtgewichtigen Coroutinen. Es wird gezeigt, wie Coroutinen auf der Basis von Threads ausgeführt werden und wie sie über Datenströme („Flows") miteinander kommunizieren.
- Das abschließende **Kapitel 10** geht relativ knapp auf weiterführende Themen ein, nämlich auf Reflection, Type-Safe Builders im Zusammenhang mit Domain-Specific Languages, reguläre Ausdrücke sowie Kotlin Multiplatform zur Programmierung für verschiedene Plattformen.

Der Anhang stellt unter der Überschrift **Kotlin kurzgefasst** die wichtigsten Aussagen der Kapitel konzentriert dar. Wenn man einen schnellen Einstieg in Kotlin sucht, kann man zunächst diese Zusammenfassungen lesen und erst anschließend die Kapitel selbst, um die Konzepte und Techniken in größerem Detail kennenzulernen. Dann sollte man auch die **Beispielprogramme** ausprobieren, die man von der Verlagsseite zum Buch herunterladen kann (siehe Seite I). Ein vollständiges Bild bekommt man schließlich in den **Online-Dokumentationen** zu Kotlin, insbesondere zu dessen **Standardbibliothek**. Entsprechende Links sind jeweils im Text angegeben und im Literaturteil zusammengefasst.

Besonders gekennzeichnet sind Hinweise auf **Fallen und Probleme**, die bei der Programmierung mit Kotlin auftreten können, sowie „**Hands-On**"-Anregungen für die eigene praktische Arbeit. Bei dieser Eigenarbeit wird es primär darum gehen, bestimmte Aussagen aus dem Text zu prüfen, offen gebliebene Aspekte zu klären, Leistungen anhand von Zeitmessungen zu beurteilen und Ähnliches. Lösungen und Anmerkungen dazu findet man im Anhang sowie in den Beispielprogrammen der einzelnen Kapitel, jeweils als letzten Menüpunkt. Auf Aufgaben, wie man sie in anderen Programmierbüchern findet („Füllen Sie einen Array mit den Quadratzahlen bis 10 000 und geben Sie ihn aus!"), wird dagegen verzichtet, denn sie kann man sich leicht selbst ausdenken.

Vorausgesetzt wird, dass Leserinnen und Leser praktische Java-Erfahrungen haben, dass sie also mit den Java-Sprachkonstrukten vertraut sind und ein „Bild im Kopf" haben, wie man bestimmte Problemstellungen in Java programmtechnisch löst. Das Buch stellt daher nur an sehr wenigen Stellen Java- und Kotlin-Code explizit einander gegenüber und konzentriert sich ansonsten auf Programmbeispiele in Kotlin – in der Annahme, dass beim Lesen das entsprechende „Java-Bild" implizit entsteht. Hierdurch wird die Darstellung kompakt gehalten und der Blick auf das Neue gelenkt.

Eine kurze Anmerkung zum Sprachgebrauch: Wenn es zu englischen Begriffen gute, allgemein gebräuchliche deutsche Entsprechungen gibt, dann werden die deutschen Begriffe verwendet, anderenfalls die englischen. Ähnlich wird bei den Namen von Variablen, Funktionen usw. verfahren. Dies führt zwar zu einer gewissen Sprachvermischung, die man vielleicht beklagen mag, entspricht aber der Arbeitspraxis in der Informatik, ist ausdrucksstärker und hilft dabei, sich in den englischsprachigen Originalquellen zurechtzufinden.

1.4.2 Quellen und Werkzeuge

Die offizielle **Website** zu Kotlin ist *https://kotlinlang.org* [KtHome]. Sie bietet

- ausführliche Erläuterungen und Dokumentationen der Sprache [KtDocs],
- eine detaillierte Auflistung der Pakete, Klassen, Interfaces und Funktionen der Standardbibliothek [KtLib] unter Berücksichtigung der Multiplatform-Eigenschaften von Kotlin (siehe Abschnitt 1.1),
- ein Diskussionsforum [KtDisc],
- eine formale Sprachspezifikation [KtSpec]

- sowie Lehrmaterialien zu Kotlin, nämlich
  - eine Reihe von kommentierten Programmbeispielen [KtExamp],
  - die „Kotlin Koans“, eine Sammlung von unvollständigen und/oder fehlerhaften Programmstücken, die zu ergänzen und korrigieren sind [KtKoans], und
  - einen Kotlin-Programmierkurs mit Vortragsfolien, Aufgaben und Prüfungsfragen [KtEduc].

Links zur Kotlin-Online-Dokumentation sind im Text mit ***Doku*** gekennzeichnet und in den Quellenangaben in einer Liste zusammengefasst. Wenn man das Buch in seiner elektronischen Version liest, kann man direkt auf die Links klicken; ansonsten kann man die Liste als Zusatzmaterial zum Buch herunterladen (Ende Abschnitt 1.4.2). Eine reichhaltige **Linksammlung** zu Kursen, Büchern, Lehrmaterial, Bibliotheken usw. bietet *kotlin.link* [KtLink].

Unter den **Lehrbüchern** zu Kotlin ist *Kotlin in Action* [KtAct24] besonders hervorzuheben. Seine Autorin und Autoren waren bzw. sind bei JetBrains unmittelbar am Entwurf und an der Implementierung von Kotlin beteiligt. Das Buch bietet daher Informationen aus erster Hand – nicht nur zu den sprachlichen Ausdrucksmöglichkeiten von Kotlin selbst, sondern auch zu deren Zusammenhängen mit Java. Damit empfiehlt es sich als ergänzende Lektüre zu diesem Buch.

Wenn man sich schon etwas in Kotlin eingearbeitet hat, wird man auch *Java to Kotlin – A Refactoring Guidebook* [JavKt21] interessant finden. Dort wird detailliert gezeigt, wie vorhandener Java-Code nach Kotlin transferiert werden kann. Grundlegende Java- und Kotlin-Techniken werden einander gegenübergestellt und Detailfragen beim Übergang werden ausführlich diskutiert.

Werkzeuge zur Programmierung mit Kotlin sind [KtTools]:

- *IntelliJ IDEA* [IntelliJ] mit einem integrierten Kotlin-Plug-in. Die Programmbeispiele und Lösungen zu diesem Buch werden als IntelliJ-IDEA-Projekte bereitgestellt.

Installieren Sie IntelliJ IDEA auf Ihrem Computer, um die Beispielprojekte dieses Buchs öffnen und ausführen zu können.

- *Android Studio* [AStudio] mit einem integrierten Kotlin-Plug-in zur Entwicklung von Android-Apps.
- *Eclipse* [Eclipse] mit einem manuell zu installierenden Kotlin-Plug-in.
- Verschiedene *Online-Compiler* zur Ausführung von Kotlin-Code in einem Browser, zu finden über eine Suchmaschine mit den Stichwörtern „Kotlin“ „Online“ „Compiler“. An erster Stelle steht hier der *Kotlin Playground* [KtPlay].

Die drei genannten Entwicklungsumgebungen können zudem Java-Code, den man in Kotlin-Projekte einfügt, auf Wunsch nach Kotlin konvertieren. Das Resultat ist zwar nicht unbedingt optimal, man erhält jedoch gutes Ausgangsmaterial für die weitere Arbeit.

Zusatzmaterial zum vorliegenden Lehrbuch findet man unter *https://plus.hanser-fachbuch.de*, die Zugangsinformationen sind aus dem Kasten auf Seite I zu entnehmen.

- Beispielprogramme zu den einzelnen Kapiteln einschließlich der
- Lösungen der „Hands-On"-Aufgaben,
- Links auf Online-Quellen, insbesondere in der Kotlin-Standardbibliothek, sowie eine
- Liste der nach Drucklegung entdeckten Fehler.

2 Datenorganisation

Kotlin speichert Werte in Variablen und Konstanten, die statisch getypt sind, deren Typen also schon zur Übersetzungszeit feststehen. Die Basis dafür ist ein klassenbasiertes Typsystem, das insbesondere Zahlen, Zeichen und Wahrheitswerte umfasst. Dieses Kapitel befasst sich mit grundlegenden Klassen/Typen – neben den gerade genannten auch Strings, Ranges (also Wertebereiche), Zeiten und Arrays. Es gibt hier viele Gemeinsamkeiten mit Java; die Darstellung konzentriert sich auf die Unterschiede zwischen den beiden Sprachen. Komplexere Typen, Interfaces und Klassen werden in späteren Kapiteln besprochen, insbesondere auch Funktionstypen, Collections und selbstdefinierte Klassen.

2.1 Variablen und Konstanten

2.1.1 Deklaration und Initialisierung

Kotlin-Variablen können lokal in Funktionen (siehe Abschnitt 5.1.2) und als „Properties" von Klassen/Objekten (siehe Abschnitt 7.2.1) oder global als „Top-Level-Variablen" deklariert werden. Eine **Variablendeklaration** ist wie in diesem Beispiel aufgebaut:

```
var eineVariable : Int = 1
```

Im Unterschied zu Java steht der Typname also hinter dem Variablennamen und wird groß geschrieben, da er sich auf eine Klasse bezieht (siehe Abschnitt 2.2.1). Die Initialisierung ist, wie in Java, optional. Ist sie vorhanden, kann die Typangabe weggelassen werden, da dann der Variablentyp aus dem Typ des Initialwerts abgeleitet wird (**Typinferenz**, Details siehe Abschnitt 2.3.3). So erhält in

```
var nochEineVariable = 'x'
```

die Variable den Typ `Char`, da sie mit einem `Char`-Wert initialisiert wird. (In den Beispielen dieses Buchs wird der Variablentyp nur dann angegeben, wenn es erforderlich ist oder um ihn besonders hervorzuheben; ansonsten wird er weggelassen.)

Eine Variablendeklaration wird entweder mit **var** oder mit **val** eingeleitet. `var` bedeutet, dass die Variable veränderlich ist, dass ihr also beliebig oft neue Werte zugewiesen werden können. `val` zeigt dagegen an, dass der Variablenwert nach der ersten Zuweisung feststeht, also nicht durch weitere Zuweisungen geändert werden kann. Das verhindert, dass man einmal gespeicherte Werte später unbeabsichtigt überschreibt:

```
val startzeit = System.currentTimeMillis()
```

Es wird empfohlen, bei der Programmierung eine Variable zunächst immer mit `val` zu deklarieren und dies nur dann zu `var` zu ändern, wenn sich im weiteren Verlauf herausstellt, dass der Variablenwert wirklich geändert werden muss.

`val` entspricht einer `final`-Kenzeichnung in Java. Allerdings muss in Kotlin die **Initialisierung** nicht sofort bei der Deklaration erfolgen, sondern sie kann nachgeholt werden:

```
val endzeit : Long
...
endzeit = System.currentTimeMillis()
```

Auch `var`-Variablen können entweder unmittelbar bei ihrer Deklaration oder erst später intialisiert werden. Eine Initialisierung kann bis zum ersten Lesezugriff auf die `val`- oder `var`-Variable hinausgeschoben werden. Wie das geht, wird in Abschnitt 8.5.3 unter dem Stichwort „Lazy Delegation“ erklärt.

Ein Initialwert wird erst zur Laufzeit ermittelt, kann also bei aufeinanderfolgenden Programmausführungen unterschiedlich sein – wie im Beispiel die aktuelle Zeit oder durch unterschiedliche Benutzereingaben oder Verzweigungen des Programms. Aus diesem Grund spricht die Kotlin-Terminologie auch bei `val` von Variablen und nicht von Konstanten, was etwas verwirrend sein mag. Die Differenzierung zwischen **mutable variables** und **immutable variables** in der Kotlin-Dokumentation macht den Unterschied aber deutlich.

Neben Variablen gibt es **Konstanten**, die global deklariert werden und deren Wert schon bei der Compilierung bekannt sein muss:

```
const val pi = 3.14159265
```

2.1.2 Zuweisungen

Zuweisungen werden in Kotlin wie in Java mit dem Zuweisungsoperator = formuliert:

```
zielvariable = ausdruck
```

In Kotlin sind Zuweisungen als Ganze allerdings Anweisungen („Statements“), keine Ausdrücke („Expressions“), und haben damit keine Werte. Mehrfachzuweisungen der Art `a1=a2=a3=0` sind somit nicht möglich; auch können Zuweisungen nicht Bestandteil komplexerer Ausdrücke sein.

Bei Kotlin-Zuweisungen finden in der Regel keine impliziten **Typumwandlungen** statt, wie es zum Beispiel in Java bei der Zuweisung eines `int`-Werts an eine `double`-Variable der Fall ist. In solchen Fällen müssen Werte explizit transformiert werden. Näheres dazu wird in Abschnitt 2.3.3 und Abschnitt 2.4.1 besprochen.

Zuweisungen können „beobachtet“ werden: Man kann eine Variable mit einem „Handler“ oder „Listener“ verknüpfen – einer Funktion, die bei einer Wertzuweisung ausgeführt wird. Näheres dazu findet man in Abschnitt 8.5.3 unter „Observable Delegation“.

2.1.3 Ein-/Ausgabe

Da Kotlin und Java interoperabel sind, kann man zum **Einlesen** von Werten die bekannten Java-Klassen benutzen, wie insbesondere `Scanner` mit seinen zahlreichen Methoden. Oft genügt jedoch Kotlins einfache Top-Level Function **`readln()`**. `readln()` liefert die jeweils nächste Benutzereingabe, die mit einem `LF` oder `CRLF` (Line Feed bzw. Carriage Return Line Feed) abgeschlossen wurde. Diese Eingabe hat den Typ `String`; sie kann mit einer Umwandlungsfunktion in einen Wert des gewünschten Typs transformiert werden:

```
val eingabeInt = readln().toInt()
```

Stellt der eingegebene String keinen gültigen Wert dar, so kommt es zu einer `NumberFormatException`. Möchte man das vermeiden, so kann man eine Umwandlungsfunktion der Form `to`*`Type`*`OrNull()` verwenden. Sie liefert bei einer ungültigen Eingabe den Wert `null`:

```
val eingabeDouble = readln().toDoubleOrNull()
```

Zur **Ausgabe** dienen die Top-Level Functions **`print()`** und **`println()`**. Werte von Variablen und Ausdrücken können durch **Interpolatoren** (`$Variablenname`, `${Ausdruck}`) direkt in Strings eingefügt werden:

```
println("Wert einfach und doppelt: $eingabeInt ${2*eingabeInt}")
```

Alternativ könnte man, wie in Java, feste und variable Teilstrings mit dem +-Operator konkatenieren.

Eine Ausgabe kann mithilfe der `String`-Funktion **`format()`** formatiert werden. Beispielsweise liefert

```
val a = 1.2345
val b = 1234567
val c = 250
val formatstring = "%.2f %,d %x"
println(formatstring.format(a,b,c))
```

die Ausgabe `1,23 1.234.567 fa`, also eine Zahl mit zwei Nachkommastellen, eine in Dreiergruppen gegliederte ganze Dezimalzahl sowie eine Hexadezimalzahl. Allgemein ist der Format-String so aufgebaut wie durch die Java-Klasse `java.util.Formatter` festgelegt.

2.2 Das Typkonzept

2.2.1 Grundlagen

Java unterscheidet bekanntlich primitive Typen und Referenztypen:

- Primitive Java-Typen sind die Zahlentypen `int`, `float` usw. sowie `char` und `boolean`. Variablen dieser Typen speichern entsprechende Werte unmittelbar.
- Referenztypen basieren auf Klassen und Interfaces. Variablen mit einem Referenztyp speichern Referenzen (= Verweise) auf Objekte, die einer Klasse angehören bzw. ein Interface implementieren und die ihrerseits Werte enthalten. Dasselbe gilt für Arraytypen.

In Kotlin dagegen gibt es diese Unterscheidung nicht (zumindest nicht auf hochsprachlicher Ebene, siehe aber die Bemerkung zur Implementation am Ende dieses Abschnitts). Vielmehr sind sämtliche Typen **Referenztypen**, basieren also auf Klassen oder Interfaces. Die Formulierung „Typen *basieren* auf Klassen" anstelle von „Typen *sind* Klassen" ist folgendermaßen begründet:

- In vielen, aber nicht allen Fällen wird der Name einer Klasse unmittelbar als Typname bei Deklarationen verwendet: Beispielsweise ist `String` eine Klasse und mit `val s : String` hat die Variable s den Typ `String`. Hier entspricht also der **Typ** unmittelbar der **Klasse**.
- Zu jeder Klasse gibt es einen „nullfähigen" Typ für Variablen, die auch den Wert `null` annehmen können (siehe nächste Liste weiter unten). Für die Klasse `String` ist dies der Typ `String?`. `String?` ist also ein Typ, der auf der Klasse `String` basiert, ist aber selbst keine Klasse.

- Generische Klassen mit Typparametern (siehe Abschnitt 7.5) sind die Basis für Typen, bei denen ein konkretes Typargument angegeben werden muss. Beispielsweise ist `ArrayList<T>` eine Klasse und `ArrayList<Int>` ein Typ, der darauf basiert.

In diesem Buch werden die Begriffe „Klasse“ und „Typ“ synonym verwendet, wenn es nach dieser Darstellung angemessen ist. Ansonsten werden sie entsprechend unterschieden.

In Kotlin basieren also auch die Typen für Zahlen, Zeichen und Wahrheitswerte auf Klassen. Damit gilt Folgendes:

- Sämtliche Typnamen werden groß geschrieben: `Int`, `Double`, ...
- Auch Variablen eines Zahlen-, Zeichen- oder Wahrheitswert-Typs kann man die Nullreferenz zuweisen – zum Beispiel um anzuzeigen, dass sie momentan keinen gültigen Wert enthält. Das setzt allerdings voraus, dass eine solche Variable mit einem **nullfähigen Typ** deklariert ist, also mit einem ? hinter dem Typnamen (siehe Abschnitt 1.3.3, siehe Abschnitt 4.1):

```
var wertOderNull : Int? = null
```

  Fehlt das Fragezeichen, so ist der Typ **nicht-nullfähig** und `null` darf nicht zugewiesen werden:

```
var wert : Int = null  // unzulässig!
```

- Auf Variablen und Werten jedes Typs kann man unmittelbar Funktionen der entsprechenden Klasse aufrufen. Man muss also nicht, wie in Java, den Umweg über statische Methoden einer Utility- oder Wrapper-Klasse (z. B. `Math.round(doubleVar)` oder `Character.isLetter(charVar)`) machen:

```
val doubleVar = 1.789
val intVar = doubleVar.roundToInt()
val charVar = 'a'
val charIstBuchstabe : Boolean = charVar.isLetter()
val aIstBuchstabe : Boolean = 'a'.isLetter()
```

Allerdings sind zwei Dinge anzumerken:

- Aus Effizienzgründen werden Kotlin-Typen, wenn möglich, intern durch primitive Typen realisiert. Wenn man für die JVM compiliert, wird beispielsweise der Kotlin-Typ `Int` auf den Java-Typ `int` abgebildet – der Typ `Int?` jedoch auf die Java-Wrapperklasse `Integer`, da hier auch der Wert `null` möglich sein muss.

Den Java-Typ bzw. die Java-Klasse einer Variablen erhält man mit dem Ausdruck *variablenname*`.javaClass` oder, für eine Variable eines nullfähigen Typs wie `Int?`, mit *variablenname*`!!.javaClass` (Erklärung zu !! siehe Abschnitt 4.2). Probieren Sie dies, wenn Sie möchten, für verschiedene Kotlin-Typen aus.

Weitere Möglichkeiten, die Klasse und ihre Eigenschaften abzufragen, werden in Abschnitt 10.1 „Reflection“ gezeigt.

- Bei der Arbeit mit Zahlen, Zeichen und Wahrheitswerten kann man Kotlin dieselbe Notation wie bei primitiven Java-Typen verwenden, also zum Beispiel `c=(a+b)/2`. Diese Notation ist allerdings, aus hochsprachlicher Sicht, lediglich eine Kurzschreibweise für den Aufruf von Funktionen einer Klasse (hier `c=a.plus(b).div(2)`).

2.2.2 Veränderliche und unveränderliche Objekte

Neben veränderlichen und unveränderlichen Variablen (siehe Abschnitt 2.1.1: `var` vs. `val`) unterscheidet Kotlin zwischen Klassen für veränderliche und unveränderliche Objekte, also Objekte, deren Inhalte geändert werden können oder nicht (**mutable objects** vs. **immutable objects**). Diese Unterscheidung ist von Java her bekannt: Hier sind beispielsweise Objekte der Klasse `String` sowie der Wrapper-Klassen `Integer`, `Float` usw. unveränderlich. Operationen wie zum Beispiel die `String`-Methode `toLowerCase()` ändern die in den Objekten gespeicherten Werte nicht, sondern erzeugen neue Objekte.

In Kotlin sind Objekte der Klasse `String` ebenfalls unveränderlich (siehe Abschnitt 2.4.2), ebenso Objekte der Klassen für Zahlen (siehe Abschnitt 2.3), Zeichen (siehe Abschnitt 2.4.1), Wahrheitswerte (siehe Abschnitt 2.3.4) und Wertebereiche (Ranges/Progressions, siehe Abschnitt 2.5). Für Collections, also Lists, Sets und Maps (siehe Kapitel 6), gibt es jeweils eine veränderliche und eine unveränderliche Variante.

In einem Kotlin-Programm kann eine unveränderliche Variable ein veränderliches Objekt referenzieren (dann verweist die Variable also stets auf dasselbe Objekt, dessen Inhalt man aber ändern kann, siehe Bild 1.1) oder umgekehrt eine veränderliche Variable ein unveränderliches Objekt (dann kann der Objektinhalt nicht verändert werden, man kann aber ein neues Objekt erzeugen und die Variable dann darauf verweisen lassen). Der zweite Fall betrifft insbesondere die Arbeit mit Objekten für Zahlen, Zeichen usw. und führt dazu, dass sie sich so verhalten, wie man es von den primitiven Java-Typen gewohnt ist. So geschieht im Codestück

```
var p : Int? = 1
var q : Int? = p
q = 2
```

(bei dem intern mit Objekten gearbeitet wird und nicht optimiert mit Werten primitiver Typen, siehe Abschnitt 2.2.1) Folgendes: Zunächst wird ein `Int`-Objekt mit dem Inhalt 1 erzeugt, auf das die Variable `p` verweist. Anschließend wird die Referenz von `p` nach `q` kopiert, sodass beide Variablen zwischenzeitlich dasselbe Objekt referenzieren. Die abschließende Zuweisung des Werts 2 ändert jedoch den Wert dieses Objekts nicht (denn es ist ja unveränderlich), sondern erzeugt ein neues Objekt mit dem Wert 2 und schreibt eine Referenz darauf nach `q`. `p` und `q` referenzieren nun also zwei verschiedene Objekte mit zwei verschiedenen Werten – `p` mit 1 und `q` mit 2.

2.2.3 Klassen- und Interface-Hierarchie

Sämtliche Kotlin-Klassen sind in einer **Hierarchie** angeordnet, deren Wurzel die Klasse **`Any`** ist (entsprechend `Object` in Java). `Any` definiert die drei grundlegenden Funktionen `equals()`, `hashCode()` und `toString()` (siehe hierzu Abschnitt 7.1.3). Hinzu kommen Interfaces, die von diesen Klassen implementiert werden und die ebenfalls hierarchisch angeordnet sein können (siehe zum Beispiel die `Collection`-Hierarchie in Kapitel 6).

Doku *https://kotlinlang.org/api/core/kotlin-stdlib/kotlin/-any/*

Die folgende Tabelle listet die Arten von Klassen und Interfaces auf, die in Kotlin vordefiniert sind. Darüber hinaus kann man, wie in Java, anwendungsspezifische Klassen und Interfaces definieren und von vordefinierten Klassen ableiten sowie vordefinierte Interfaces implementieren lassen.

Tabelle 2.1 Arten von Klassen und Interfaces

Art	Beispiele	siehe
Zahlen	`Number, Int, Double`	Abschnitt 2.3.1
Wahrheitswerte	`Boolean`	Abschnitt 2.3.4
Zeichen	`Char`	Abschnitt 2.4.1
Zeichenketten	`String, CharSequence`	Abschnitt 2.4.2
Wertebereiche	`IntRange, IntProgression`	Abschnitt 2.5
Arrays	`IntArray, Array`	Abschnitt 2.7
Collections	`List, Set, Map`	Kapitel 6
Sequences	`Sequence`	Abschnitt 6.6
weitere Standardklassen (Kotlin und Java)	`Pair, Triple, File, BufferedReader`	Abschnitt 7.4.1
selbstdefinierte Klassen und Interfaces	*`class Fahrzeug {...}`*	Kapitel 7

Wie in Abschnitt 2.2.1 diskutiert wurde, sind diese Klassen und Interfaces die Basis für Typen, die bei der Deklaration von Variablen, Funktionen usw. benutzt werden.

Zwei spezielle Typen, **`Unit`** und **`Nothing`**, werden insbesondere bei Funktionen verwendet:

- `Unit` ist der Rückgabetyp von Funktionen, die keinen Wert zurückliefern (siehe Abschnitt 5.1.2). Dies entspricht `void` in Java.
- `Nothing` ist der Rückgabetyp von Funktionen, die nie zurückkehren. Dies ist beispielsweise bei der `error()`-Funktion (siehe Abschnitt 3.3) der Fall, die ein Ausnahmeereignis auslöst.

2.2.4 Typprüfung und -umwandlung

Der `is`-Operator prüft, ob eine Variable ein Objekt eines bestimmten Typs referenziert. Dies kann man nutzen, um typabhängige Operationen auszuführen.

Im folgenden Beispiel wird ein Array mit dem Elementtyp `Any` deklariert und mit Elementen unterschiedlicher Typen initialisiert. Anschließend werden die Elemente durchlaufen und nur für die Elemente, die vom Typ `String` sind, die Längen ausgegeben (nähere Erläuterungen zu Arrays und `for`-Schleifen siehe Abschnitt 2.7 bzw. Abschnitt 3.2.1):

```
val array : Array<Any> = arrayOf(1,"AAA",false,"BBB",2.3,"CCC")
for (elem in array)
  if (elem is String)
    println("$elem hat die Laenge ${elem.length}")
```

Die Anweisung nach `if` wird nur dann ausgeführt, wenn `elem` ein `String`-Objekt referenziert. Der Compiler erlaubt daher dort die `String`-spezifische Operation `elem.length`, ohne eine explizite Typumwandlung zu verlangen. Man sagt, dass ein **Smart Cast** von `Any` nach `String` stattfindet, durch den `elem` wie eine `String`-Variable behandelt wird.

Auch das folgende Beispiel enthält einen Smart Cast ohne explizite Typumwandlung, und zwar von `Any` nach `Int`:

```
val anyVal : Any = 123
val intVal: Int
if (anyVal is Int)
  intVal = anyVal
```

Möchte man mehrere alternative Typen (`Int, Float, Double, ...`) prüfen, so programmiert man am besten ein `when` (entsprechend Java-`switch-case`, siehe Abschnitt 3.1.2) mit mehreren `is`-Zweigen. Neben `is` gibt es die Negation `!is`, die prüft, ob ein bestimmter Typ *nicht* vorliegt.

Prüfen Sie, ob und wie weit `is` zwischen nullfähigen und nichtnullfähigen Typen unterscheidet. Deklarieren Sie dazu eine `Int`-Variable und prüfen Sie sie mit `is Int` und `is Int?`. Tun Sie dasselbe für zwei `Int?`-Variablen, denen sie die Werte `0` bzw. `null` zuweisen.

Übersetzen Sie folgenden Code und führen Sie ihn aus:

```
var x : Any = 0
if (x is String)
    println("Typ von x ist String")
  else
    println("Typ von x ist nicht String")
```

Streichen Sie nun die Typangabe bei x (also nur: `var x = 0`) und versuchen Sie es erneut. Was beobachten Sie?

Explizite **Typumwandlungen (Type Casts)** führt man mit dem **as**-Operator durch:

```
val a : Any = 1
val b : Int = a as Int
```

as lässt sich jedoch nicht zur Umwandlung zwischen Zahlentypen verwenden. Hierfür gibt es typspezifische Umwandlungsfunktionen (siehe Abschnitt 2.3.3); zudem gibt es solche Funktionen für Strings (siehe Abschnitt 2.1.3):

```
val c : Int = 2
val d : Double = c.toDouble()
val e : Int = "123".toInt()
```

Ist eine Umwandlung nicht möglich, löst as eine ClassCastException aus. Man kann dies vermeiden, indem man stattdessen den **Safe Cast**-Operator **as?** verwendet. Er liefert im Fehlerfall den Wert null. Die Klasse String definiert entsprechende typspezifische Funktionen wie beispielsweise toIntOrNull().

2.2.5 Typ-Alias

Ein **Typ-Alias** definiert für einen Typ einen weiteren Namen. Es gibt zwei Möglichkeiten:

- Mit dem Schlüsselwort **typealias** gibt man insbesondere Typen mit einer komplexen Definition einfache, eingängige Namen. So definiert beispielsweise

  ```
  typealias IntArray2D = Array<Array<Int>>
  ```

  den Namen IntArray2D für zweidimensionale Arrays mit dem Elementtyp Int (siehe Abschnitt 2.7.4). Solche Definitionen müssen „top-level“ vorgenommen werden, dürfen also nicht in Klassen, Interfaces oder Funktionen stehen.
- Mit dem Schlüsselwort **as** definiert man Namen für importierte Klassen oder Interfaces (oder auch für importierte Top-Level Functions, siehe Abschnitt 5.1.1). Auf diese Weise kann man Mehrdeutigkeiten auflösen, wenn mehrere Klassen gleichen Namens aus verschiedenen Paketen importiert werden:

  ```
  import packageA.SomeClass as ClassA
  import packageB.SomeClass as ClassB
  ...
  val variableA : ClassA = ...
  val variableB : ClassB = ...
  ```

  Ohne diese Namensvergaben würde der Compiler einen „Conflicting Import“ melden.

2.3 Zahlen und Wahrheitswerte

2.3.1 Zahlentypen und -literale

Doku *https://kotlinlang.org/api/core/kotlin-stdlib/kotlin/-number/*

Kotlin definiert die Klasse `Number` als abstrakte Oberklasse aller Zahlenklassen. Einer `Number`-Variablen können beliebige Zahlenwerte zugewiesen werden, allerdings keine Werte der Typen für nichtnegative Ganzzahlen (siehe übernächster Absatz). Zu den konkreten Kotlin-**Ganzzahltypen/-klassen** gehören die von Java bekannten Typen, nämlich

- `Byte`, `Short`, `Int` und `Long`

mit den Variablengrößen 1, 2, 4 bzw. 8 Bytes und entsprechenden Wertebereichen wie in Java. Hinzu kommen Klassen/Typen für **nichtnegative ganze Zahlen**, nämlich

- `UByte`, `UShort`, `UInt` und `ULong`

mit denselben Speichergrößen und den Wertebereichen 0..255, 0..65535 usw.

Für **Zahlen mit Nachkommastellen** gibt es

- `Float` und `Double`

mit den Größen 4 bzw. 8 Bytes.

Zahlenliterale werden wie in Java gebildet:

- Ganze Zahlen können dezimal (z. B. `240`), hexadezimal (z. B. `0xF0`) oder binär (z. B. `0b11110000`) codiert werden, allerdings nicht oktal. Um ein langes Literal zu strukturieren, kann man an beliebiger Stelle Underscores einfügen (z. B. `-2_147_483_648` oder `0xFF_00_A0_11`).

  Der Standardtyp ganzer Zahlen ist `Int`. Für den Typ `Long` muss explizit ein `L` angefügt werden (z. B. `1L`). Liegt allerdings der Wert nicht im `Int`-Wertebereich (z. B. `4_000_000_000`), so ist sein Typ `Long`. Für einen Unsigned-Typ wird, gegebenenfalls zusätzlich, ein `u` oder `U` angefügt (z. B. `4_000_000U` oder `8_000_000_000uL`).

- Zahlenliterale mit Nachkommastellen werden wie in Java gebildet, also mit einem Dezimalpunkt und optional einem Exponenten, wobei der Dezimalpunkt wegfallen kann, wenn ein Exponent vorhanden ist (z. B. `1.23` oder `4E7`). Nach dem Dezimalpunkt muss, anders als in Java, stets eine Ziffer folgen.

  Der Standardtyp für Zahlen mit Nachkommastellen ist `Double`. Für den Typ `Float` muss explizit ein `f` oder `F` angefügt werden (z. B. `1.23f`).

Statt der Suffixe `L`, `f` usw. können Umwandlungsfunktionen aufgerufen werden (siehe Abschnitt 2.3.3).

2.3.2 Operatoren für Zahlentypen

Ausdrücke auf Basis der Zahlentypen werden mit arithmetischen Operatoren, Bitoperatoren, Vergleichsoperatoren und Funktionsaufrufen gebildet. Die **arithmetischen Operatoren** sind dieselben wie in Java:

- +, - und * für Addition, Subtraktion bzw. Multiplikation
- / für Division (bei zwei ganzzahligen Operatoren ist das Resultat ebenfalls ganzzahlig)
- % für den Rest einer Division (auch auf nichtganzzahlige Operanden anwendbar)

Die **Bitoperatoren** (anwendbar für die Typen `Int`, `Long`, `UInt` und `ULong`) sind:

- `shl` für einen Linksshift mit Nachschieben von Nullen (z. B. `x shl 2` für einen Shift um zwei Positionen)
- `shr` für einen Rechtsshift mit Nachschieben des vordersten Bits (also des Vorzeichens)
- `ushr` für einen Rechtsshift mit Nachschieben von Nullen
- `and`, `or` und `xor` für bitweise aussagenlogische Operationen (z. B. `x and 0b11110000`)

Alternativ zur Operator-/Infix-Notation kann man eine Funktionsschreibweise verwenden, und dies nicht nur für Variablen, sondern auch für Literale und Ausdrücke:

- `plus()`, `minus()`, `times()`, `div()`, `rem()` für +, -, *, /, % (z. B. `x.plus(3)`, `1.minus(4)`, `10.minus(x).div(5)`)
- `inc()` und `dec()` für +1 bzw. -1
- `shl()`, `shr()`, `ushr()`, `and()`, `or()`, `xor()` für die gleichnamigen Operatoren
- und zusätzlich `inv()` zur Invertierung der einzelnen Bits (0 zu 1 und umgekehrt)

Außerdem sind Kurzschreibweisen wie in Java möglich, also z. B. `x++`, `x+=1` oder `y=x--`.

> **!** Die Funktionsschreibweise spezifiziert einen Ausdruck mit einem Wert, bedeutet jedoch keine Zuweisung an die beteiligte Variable. So ist beispielsweise `x.inc()` ein Ausdruck, dessen Wert um 1 höher als der Wert von `x` ist; der in `x` gespeicherte Wert bleibt aber unverändert! Bei der Kurzschreibweise `x++` wird dagegen der Variablenwert erhöht.

In Ausdrücken können zudem **mathematische Funktionen** des Pakets `kotlin.math` verwendet werden, wie z. B. `x.pow(4.0)` oder `(y+2.3).roundToInt()`. Man kann sie, wie die oben genannten Funktionen, auf Variablen, Literalen und Ausdrücken aufrufen.

Doku *https://kotlinlang.org/api/latest/jvm/stdlib/kotlin.math/*

Die **Vergleichsoperatoren** `==`, `!=`, `<`, `<=`, `>` und `>=` werden wie in Java verwendet. Allerdings ist, wie bei Zuweisungen (siehe Abschnitt 2.1.2) geschildert, gegebenenfalls eine Typumwandlung der verglichenen Werte erforderlich (siehe Abschnitt 2.3.3).

Es soll hier schon erwähnt werden, dass Kotlin zusätzlich den Operator `===` definiert. Er stellt fest, ob zwei Variablen dasselbe Objekt referenzieren (engl. **Referential Equality**), während `==` die Werte in den Objekten auf Gleichheit prüft (engl. **Structural Equality**; Ausnahme Arrays, siehe Abschnitt 2.7.3, und die Default-Implementation der Klasse `Any`, siehe Abschnitt 7.1.3). Für Zahlentypen ist der `===`-Operator nicht sinnvoll, wohl aber beispielsweise für Strings (siehe Abschnitt 2.4.2).

2.3.3 Bestimmung und Umwandlung von Zahlentypen

Fehlt bei einer Variablendeklaration die explizite Typangabe, so wird der Variablentyp aus dem Initialwert abgeleitet (siehe Abschnitt 2.1.1: **Typinferenz**). Für Zahlenvariablen gilt dabei:

- Ist der Typ des Initialwerts explizit angegeben (also durch ein Suffix gemäß siehe Abschnitt 2.3.1 oder eine Umwandlungsfunktion wie weiter unten dargestellt), so ist dies auch der Typ der Variablen.
- Ist der Typ des Initialwerts nicht explizit angegeben, so prüft der Compiler bei einem Ganzzahlwert, ob er im `Int`-Wertebereich liegt. Wenn ja, dann ist der Variablentyp `Int`, sonst `Long`, aber nie `Byte` oder `Short`. Bei

  ```
  val x = 1_000_000
  val y = 4_000_000_000
  ```

  erhält also `x` den Typ `Int` und `y` den Typ `Long`.

  Bei Zahlen mit Nachkommastellen ist der Typ stets `Double`, sofern nicht explizit `Float` angegeben ist.

Im Unterschied zu Java findet keine regelmäßige implizite **Typumwandlung** statt, also die Hochstufung zu einem Typ mit größerem Wertebereich. So kann beispielsweise der Wert einer `Int`-Variablen nicht direkt einer `Long`-Variablen zugewiesen werden, sondern muss explizit umgewandelt werden. Jeder Zahlentyp definiert dazu Umwandlungsfunktionen der Form `to`*`Typname`*`()` in jeden anderen Zahlentyp sowie zu `Char` (siehe Abschnitt 2.4):

```
val intVar : Int = 1
// var longVar : Long = intVar  nicht zulässig: Type Mismatch
val longVar : Long = intVar.toLong()
```

Jedoch können Literale ohne explizite Umwandlung zugewiesen werden, sofern sie dem Wertebereich des Typs der Zielvariablen angehören:

```
val longVar : Long = 1
val byteVar : Byte = 1
// val byteVar : Byte = 1000  nicht zulässig
```

Bei einer „Herunterstufung" findet, wie in Java, keine Überlaufkontrolle statt, sodass Wertverluste möglich sind. So hat `256.toByte()` den Wert 0, da in der internen Binärdarstellung von 256, nämlich 100000000, die führende 1 an neunter Position abgeschnitten wird.

Der **Typ eines arithmetischen Ausdrucks** ist der höchstwertige Typ seiner Operanden. Beispielsweise hat `1+2L-4.5f/6.3` den Typ `Double`, da `6.3` von diesem Typ ist. Wird der Code für die JVM übersetzt, so kann man diesen Typ durch *ausdruck*`.javaClass.name` ermitteln.

Wenn der errechnete Wert eines Ausdrucks außerhalb des Wertebereichs des höchstwertigen Operandentyps liegt, findet keine Typumwandlung statt. Wie in Java kann das den Wert verfälschen; in Kotlin hat dies zusätzlich Auswirkungen auf eine Variable, deren Typ vom Typ des Ausdrucks abgeleitet wird. So hat bei der Deklaration

```
val maxintPlus1 = Int.MAX_VALUE+1
```

der Ausdruck den Typ `Int` und damit auch die Variable. Der Wert ist -2147483648, da ein `Int`-Überlauf stattfindet. Auch bei

```
val maxintPlus1_TypLong = (Int.MAX_VALUE+1).toLong()
```

kommt es zu diesem Überlauf, da zuerst der Klammerausdruck im `Int`-Wertebereich ausgewertet wird und erst anschließend das Resultat nach `Long` umgewandelt wird:

Korrekt ist beispielsweise:

```
val maxintPlus1_TypLong = Int.MAX_VALUE+1L
```

2.3.4 Wahrheitswerte

Zur Darstellung und Verarbeitung von Wahrheitswerten definiert Kotlin die Klasse **`Boolean`** mit derselben Wertemenge (`true`, `false`) und denselben aussagenlogischen Operatoren wie in Java. Alternativ bzw. zusätzlich gibt es Funktionen, die man in Funktions- und in Infix-Schreibweise anwenden kann:

```
!boolA              boolA.not()
boolA && boolB      boolA.and(boolB)     boolA and boolB
boolA || boolB      boolA.or(boolB)      boolA or  boolB
                    boolA.xor(boolB)     boolA xor boolB
```

Ausdrücke werden wie in Java ausgewertet, inklusive Kurzschlussauswertung.

2.4 Zeichen und Zeichenketten

2.4.1 Der Typ Char

Doku *https://kotlinlang.org/api/core/kotlin-stdlib/kotlin/-char/*

Kotlin definiert den Einzelzeichen-Typ **Char** analog zu den Java-Typen char und Character. Char-Werte werden durch Unicodes der Länge 16 Bits codiert. Wie in Java bildet man Char-Literale durch

- Zeichen in einzelnen Hochkommata (z. B. 'A'),
- Unicode-Escapesequenzen mit vier Hexadezimalziffern (z. B. '\u0041') oder
- spezielle Zeichen, die durch einen Backslash eingeleitet werden ('\n', '\'' usw. sowie '\$' zusätzlich zu Java, da das Dollarzeichen ein String-Template einleitet).

Ebenfalls wie in Java kann man auf Char-Werte Int-Werte **addieren** und von ihnen **subtrahieren**, wodurch sich neue Char-Werte mit ihren Unicodes ergeben:

```
val charVar1 = 'A'
val charVar2 = charVar1+1
val charVar3 = charVar1-2
```

Probieren Sie aus, ob auch andere arithmetische Ausdrücke zulässig sind, beispielsweise der Form 1+charVar1, charVar1+charVar2 oder (charVar1+1)%26.

Ansonsten sind aber die beiden Typen streng voneinander getrennt, sodass man Werte explizit umwandeln muss:

```
65.toChar()  // Umwandlung Int-Unicode zu Char
'A'.code     // Umwandlung Char-Wert zu Int-Unicode
'7'.digitToInt()    // Int-Wert einer Ziffer zur Basis 10
'B'.digitToInt(16)  // Int-Wert einer Ziffer zur Basis 16
```

digitToInt() akzeptiert als Argumente ganze Zahlen von 2 bis 36 (mit den Ziffen 0–9 und A-Z im Sechsunddreißiger-System, wozu auch immer das gut sein mag ...).

Umwandlungen sind insbesondere bei den Operationen ==, !=, <, <=, > und >= erforderlich, die Unicode-Werte miteinander **vergleichen**:

```
charVar1 == 'A'  // keine Umwandlung, da beide Seiten Char
charVar1 >= 65.toChar()  // Umwandlung von Int nach Char ...
charVar1.code != 65      // ... oder von Char nach Int
```

An den Beispielen sieht man zudem, dass auf Char-Werten **Funktionen** direkt aufgerufen werden können, wie zum Beispiel auch lowercaseChar() zur Umwandlung in einen Kleinbuchstaben oder isLetter(), um festzustellen, ob der Wert ein Buchstabe ist. Ebenso kann man Properties direkt abfragen, so im Beispiel die Property **code**.

Eine weitere interessante Property ist **category** mit Werten wie zum Beispiel LOWER CASE_LETTER oder DECIMAL_DIGIT_NUMBER.

Char-Werte, also einzelne Zeichen, kann man mithilfe der Java-Methode **read()** einlesen:

```
val eingabe = System.`in`.read().toChar()
```

Um in müssen Backticks `` gesetzt werden, weil in hier ein Member der Java-Klasse System bezeichnet, es aber in Kotlin ein Schlüsselwort ist (siehe Abschnitt 2.5).

2.4.2 Der Typ String

Doku *https://kotlinlang.org/api/core/kotlin-stdlib/kotlin.text/-string.html*

Doku *https://kotlinlang.org/api/core/kotlin-stdlib/kotlin/-char-sequence/*

Die Kotlin-Klasse **String** für Zeichenketten basiert auf der gleichnamigen Java-Klasse, erweitert sie aber (gemeinsam mit ihrer Basisklasse **CharSequence**) um eine Reihe von Eigenschaften und Funktionen. Wie in Java sind String-Literale Zeichenketten, die in doppelten Hochkommata eingeschlossen sind und „Escaped Characters" enthalten können.

```
val einString : String = "Guten Morgen"
val einStringMitEscapes = "Er sagte: \"Guten Morgen\""
```

Zudem gibt es in Kotlin Literale für **mehrzeilige Strings**:

```
var einMehrzeiligerString = """
  erste Zeile
  zweite Zeile
  dritte Zeile
"""
```

und **Raw Strings**, in denen der Backslash \ nicht zur Einleitung eines Escaped Character dient, sondern das \-Zeichen selbst darstellt:

```
var einRawString = """C:\dir1\dir2\dir3"""
```

String-Variablen refenzieren, wie in Java, unveränderliche String-Objekte. Eine String-Operation ändert also ein bestehendes Objekt nicht, sondern erzeugt gegebenenfalls ein neues Objekt:

```
val einStringAusKleinbuchstaben = einString.lowercase()
```

Ebenfalls wie in Java kann man Strings und Werte anderer Typen mit dem +-Operator zu neuen Strings konkatenieren. Wenn in einer solchen Konkatenation der erste Wert nicht vom Typ String ist, muss er explizit umgewandelt werden, ein Wert weiter hinten jedoch nicht:

```
3.1415.toString() + "ist PI"
"PI = " + 3.1415
```

Bequemer kann man solche Werte allerdings durch eine **String-Interpolation**, also durch **Templates** der Form `$variablenname` oder `${ausdruck}` in einen String einfügen:

```
"Laenge von $einString: ${einString.length} ${einString.count()}"
```

Auf Zeichen in einem String kann man durch **Indizierung** oder in einer **Schleife** über seine Zeichen zugreifen; eine Umwandlung in einen `char`-Array ist dabei nicht erforderlich:

```
for (i in einString.length-1 downTo 0)
  print(einString[i])    // Ausgabe in umgekehrter Reihenfolge
for (c in einString)
  print("$c ")   // Ausgabe der Einzelzeichen mit Leerzeichen
```

Beim **Vergleich** zweier Strings ist zu unterscheiden, ob die Referenzen in zwei `String`-Variablen oder ob die Inhalte der entsprechenden `String`-Objekte miteinander verglichen werden sollen:

- Die `String`-Funktion **`equals()`** vergleicht, in Kotlin wie in Java, die Inhalte der `String`-Objekte:

```
val s1 = "HALLO"
val s2 = "hallo".uppercase() // neues String-Objekt!
s1.equals(s2)  // true
```

- Für Kotlin-Strings ist das doppelte Gleichheitszeichen `==` äquivalent mit `equals()`. Er prüft die Inhalte zweier `String`-Objekte, vergleicht also Zeichenketten:

```
s1==s2  // true
```

> **!** In Java ist das anders! In Java vergleicht `==` die Referenzen in den `String`-Variablen.

- Referenzen in Kotlin-`String`-Variablen werden mit dem dreifachen Gleichheitszeichen **`===`** verglichen:

```
s1===s2  // false
```

Neben den Java-Funktionen bietet Kotlin zahlreiche weitere **Funktionen** zur Arbeit mit Strings. Sie sind als sogenannte Extension Functions (siehe Abschnitt 8.3) der Klasse `String` definiert, die die Sammlung der Member Functions ergänzen. Dazu gehören unter anderem:

- **`toInt()`**, **`toLong()`**, usw., die einen String in einen Wert eines bestimmten Zahlentyps oder in einen Wahrheitswert umwandeln.
- **`toList()`** und **`toSet()`**, die eine Liste (siehe Abschnitt 6.3) bzw. Menge (siehe Abschnitt 6.4) mit den einzelnen Zeichen der Strings erzeugen.

- **drop()** und **dropLast()**, die einen String an seinem Anfang bzw. Ende um eine bestimmte Anzahl von Zeichen kürzen.
- **padStart()** und **padEnd()**, die einen String an seinem Anfang bzw. Ende mit einem bestimmten Zeichen auffüllen, um ihn auf eine bestimmte Länge zu bringen.
- **substringBefore()** und **substringAfter()**, die den Teil eines Strings liefern, der vor bzw. hinter einem bestimmten „Delimiter" (= Trenner-Zeichenkette) liegt.
- **chunked()**, die einen String in Teilstrings aufspaltet.
- Eine Reihe von „Funktionen höherer Ordnung" (siehe Abschnitt 5.5), die sehr flexibel eingesetzt werden können. Charakteristisch für diese Funktionen ist, dass sie eine Funktion (ein „Lambda") als Argument übergeben bekommen und diese Funktion auf jedes Zeichen des Strings anwenden. Funktionen dieser Art werden in Kapitel 6 ausführlich besprochen, wenn es um Collections wie Listen und Mengen geht. An dieser Stelle soll nur ein Beispiel als „Vorgeschmack" darauf gezeigt werden:

  ```
  val nurBuchstaben : String = einString.filter { it.isLetter() }
  ```

  Die **filter()**-Funktion durchläuft alle Zeichen des Strings und prüft, ob sie ein bestimmtes Kriterium erfüllen. Dieses Kriterium wird durch das Lambda, also den booleschen Ausdruck in den geschweiften Klammern spezifiziert. `it` bezeichnet dort das Zeichen, das gerade betrachtet wird. Nur die Zeichen, die das Kriterium erfüllen (hier: Buchstaben) werden in einen neuen String übernommen. So ergibt sich beispielsweise aus dem String `H12a#&l1?o` der String `Hallo`.

Relevant sind zudem

- die Klasse **StringBuilder** mit Funktionen zum Aufbau von Strings,

  Doku *https://kotlinlang.org/api/core/kotlin-stdlib/kotlin.text/-string-builder/*
- das Paket **kotlin.text**, das insbesondere die oben genannten Extension Functions defininiert, sowie

  Doku *https://kotlinlang.org/api/core/kotlin-stdlib/kotlin.text/*
- die Klasse **Regex** zur Arbeit mit regulären Ausdrücken (siehe Abschnitt 10.3), mit denen man Strings nach Übereinstimmung mit Mustern prüfen, sie nach Mustern durchsuchen und Muster ersetzen kann.

Die Online-Dokumentation von Kotlin ist leider in einem Punkt etwas unübersichtlich: Wenn man eine ihrer Seiten aufsucht, werden zunächst meist nur die Member des jeweiligen Interfaces bzw. der Klasse angezeigt. Erst durch Anklicken von „Members & Extensions" (siehe Bild 2.1) bekommt man auch die Extension Properties und Extension Functions (siehe Abschnitt 8.3) zu sehen – also das, was oft besonders relevant ist.

Bild 2.1 Kotlin-Dokumentation – Members vs. Members & Extensions

2.5 Wertebereiche

2.5.1 Ranges

Doku *https://kotlinlang.org/api/core/kotlin-stdlib/kotlin.ranges/*

Wenn ein Typ eine Größer-Relation besitzt, wenn man also seine Werte miteinander vergleichen kann, dann kann man für ihn Bereiche (**Ranges**) definieren. Eine Range ist ein Intervall mit einer unteren und einer oberen Grenze, wobei die obere Grenze zur Range gehören kann (Closed Range) oder nicht (Open-ended Range). Für die Zahlentypen `Int`, `UInt`, `Long` und `ULong` sowie für den Zeichentyp `Char` sind Range-Typen vordefiniert:

`IntRange`, `UIntRange`, `LongRange`, `ULongRange` und **`CharRange`**

Für andere Typen, insbesondere `Float`, `Double` und `String`, gibt es die generischen Interfaces

`ClosedRange<T>` und **`OpenEndRange<T>`**

`T` ist dabei der betreffende Typ; er muss das Interface `Comparable` mit der Funktion `compareTo()` implementieren. Closed Ranges erzeugt man mit dem Operator `..` oder der Funktion `rangeTo()`, Open-ended Ranges mit `..<`, `until` oder `rangeUntil()`:

```
val closedIntRange : IntRange = 5 .. 12
oder val closedIntRange = 5.rangeTo(12)
```

```
val openendIntRange : IntRange = 5 ..< 12
oder val openendIntRange = 5 until 12
oder val openendIntRange = 5.rangeUntil(12)
```

```
val longRange : LongRange = 4_000_000_000L .. 8_000_000_000L
val charRange : CharRange = 'A' .. 'F'
val floatRange : ClosedRange<Float> = 1.5f .. 2.5f
val closedDoubleRange : ClosedRange<Double> = 1.5 .. 2.5
val openendDoubleRange : OpenEndRange<Double> = 1.5 ..< 2.5
val stringRange : OpenEndRange<String> = "A"..<"B"
```

Eine Range ist unveränderlich; nach ihrer Erzeugung kann man ihre Grenzen also nicht mehr ändern. Die Grenzen können bei der Initialisierung durch beliebige Ausdrücke festgelegt werden. Man kann sie über die Range-Properties `start` (also beispielsweise `long-Range.start`), `endInclusive` bzw. `endExclusive` abfragen. Die Range-Funktion `isEmpty()` stellt fest, ob das Range-Intervall leer ist.

Für Ganzzahl- und `Char`-Ranges gibt es die Funktion **`random()`**, mit der man sehr bequem zufällige Werte erzeugen kann:

```
(1..49).random()
('A'..'Z').random()
```

Zufallszahlen kann man auch mit der Funktion `Random.nextInt()` generieren. Führen Sie `(1..3).random()` und `Random.nextInt(1,3)` jeweils mindestens zehnmal aus. Was stellen Sie fest?

Stellen Sie zudem fest, ob man `random()` auf Intervalle mit Gleitkommazahlen anwenden kann.

Der Operator **`in`** / **`!in`** und die Funktion **`contains()`** stellen fest, ob ein Wert zu einer -Range gehört:

```
if (intValue in -9..9) ...
if (intValue !in closedIntRange) ...
if (openendIntRange.contains(intValue)) ...
```

Ranges können insbesondere dazu benutzt werden, um alle Werte eines Intervalls zu durchlaufen (siehe hierzu auch Abschnitt 3.2.1). Das setzt natürlich voraus, dass die Range eine endliche Menge von Werten umfasst, was bei Ganzzahltypen und `Char` der Fall ist:

```
for (i in 1..10)
  print("$i ")
```

2.5.2 Progressions

Doku *https://kotlinlang.org/api/core/kotlin-stdlib/kotlin.ranges/-int-progression/*

https://kotlinlang.org/api/core/kotlin-stdlib/kotlin.ranges/-long-progression/

https://kotlinlang.org/api/core/kotlin-stdlib/kotlin.ranges/-char-progression/

Eine Range, die zum Durchlaufen eines Zahlenbereichs verwendet wird, ist ein Spezialfall einer **Progression** mit der Schrittweite 1. Eine Progression wird bestimmt durch ihren Anfangswert, ihren Endwert und ihre Schrittweite (die auch negativ sein kann), abfragbar über ihre Properties `first`, `last` und `step`. Verfügbare Progression-Typen sind **`IntProgression`**, **`LongProgression`** und **`CharProgression`**.

Beispiele für `IntProgressions` und ihre Anwendung sind:

```
for (i in 0..10 step 2) ...   // 0 2 4 6 8 10
```

```
val dreierreihe : IntProgression = 0..30 step 3
oder val dreierreihe = IntProgression.fromClosedRange(0,30,3)
for (i in dreierreihe) ...  // 0 3 6 ... 27 30
```

```
val progressionUmgekehrt = 12 downTo 5
oder progressionUmgekehrt = IntProgression.fromClosedRange(5,12,1).reversed()
for (i in progressionUmgekehrt) ...  // 12 11 10 ... 6 5
```

```
val wert : Int = ...
val vielfacheFuenfMitZweiZiffern = IntProgression.fromClosedRange(10,99,5)
if (wert in vielfacheFuenfMitZweiZiffern)
  println("$wert hat zwei Ziffern und ist ein Vielfaches von 5")
oder
if (wert in 10 until 100 step 5)
  println("$wert hat zwei Ziffern und ist Vielfaches von 5")
```

Probieren Sie, ob man ein Intervall auch so rückwärts durchlaufen kann:

```
for (i in 12..5 step -1) ...
```

2.6 Zeiten

Doku *https://kotlinlang.org/api/core/kotlin-stdlib/kotlin.time/*

Für die Kotlin-Programmierung mit **Zeitwerten** stehen die Bibliotheken `java.time` und `kotlin.time` zur Verfügung. Beispielsweise kann die aktuelle Zeit wie in Java abgefragt und dargestellt werden:

```
val aktuelleZeit = LocalDateTime.now()
val form = DateTimeFormatter.ofPattern("dd.MM.yyyy HH:mm:ss")
println("Aktuelle Zeit: ${aktuelleZeit.format(form)}")
```

Es soll hier kein umfassender Überblick über den Umgang mit Zeitwerten gegeben werden; Informationen dazu findet man in der Dokumentation der Standardbibliothek. Vielmehr konzentriert sich dieser Abschnitt auf Möglichkeiten, Zeitdauern zu spezifizieren und Zeitpunkte bei der Ausführung eines Programms zu markieren, insbesondere um Ausführungszeiten zu messen und Abläufe zeitlich zu steuern.

Zeitdauern können mithilfe der Kotlin-Klasse **`Duration`** dargestellt und verarbeitet werden. Sie bietet mehr Möglichkeiten als die gleichnamige Java-Klasse, da sie mehr Zeiteinheiten und zugehörige Umwandlungsfunktionen, eine besser lesbare Syntax und spezielle Funktionen unterstützt.

`Duration`-Variablen kann man wie folgt deklarieren und initialisieren:

```
val einhundertMs : Duration = 100.milliseconds
val dreissigSek = 30.seconds
val fuenfMin = 5.minutes
```

Hier werden auf `Int`-Konstanten Umwandlungsfunktionen mit verschiedenen Zeiteinheiten angewendet. Entsprechende Funktionen gibt es für die Zahlentypen `Long` und `Double` und für weitere Zeiteinheiten (`.days`, `.hours`, `.microseconds`, `.nanoseconds`).

Bei der Ausgabe mit `println()` wird die Einheit durch ein entsprechendes Suffix angezeigt. Für die drei oben initialisierten Variablen wären das `100ms`, `30s` und `5m`. Zudem kann man Ausgaben formatieren und in andere Einheiten umwandeln:

```
einhundertMs.toString(DurationUnit.SECONDS,2)
                    // Sekunden mit zwei Nachkommastellen
fuenfMin.inWholeSeconds
```

Große Werte werden automatisch in größeren Einheiten ausgegeben, so beispielsweise der Wert `1000000.seconds` als `11d 13h 46m 40s`.

Zum `Duration`-Wertebereich gehören auch 0 und unendlich:

```
val zeitdauerNull = Duration.ZERO
val zeitdauerUnendlich = Duration.INFINITE
```

Mit `Duration`-Werten kann man rechnen und man kann sie miteinander vergleichen. So werden die Ausdrücke

```
fuenfMin+400.seconds     fuenfMin-400.seconds
fuenfMin*6               fuenfMin/6
400.seconds>fuenfMin
```

ausgegeben als `11m 40s`, `-(1m 40s)`, `30m`, `50s` und `true`. Es sind also auch negative Zeitdauern möglich.

Um Ausführungszeiten zu messen, gibt es die Funktion **measureTime()**:

```
val dauer : Duration =
  measureTime {
    zu messendes Codestück
  }
```

Dabei wird das zu messende Codestück als Block hinter den Funktionsnamen geschrieben. Syntaktisch handelt es sich um ein Lambda, das an `measureTime()` übergeben wird; Näheres dazu in Abschnitt 5.5.1.

Zeiten kann man auch mithilfe des Interfaces **TimeSource** messen. Zeitquellen dieses Typs (u. a. `TimeSource.Monotonic`) definieren die Funktion **markNow()**, durch die man den aktuellen Zeitpunkt bei der Programmausführung erhält. Aus entsprechend gespeicherten Zeitpunkten lassen sich dann Ausführungszeiten ermitteln:

```
val timeSource = TimeSource.Monotonic
val zeitpunkt1 = timeSource.markNow()
zu messendes Codestück
val zeitpunkt2 = timeSource.markNow()
println("Zeitdauer: ${zeitpunkt2-zeitpunkt1}"
```

Oder:

```
val startzeit = timeSource.markNow()
zu messendes Codestück
println("Zeitdauer: ${startzeit.elapsedNow()}")
```

Auch zur Zeitsteuerung lässt sich `TimeSource` einsetzen. So wird, mithilfe der Funktion **hasPassedNow()**, die folgende Schleife nach zwei Sekunden verlassen:

```
val endzeit = timeSource.markNow() + 2.seconds
while(!endzeit.hasPassedNow()) {
  Aktionen
}
```

2.7 Arrays

Arrays sind bekanntlich Datenstrukturen, die mehrere Werte desselben Typs speichern und auf deren Elemente man über Indizes zugreift. Da man mit Indizes rechnen kann, lassen sich manche Arten von Anwendungen effizient mit Arrays implementieren – beispielsweise mathematische Operationen auf Vektoren und Matrizen. Arrays sind aber recht starr: Es ist aufwendig, Elemente zwischen andere Elemente einzuschieben oder sie zu löschen, und zudem ist die Länge eines Arrays üblicherweise konstant.

Objektorientierte Programmiersprachen bieten daher flexiblere Alternativen, wie Java das „Java Collections Framework" und Kotlin die Klassen und Interfaces im Paket `kotlin.collection` (siehe Kapitel 6). Aufgrund dieser Flexibilität wird man in Kotlin oft mit Collections statt mit Arrays arbeiten. Arrays werden daher hier nur relativ kurz behandelt, während Collections ein eigenes Kapitel gewidmet ist. Viele der Funktionen und Techniken, die im Collections-Kapitel 6 besprochen werden, lassen sich jedoch auch auf Arrays anwenden.

2.7.1 Arten von Arrays

Kotlin unterscheidet zwei Arten von Arrays:

- Arrays für primitive Typen (**Primitive-Type Arrays**) speichern Zahlen, Zeichen oder Wahrheitswerte. Für jeden dieser Elementtypen gibt es eine entsprechende Arrayklasse, also `ByteArray`, `ShortArray` usw. Solche Arrays sind vergleichsweise performant, da sie für die JVM auf Arrays mit primitiven Elementtypen abgebildet werden. So wird beispielsweise der Kotlin-Typ `IntArray` durch den Java-Typ `int[]` implementiert.

  Doku *https://kotlinlang.org/api/core/kotlin-stdlib/kotlin/-byte-array/ usw.*

- Arrays für Objekte (**Object-Type Arrays**) speichern Referenzen auf Objekte eines bestimmten Typs `T`. Sie basieren auf der generischen Klasse `Array<T>`. Für die JVM werden solche Arrays auf Arrays mit dem entsprechenden Java-Typ abgebildet – so beispielsweise der Kotlin-Typ `Array<Int>` auf den Java-Typ `Integer[]`. Object-Type Arrays sind nicht auf bestimmte Elementtypen beschränkt, dafür aber vom Prinzip her weniger performant als die Primitive-Type Arrays.

  Doku *https://kotlinlang.org/api/core/kotlin-stdlib/kotlin/-array/*

Mit der Konversionsfunktion **`toTypedArray()`** kann ein Primitive-Type Array in einen Object-Type Array umgewandelt werden. Eine Umwandlung in umgekehrter Richtung geschieht durch typspezifische Funktionen wie z. B. **`toIntArray()`**.

2.7.2 Erzeugung und Initialisierung

Arrays können durch Fabrikmethoden oder durch Konstruktoren der jeweiligen Klassen erzeugt werden:

- Für jede Art von Arrays gibt es eine eigene **Fabrikmethode**, nämlich `byteArrayOf()`, `shortArrayOf()` usw. für Primitive-Type Arrays sowie **`arrayOf()`** für Object-Type Arrays. Diesen Funktionen kann man beliebig viele Argumente übergeben – die Initialwerte der Arrayelemente:

```
val primitiveIntArray : IntArray = intArrayOf(2, 3, 5, 7, 11, 13)
val objectIntArray : Array<Int> = arrayOf(2, 3, 5, 7, 11, 13)
```

Hinter dem letzten Wert darf ein Komma folgen, als Vorbereitung auf spätere Codeerweiterungen mit mehr Initialwerten: arrayOf(2, 3,)

Die Typangaben können jeweils weggelassen werden; der Typ der Variablen wird dann aus der Fabrikmethode bzw. dem Typ der Initialwerte abgeleitet. In dieser Deklaration ist es Array<String>:

```
val buchstaben = arrayOf("Alpha","Beta","Gamma","Delta")
```

Deklarieren Sie vier Variablen ohne Typangabe und weisen Sie ihnen Arrays zu, die Sie mit booleanArrayOf(), intArrayOf(), doubleArrayOf() und boolean ArrayOf() erzeugen.

Deklarieren Sie sechs weitere Variablen ohne Typangabe und weisen Sie ihnen jeweils Arrays zu, die Sie mit arrayOf() erzeugen. Diese sechs Arrays sollen enthalten: nur Int-Zahlen, nur Double-Zahlen, Zahlen unterschiedlicher Typen, Char-Werte, Strings sowie Werte aller dieser Typen.

Die Typen sämtlicher Variablen werden also per Typinferenz abgeleitet. Stellen Sie fest, ob und wie detailliert Sie durch *variablenname*.javaClass Angaben über diese Typen erhalten.

Es ist durchaus möglich, aber nicht unbedingt empfehlenswert, einen Array mit dem Elementtyp Any zu erzeugen, der Werte unterschiedlicher Typen aufnehmen kann:

```
val objectAnyArray : Array<Any> = arrayOf(1,2.3,false,"HELLO")
```

Spezielle Fabrikmethoden sind

- **arrayOfNulls<T>(n)** zur Erzeugung eines Object-Type Arrays mit *n* null-Referenzen für Objekte des Typs T sowie
- **emptyArray()** zur Erzeugung eines leeren Arrays. Leere Arrays kann man an Stellen einsetzen, an denen ein Array benötigt wird, es aber nicht auf seinen Inhalt ankommt – beispielsweise als Rückgabewert einer Funktion, die anzeigen möchte, kein Ergebnis gefunden zu haben, deren Rückgabetyp aber nicht nullfähig ist.

- Ein **Arraykonstruktor** hat zwei Parameter, nämlich die Anzahl der Elemente des zu erzeugenden Arrays und ein Lambda (also eine namenlose Funktion in Kompaktschreibweise, siehe Abschnitt 5.4.1) für seine Initialisierung (zur Notation der Parameterliste siehe Abschnitt 5.5.1):

```
val allesFalse = Array(5) { false }
val zufallszahlen = Array(5) { Random.nextDouble() }
val quadratzahlen = Array(5) { i -> i * i }
```

Es werden hier drei Object-Type Arrays erzeugt, deren Elementtyp jeweils aus dem Rückgabetyp des Lambdas abgeleitet wird. Das erste Array wird mit fünf `false`-Einträgen initialisiert; das Lambda ist hier eine `Boolean`-Konstante. Das zweite Array erhält fünf `Double`-Zufallswerte. Im dritten Array werden die ersten fünf Quadratzahlen eingetragen; hier hängt der berechnete Initialwert jeweils von der Position `i` des Arrayelements ab.

Bei Primitive-Type Arrays geht man analog vor, indem man statt `Array()` einen typspezifischen Konstruktor wie z. B. `IntArray()` oder `DoubleArray()` aufruft:

```
val dreierreihe = IntArray(10) { i -> i*3 }
val zehntelschritte = DoubleArray(11) { i -> i/10.0 }
```

Probieren Sie für Primitive-Type Arrays und Object-Type Arrays, jeweils mit `Int`-Elementen, aus, ob man im Konstruktor das Lambda ganz weglassen kann und, wenn ja, mit welchen Werten der Array dann initialisiert wird.

2.7.3 Operationen auf Arrays

Arrays werden wie in Java **indiziert**. Liegt ein Index außerhalb des Indexwertebereichs, wird wie in Java eine `IndexOutOfBoundsException` ausgelöst, die mit einem `try-catch`-Block abgefangen werden kann:

```
println(primitiveIntArray[0])
try {
  println(primitiveIntArray[8])
} catch(exc : IndexOutOfBoundsException) { ... }
```

Der Umgang mit `NullPointerExceptions` wird in Kapitel 4 besprochen.

Arrays sind veränderlich, man kann ihre Elemente also überschreiben:

```
primitiveIntArray[1] = 4321
```

Deklarieren Sie zwei Variablen und weisen Sie ihnen einen Primitive-Type Array bzw. einen Object-Type Array zu, die jeweils zehn `Double`-Werte enthalten. Greifen Sie dann jeweils auf das letzte Arrayelement zu. Messen Sie mit `measure-Time()` (siehe Abschnitt 2.6), wie lange die Erzeugungen der Arrays dauern und wie lange die Zugriffe.

Ein Array kann mit Schleifen über seine Indizes, über seine Elemente oder auch über beide **durchlaufen** werden:

```
for (index in primitiveIntArray.indices)
    print("${primitiveIntArray[index]} ")
for (element in primitiveIntArray)
    print("$element ")
for ((index, element) in primitiveIntArray.withIndex())
    print("$index: $element  ")
```

Zudem gibt es die Arrayfunktion **forEach()**, der ein Lambda, also eine anoynme Funktion übergeben wird und die dieses Lambda auf alle Arrayelemente anwendet. Sie wird in den Abschnitten 5.4.2 und 5.5.2 erklärt; hier soll ein kurzes Beispiel genügen:

```
primitiveIntArray.forEach { print("$it ") }
```

Zur Ausgabe kann man die Elementfolge eines Arrays in einen String umwandeln:

```
println(primitiveIntArray.contentToString())
println(primitiveIntArray.joinToString())
```

Mit dem **+-Operator** kann aus einem Array ein neuer Array mit einem weiteren Element erzeugt werden:

```
var woerter1 = arrayOf("Alpha","Beta")
val woerter2 = woerter1
woerter1 += "Gamma"
```

Im Beispiel referenzieren die Variablen `woerter1` und `woerter2` zunächst dasselbe Arrayobjekt mit dem Inhalt ["Alpha","Beta"]. Die Anweisung in der dritten Zeile erzeugt ein neues Arrayobjekt mit drei Elementen ["Alpha", "Beta","Gamma"], auf das nun `woerter1` verweist. `woerter2` referenziert dagegen nach wie vor das bisherige Objekt ["Alpha","Beta"].

Wichtige und interessante **Arrayproperties** und **-funktionen** sind:

- **size, lastIndex**: die Anzahl der Elemente bzw. der größte Indexwert eines Arrays.
- **first(), last(), random()**: das erste bzw. letzte bzw. ein zufälliges Element.
- **indexOf(element)**: der Index des ersten Vorkommens eines Elements oder -1, falls nicht vorhanden.
- **contains(element)**: `true` genau dann, wenn das Element im Array enthalten ist.
- **sort(), reverse(), shuffle()**: Sortieren in aufsteigender Reihenfolge; Umkehren der bisherigen Reihenfolge; Umordnen in zufällige Reihenfolge. Neben `sort()` gibt es eine Reihe weiterer Sortierfunktionen, siehe hierzu die Dokumentation.
- **sum(), average()**: Berechnung der Summe bzw. des Durchschnittswerts der Elemente (nur für Zahlenarrays).
- **toList(), toSet()**: Erzeugung einer `List` bzw. eines `Set` mit denselben Elementen (siehe Kapitel 6).

Komplexere Funktionen erhalten Prüffunktionen oder Transformationsfunktionen als Parameter übergeben, um Elemente mit bestimmten Eigenschaften zu suchen (z. B. `filter()`, `find()`), Elemente zu gruppieren (`group()`) oder auf neue Elemente abzubilden (`map()`). Die **`filter()`**-Funktion wurde bereits im Zusammenhang mit Strings vorgestellt (siehe Abschnitt 2.4.2); ein Arraybeispiel damit könnte so aussehen:

```
val nurGeradeZahlen = zahlenArray.filter { it%2==0 }
```

Die Funktion durchläuft mit `it` alle Arrayelemente und übernimmt nur die geraden Zahlen. Allgemein werden Funktionen, die nach diesem Prinzip arbeiten, bei der Einführung von Funktionen höherer Ordnung (siehe Abschnitt 5.5.1) und im Zusammenhang mit Collections ausführlich besprochen (siehe Kapitel 6).

Zwei Arrayvariablen kann man miteineinander **vergleichen**, ob sie dasselbe Arrayobjekt referenzieren oder ob ihre Arrayobjekte dieselbe Elementfolge enthalten. Im Code

```
val array1 = arrayOf(1,2,3)
val array2 = arrayOf(1,2,3)
... array1 == array2 ...  // dasselbe Objekt?
... array1.contentEquals(array2) ...  // derselbe Inhalt?
```

liefert `==` ein `false`, da es sich um zwei verschiedene Objekte handelt, **`contentEquals()`** dagegen ein `true`, da die Elementfolgen gleich sind. Statt der Funktionsschreibweise kann man auch die Infix-Schreibweise `array1 contentEquals array2` verwenden.

> **!** Man beachte, dass bei Arrays der `==`-Operator (und damit auch die Funktion `equals()`) Referenzen in Arrayvariablen vergleicht. Er ist daher gleichbedeutend mit `===`. Bei Collections (siehe Kapitel 6), den flexibleren Alternativen zu Arrays, vergleichen `==` und `equals()` dagegen Inhalte.

2.7.4 Mehrdimensionale Arrays

Durch geschachtelte Typangaben und Funktionsaufrufe kann man **mehrdimensionale Arrays** deklarieren und erzeugen:

```
val zweiDimArray : Array<Array<Int>>
  = arrayOf(arrayOf(11, 12, 13),
            arrayOf(21, 22, 23, 24),
            arrayOf(31, 32, 33, 34, 35))
```

Die Benennung solcher Typen kann man mithilfe von Typ-Aliasen übersichtlicher gestalten (siehe Abschnitt 2.2.5):

```
typealias IntArray2D = Array<Array<Int>>
```

Initialisierungen können mit Lambdas kompakt programmiert werden (siehe Abschnitt 2.7.2):

```
val matrixMitEinsen : IntArray2D = Array(3) { Array(3) { 1 } }
```

Indizierung, Durchlauf und Ausgabe geschehen analog zu eindimensionalen Arrays:

```
for (i in 0..zweiDimArray.size-1) {
  for (j in 0..zweiDimArray[i].size-1)
    print("${zweiDimArray[i][j]} ")
  println()
}
```

oder kürzer:

```
println(zweiDimArray.contentDeepToString())
```

Man beachte, dass hier die Funktion **`contentDeepToString()`** verwendet wird, um die Elemente bis zur tiefsten Schachtelungsebene, also in allen Dimensionen zu erhalten. Für Vergleiche von Arrayinhalten gibt es entsprechend die Funktion **`contentDeepEquals()`**.

2.8 Ausblick: Vor- und selbstdefinierte Klassen

Dieses Kapitel stellte eine Reihe von grundlegenden Kotlin-Typen/Klassen vor, die überwiegend „skalaren Typen" entsprechen, also Typen für Variablen, die jeweils nur einen einzelnen Wert speichern. Arrays gingen allerdings hierüber bereits hinaus, wobei Techniken und Konzepte skizziert wurden, die bei komplexeren Typen zu finden sind.

Komplexere Typen werden in späteren Kapiteln dieses Buchs besprochen:

- In Kapitel 6 geht es um Collections, also Datenstrukturen wie Lists, Sets und Maps, sowie um Sequences mit einer Fülle von Funktionen zur Arbeit mit größeren Datenmengen. Viele dieser Funktionen sind Funktionen höherer Ordnung und können mithilfe von Lambda-Parametern flexibel angepasst werden.
- Die Kapitel 7 und 8 zeigen, wie man selbst Klassen und Klassenhierarchien definieren kann. Neben der allgemeinen Form von Klassen werden hier spezielle Arten von Klassen wie Enumerationen, Datenklassen, anonyme und generische Klassen besprochen.
- Klassen der Kotlin-Standardbibliothek werden an geeigneten Stellen der folgenden Kapitel vorgestellt. Darüber hinaus stehen die Pakete der Java-Standardbibliothek zur Verfügung, die aber nicht Gegenstand dieses Buchs sind.

Das Kotlin-Typkonzept umfasst zudem Funktionen, die man daher als eine besondere Art von Daten auffassen kann und die in Kapitel 5 behandelt werden.

3 Kontrollstrukturen

Kotlin bietet, wie Java, die grundlegenden Kontrollstrukturen einer imperativen Sprache, nämlich Blöcke, bedingte Anweisungen (Alternativen, Mehrfachverzweigungen), Schleifen (kopfgesteuert und fußgesteuert) sowie ein Konstrukt zur Ausnahmebehandlung. Kotlin und Java haben, bis hin zu den Schlüsselwörtern, hier viele Gemeinsamkeiten, es gibt aber auch Unterschiede. So lassen sich `for`-Schleifenköpfe in Kotlin deutlich kompakter schreiben und bei Mehrfachverzweigungen bietet Kotlin mehr Möglichkeiten, Bedingungen zu formulieren. Zudem sind in Kotlin manche Kontrollstrukturen Ausdrücke mit Werten, die man speichern und weiterverarbeiten kann.

3.1 Bedingte Anweisungen

3.1.1 Alternativen

Alternativen werden auch in Kotlin mit **`if`** und **`else`** programmiert:

```
if (x < y)
    print("Das Minimum ist x")
  else
    print("Das Minimum ist y")
```

Ein `if-else`-Konstrukt ist in Kotlin keine Anweisung wie in Java, sondern ein Ausdruck. Sein Wert ergibt sich aus dem Zweig, der durchlaufen wird – sofern der Ausdruck dort einen Wert hat. Im vorigen Beispiel ist das nicht der Fall, denn die `print()`-Funktion gibt keinen Wert zurück (formal hat sie und damit der gesamte `if-else`-Ausdruck den Typ `Unit`, entsprechend `void` in Java, siehe Abschnitt 2.2.3).

Im folgenden Beispiel dagegen hat der `if-else`-Ausdruck den Wert `x` oder `y` und kann daher einer Variablen zugewiesen werden:

```
val min = if (x < y) x else y
```

In Java müsste man in solchen Fällen den ternären Operator `x<y?x:y` verwenden. Kotlin benötigt keinen solchen gesonderten Operator und bietet ihn daher auch nicht an.

`if`- und `else`-Zweige können Blöcke mit mehreren Codezeilen sein. Der Wert des Gesamtausdrucks ist dann der Wert der letzten Zeile des durchlaufenen Zweigs:

```
val min =
  if (x < y) {
    print("Das Minimum ist x")
    x
  } else {
    print("Das Minimum ist y")
    y
  }
```

`if` kann auch ohne einen `else`-Teil verwendet werden – dann aber nur als Anweisung und nicht als Ausdruck, da es nicht in jedem Fall einen Wert definiert.

3.1.2 Mehrfachverzweigungen

Für **Mehrfachverzweigungen** gibt es in Kotlin das Schlüsselwort **`when`**. Ein `when`-Codestück hat dieselbe Struktur wie eine `switch-case`-Anweisung in Java:

```
when (x) {
  1 -> print("x ist 1")
  2 -> print("x ist 2")
  else -> print("x ist weder 1 noch 2")
}
```

Detailunterschiede sind, dass Kotlin statt des Doppelpunkts einen Pfeil verwendet und dass es `else` statt `default` heißt. Zudem entfällt das `break`. Kotlin durchläuft nämlich, wie Java, den ersten passenden Zweig, verlässt aber anschließend das `when`-Codestück, setzt es also nicht im nächsten Zweig fort.

Das Kotlin-`when` bietet jedoch viel mehr Möglichkeiten als nur einfache Vergleiche mit Konstanten. Insgesamt ist es deutlich mächtiger als das Java-`switch-case`, selbst wenn man die Erweiterungen in neueren Java-Versionen berücksichtigt. Interessant sind insbesondere diese Eigenschaften (Beispiele folgen weiter unten):

- Wie `if-else` ist `when` ein Ausdruck, es kann aber auch als Anweisung benutzt werden. Wird es als Ausdruck benutzt, ist sein Wert der Wert des ersten passenden Zweigs. Es muss dann auch ein `else`-Zweig vorhanden sein; es sei denn, der Compiler kann feststellen, dass die vorherigen Zweige alle möglichen Fälle abdecken. Letzteres kann insbesondere im Zusammenhang mit Enumerationsklassen (siehe

Abschnitt 7.4.2) der Fall sein, die eine endliche Anzahl von Werten haben. Wird `when` als Anweisung benutzt, müssen die Zweige keine Werte liefern und der `else`-Zweig ist optional.

- „Branch Conditions" zu Beginn der Zweige können nicht nur einfache Konstanten sein, sondern auch Variablen oder prinzipiell beliebige Ausdrücke. Ihre Werte werden zur Laufzeit berechnet (müssen also nicht bereits bei der Übersetzung bekannt sein) und mit dem `when`-Ausdruck verglichen.
- Mehrere solche Konstanten, Variablen oder Ausdrücke können, durch Kommata voneinander getrennt, hintereinandergeschrieben werden. Ist einer ihrer Werte gleich dem Wert des `when`-Ausdrucks, so wird der Zweig ausgeführt.
- Mit dem `in`-Operator zu Beginn eines Zweigs wird geprüft, ob der Wert des `when`-Ausdrucks in einem bestimmten Intervall liegt. `is` prüft, ob er einen bestimmten Typ hat. Entsprechend kann man die Negationen `!in` bzw. `!is` verwenden.
- Der geklammerte Ausdruck hinter `when` darf fehlen. Die Zweige müssen dann jeweils mit einem Ausdruck des Typs `Boolean` beginnen und der erste Zweig, dessen Ausdruck den Wert `true` hat, wird ausgeführt. Ein solches Codestück entspricht also einer `if-else`-Schachtelung.
- Der Wert des `when`-Ausdrucks kann, unmittelbar in der Klammerung, einer Variablen zugewiesen werden.

Die folgenden Beispiele illustrieren jeweils eine oder mehrere dieser Möglichkeiten:

- Zweige mit einzelnen und mit mehreren Konstanten, Zweig mit Prüfung der Zugehörigkeit zu einer Range (x ist eine `Int`-Variable):

```
when (x) {
  1 -> print("x ist 1")
  2 -> { print("x ist 2")
         print("x ist ungleich 1") }
  3, 4 -> print("x ist 3 oder 4")
  in 5..10 -> print("x liegt im Intervall [5,10]")
  else -> print("x<1 oder x>10")
}
```

  Wie man sieht, müssen mehrere Anweisungen in einem Zweig zu einem Block geklammert werden.

Stellen Sie fest, ob ein `when`-Ausdruck Zweige mit überlappenden Ranges enthalten kann und was geschieht, wenn der Wert des `when`-Ausdrucks in mehreren dieser Ranges liegt.

- Zweige mit Ausdrücken (x, y und z sind `Int`-Variablen):

```
when(x) {
  y+z -> print("x ist gleich y+z")
  y-z -> print("x ist gleich y-z")
}
```

- Feststellung eines Typs:

```
val untypedVar: Any = "Hallo"
when (untypedVar) {
  is String  -> print("$untypedVar hat den Typ String")
  is Double  -> print("$untypedVar hat den Typ Double")
  is Int     -> print("$untypedVar hat den Typ Int")
  is Boolean -> print("$untypedVar hat den Typ Boolean")
}
when (untypedVar) {
  !is String  -> print("$untypedVar ist kein String")
  !is Double  -> print("$untypedVar ist kein Double")
  !is Int     -> print("$untypedVar ist kein Int")
  !is Boolean -> print("$untypedVar ist kein Boolean")
}
```

In beiden `when`s wird ausgenutzt, dass die Ausführung nach dem ersten passenden Zweig beendet wird. Java würde, ohne weitere Prüfungen, auch die nachfolgenden Zweige ausführen und damit möglicherweise falsche Ausgaben generieren.

Übrigens finden im ersten `when` **Smart Casts** statt: Wie in Abschnitt 2.2.4 für eine `if`-Anweisung gezeigt, wird `untypedVar` in einem `is`-Zweig wie eine Variable des betreffenden Typs behandelt. Eine explizite Typumwandlung ist daher nicht nötig.

- Zuweisung eines Werts an eine Variable:

```
val signum =
  when (x) {
    in 1..Int.MAX_VALUE  -> 1
    0                    -> 0
    in Int.MIN_VALUE..-1 -> -1
    else                 -> 0
  }
```

Der Compiler verlangt hier einen `else`-Zweig, da er nicht in der Lage ist festzustellen, dass die Bedingungen der ersten drei Zweige alle Möglichkeiten abdecken.

- Kein Ausdruck hinter dem `when`, dafür boolesche Ausdrücke vor den Zweigen:

```
when {
  x == y && y == z -> print("Alle drei Variablen sind gleich")
  x == y || x == z || y == z -> print("Zwei Variablen sind gleich")
  else -> print("Die Variablenwerte sind alle unterschiedlich")
}
```

Da auch hier nur der erste passende Zweig ausgeführt wird, entspricht diese Struktur einem **geschachtelten `if-else`**.

3.2 Schleifen

3.2.1 for

Eine **for**-Schleife durchläuft eine Wertemenge. Sie wird in Kotlin mithilfe des Schlüsselworts **in** programmiert, wobei vor dem in eine Laufvariable deklariert (ohne var, ohne Typangabe) und danach ein Objekt mit der zu durchlaufenden Wertemenge spezifiziert wird:

- Alle Zahlen von 1 bis 10 (einschließlich):

```
for (i in 1..10) ...
```

- Alle Zahlen von 1 bis 9 (also ausschließlich 10):

```
for (i in 1 until 10) ...
```

> Man beachte den Unterschied: .. schließt die obere Schleifengrenze ein, until nicht – entsprechend der Unterscheidung zwischen Closed Ranges und Open-end Ranges (siehe Abschnitt 2.5.1).

- Alle geraden Zahlen von 10 bis 0 rückwärts:

```
for (i in 10 downTo 0 step 2) ...
```

- Alle Zeichen eines Strings (siehe Abschnitt 2.4.2):

```
for (c in einString) ...
```

- Alle Elemente eines Arrays bzw. einer Collection (siehe Abschnitt 2.7 und Kapitel 6):

```
for (element in einArray) ...
for (element in eineCollection) ...
```

Allgemein gesprochen durchläuft eine Kotlin-for-Schleife alle Elemente eines iterierbaren Objekts. Ein iterierbares Objekt definiert eine Funktion iterator(), die einen **Iterator** für dieses Objekt zurückgibt. Dieser Iterator wiederum hat eine Funktion next(), die das jeweils nächste Element liefert, und eine Funktion hasNext() mit dem Rückgabetyp Boolean, die angibt, ob noch weitere Elemente zu durchlaufen sind.

Wie die Beispiele zeigen, treten der Iterator und seine Funktionen im Programmcode nicht explizit auf, sondern verbergen sich hinter dem knappen Schlüsselwort in. Da insbesondere Ranges und Progressions (siehe Abschnitt 2.5) iterierbare Objekte sind, lassen sich damit for-Schleifen über Ganzzahlbereiche in Kotlin deutlich kompakter schreiben als in Java. Zudem bietet Kotlin so eine einheitliche Notation für Zahlenbereiche und Elemente von Arrays, Lists, Strings usw.

Übrigens sind `for`-Schleifen mit mehreren Laufvariablen (`for (int i=0, j=0; ...)`) in Kotlin nicht möglich, da der Kopf einer `for`-Schleife ein Objekt erfordert.

Stellen Sie fest, ob man in einer Schleife den Wert der Laufvariablen ändern kann und was gegebenenfalls der Compiler dazu meldet.

3.2.2 while und do-while

`while`- und `do-while`-Schleifen schreibt man in Kotlin wie in Java:

```
var i = 1
while (i<=100) {
  print("$i ")
  i *= 2 }
}
```

```
var i = 1
do {
  print("$i ")
  i *= 2
} while (i<=100)
```

Der Körper einer `do-while`-Schleife muss nicht in Klammern {} gesetzt werden, wenn er nur aus einer einzigen Anweisung besteht.

Auch die Anweisungen **`break`** und **`continue`**, mit denen man eine Schleife verlässt bzw. direkt zum Schleifentest springt, hat Kotlin von Java übernommen. Außerdem ist es möglich, eine Schachtelung von Schleifen mit einem Sprung ganz zu verlassen: Man schreibt ein **Label** *`labelname@`* vor die äußerste Schleife und führt in einer inneren Schleife die Anweisung *`break@labelname`* aus:

```
val array1 = intArrayOf(1,5,7,4,0)
val array2 = intArrayOf(2,3,9,7,6)
schleifeaussen@
for (elem1 in array1)
  for (elem2 in array2) {
    if (elem1==elem2) {
      println("Gemeinsames Element gefunden: $elem2")
      break@schleifeaussen
    }
  }
```

3.2.3 repeat

Doku *https://kotlinlang.org/api/core/kotlin-stdlib/kotlin/repeat.html*

Kotlin bietet zudem eine **`repeat`**-Schleife, die ein Programmstück eine bestimmte Anzahl von Malen ausführt:

```
repeat(5) {
  print("Zugabe! ")
}
```

Im Unterschied zu den anderen Schleifen ist `repeat` kein Schlüsselwort, sondern der Name einer Funktion. Diese Funktion hat zwei Parameter – die Anzahl der Ausführungen als Ganzzahlwert und der auszuführende Code als Lambda, also als namenlose Funktion. Dieses Lambda wird hier in geschweiften Klammern `{}` nachgestellt übergeben, also mit der in Kotlin üblichen „Trailing-Lambda-Notation“ (siehe Abschnitt 5.5.2). Die Klammern dürfen daher auch dann nicht fehlen, wenn nur eine Zeile auszuführen ist. Alternativ könnte man das Lambda innerhalb der Argumentliste übergeben, was aber schlechter lesbar ist:

```
repeat(5, { print("Zugabe! ") } )
```

Übrigens definiert `repeat` implizit eine Variable `it`, die von 0 bis zur Anzahl der Ausführungen minus 1 hochgezählt wird:

```
repeat(4) {
  print("$it ")  // Ausgabe: 0 1 2 3
}
```

Ausführlicher wird dieses `it` in Abschnitt 5.4.2 besprochen.

3.3 Ausnahmebehandlung

Doku *https://kotlinlang.org/api/core/kotlin-stdlib/kotlin/-runtime-exception/*

Das Grundprinzip der **Ausnahmebehandlung** ist in Kotlin dasselbe wie in Java: Das Laufzeitsystem löst ein Ausnahmeereignis aus, wenn es eine unzulässige Operation ausführen soll oder wenn die Ausführung auf eine **`throw`**-Anweisung trifft. Es erzeugt dabei ein Objekt mit dem Interface `Throwable`, dessen Klasse die Art des Ereignisses angibt und das Informationen über das Ereignis enthält. Ausnahmen können in `try`-`catch`-`finally`-Blöcken abgefangen und behandelt werden:

```
try { ... } catch (exc : ExceptionType) { ... } finally { ... }
```

Der `finally`-Block wird in jedem Fall ausgeführt, bevor das `try-catch` verlassen wird. Er darf fehlen, wenn ein `catch`-Block vorhanden ist, und umgekehrt. Mehrere `catch`-Blöcke, die zur Behandlung unterschiedlicher Arten von Ereignissen dienen, können hintereinandergeschrieben werden.

Kotlin unterscheidet sich allerdings in zwei grundlegenden Apekten von Java:

- Ein Kotlin-Programm kann ein Ausnahmeereignis mit `try-catch` abfangen, muss es aber nicht. In Java müssen dagegen bestimmte Arten von Exceptions (die „Checked Exceptions“) zwingend behandelt, also in einen `try-catch`-Block eingeschlossen oder durch `throws` im Methodenkopf angezeigt werden.
- Kotlin realisiert, separat von `try-catch`, eine „Nullsicherheit“, mit der sich verhindern lässt, dass `NullPointerExceptions` überhaupt auftreten (siehe Kapitel 4).

Weitere Besonderheiten sind:

- try-catch ist in Kotlin ein Ausdruck, keine Anweisung. Sein Wert ist der Wert der letzten Zeile des try- oder des catch-Blocks – je nachdem, ob die Ausführung fehlerfrei war oder ein Ausnahmeereignis ausgelöst hat:

```
val x1 = 1; val x2 = 0
val x3 =
  try { x1/x2 }
  catch (exc : ArithmeticException) { Int.MAX_VALUE }
```

  x3 erhält hier den Wert Int.MAX_VALUE, da durch 0 dividiert wurde.

- Kotlin definiert Funktionen, die bestimmte Bedingungen prüfen und dann gegebenenfalls ein Ausnahmeereignis auslösen. So prüft **require()** einen beliebigen boole-schen Ausdruck und löst eine IllegalArgumentException aus, wenn er false ist:

```
val wertUngleich0 = ...
try {
  require(wertUngleich0 != 0) { "Wert muss ungleich 0 sein!" }
  ...
} catch (exc : IllegalArgumentException) {
    println("Fehler: ${exc.message}")
}
```

  Hat hier wertUngleich0 den Wert 0, dann kommt es zu einem Ausnahmeereignis mit dem Fehlertext „Wert muss ungleich 0 sein!“.

  check() prüft ebenfalls einen booleschen Ausdruck, löst aber eine IllegalStateException aus. checkNotNull() und requireNotNull() prüfen, ob eine Variable die null-Referenz enthält, und lösen gegebenenfalls eine IllegalStateException bzw. IllegalArgumentException aus. **error()** hat einen String-Parameter und führt, ohne irgendeine Prüfung, direkt zu einer IllegalStateException mit diesem String als Fehlermeldung.

4 Nullsicherheit

In Programmiersprachen, die mit Referenzen arbeiten, sind **Null Pointer Exceptions (NPEs)** ein grundlegendes Problem: Im Normalfall greift man über eine Referenz auf ein Objekt oder ein anderes Programmelement zu, um darauf Operationen auszuführen. Hat die Referenz aber den Wert `null` und verweist somit auf kein Objekt, so ist das nicht möglich und es kommt zu einer NPE. Damit das Programm nicht „abstürzt", kann man Referenzen explizit auf Gleichheit mit `null` prüfen, bevor man zugreift, oder man kann NPEs explizit abfangen, nachdem sie aufgetreten sind. Jedoch bläht beides den Programmtext auf und macht ihn unübersichtlich. Kotlin begegnet diesem Problem, indem es

- erstens Typen definiert, für die NPEs prinzipiell unmöglich sind, und
- zweitens Operatoren bereitstellt, die einen eleganten Umgang mit Nullreferenzen erlauben.

4.1 Nullfähige und nicht-nullfähige Typen

In Kotlin sind vor- und selbstdefinierte Typen standardmäßig **nicht-nullfähig (non-nullable)**. Das bedeutet, dass einer Variablen eines Typs wie beispielsweise `Int`, `String`, `Array<Int>` oder `MeineKlasse` nie der Wert `null` zugewiesen werden darf. Der Compiler wird also die `null`-Zuweisungen im folgenden Code nicht akzeptieren:

```
val strNonNullable1 : String = null  // nicht zulässig
val strNonNullable2 : String = "AA"  // zulässig
var strNonNullable3 : String = "BB"  // zulässig
...
strNonNullable3 = null              // nicht zulässig
```

Dafür ist aber sichergestellt, dass solche Variablen nie NPEs verursachen. Das Programm muss sie nicht auf Gleichheit mit null prüfen, bevor es sie benutzt, und es muss keinen Code enthalten, der NPEs für sie abfängt.

Um aber Nullreferenzen nicht generell auszuschließen (was unpraktikabel wäre), erlaubt Kotlin auch **nullfähige Typen (nullable types)**. Der Name eines solchen Typs ergibt sich, indem dem Namen eines nicht-nullfähigen Typs ein ? angehängt wird: Int?, String?, Array<Int>?, MeineKlasse?.

Variablen nullfähiger Typen darf die Nullreferenz zugewiesen werden (und natürlich auch jeder andere Wert dieses Typs):

```
var strNullable : String? = null  // zulässig
strNullable = "BBB"               // ebenfalls zulässig
```

Ein nullfähiger Typ und der entsprechende nicht-nullfähige Typ basieren zwar auf derselben Klasse, sind aber zwei verschiedene Typen. Bei Zuweisungen müssen also Typumwandlungen stattfinden – entweder explizit oder implizit (siehe Abschnitt 2.2.4):

- Die unmittelbare Zuweisung von nullfähig nach nicht-nullfähig verlangt eine explizite Typumwandlung:

  ```
  var strNullable : String? = ...
  var strNonNullable : String = strNullable as String
  ```

  Hat hier die Variable strNullable den Wert null, so löst das Laufzeitsystem eine NPE aus.

  Wurde jedoch zuvor geprüft, dass die nullfähige Variable keine Nullreferenz enthält, so ist eine unmittelbare Zuweisung mit einem impliziten Smart Cast (siehe Abschnitt 2.2.4) möglich:

  ```
  if (strNullable != null)
    strNonNullable = strNullable
  ```

- Bei der Zuweisung von nicht-nullfähig nach nullfähig findet eine implizite Typumwandlung statt, die offensichtlich in keinem Fall zu einem Ausnahmeereignis führen wird:

  ```
  var strNonNullable : String = ...
  var strNullable : String? = strNullable
  ```

Stellen Sie für die Variablendeklaration var x = 0 fest, ob der Typ von x zu Int oder zu Int? abgeleitet wird. Dies können Sie mit x.javaClass tun oder indem Sie versuchen, x den Wert null zuzuweisen.

Der Compiler erlaubt über eine Variable Zugriffe auf Objekt-Properties und -Funktionen, wenn die Variable als nicht-nullfähig deklariert wurde oder wenn er für eine nullfähige Variable feststellen kann, dass sie an dieser Stelle nicht die Nullreferenz enthält:

- ```
  print("${strNonNullable.length}")
  ```

  Zulässig, da `strNonNullable` gemäß der Deklaration oben nie `null` sein kann.

- ```
  strNullable = "BBB"
  print("${strNullable.length}")
  ```

  Zulässig, da `strNullable` zuvor ein Wert ungleich `null` zugewiesen wurde.

- ```
  if (strNullable != null)
    print("${strNullable.length}")
  ```

  Zulässig, da der Test sicherstellt, dass `strNullable` nicht `null` ist.

4.2 Umgang mit nullfähigen Typen

Kotlin will NPEs grundlegend verhindern. Bei einer Variablen eines nicht-nullfähigen Typs sind NPEs prinzipiell nicht möglich und daher akzeptiert der Compiler für sie alle Operationen, die der Typ definiert – ohne weitere Prüfung. Anders sieht es bei Variablen eines nullfähigen Typs aus, wie das folgende Beispiel zeigt:

```
var str : String?
print("Bitte String eingeben (fuer null: nur Enter) ")
val input = readln()
if (input.length>0) str = input else str = null
print("${str.length}")  // Compiler akzeptiert dies nicht!
```

Hier wird eine Variable `str` des nullfähigen Typs `String?` deklariert. Je nach Eingabe über die Hilfsvariable `input` wird `str` entweder der eingegebene String oder die Nullreferenz zugewiesen. Der Compiler kann also nicht ausschließen, dass `str` anschließend den Wert `null` hat. Daher akzeptiert er den Zugriff `str.length` nicht, da das möglicherweise eine NPE auslöst.

Ersetzen Sie im Programmbeispiel die Zuweisung des `else`-Teils durch `str = ""`, sodass `str` nun in jedem Fall nicht `null` ist. Kann der Compiler das erkennen, trotz der etwas komplexen Code-Struktur?

Um Zugriffe auf nullfähige Variablen NPE-sicher zu machen, gibt es zwei Ansätze:

- Der Compiler muss aus dem Programmtext erkennen können, dass der aktuelle Variablenwert nicht `null` ist.
- Der Programmtext spezifiziert, was alternativ geschehen soll, wenn eine Operation aufgrund einer Nullreferenz nicht möglich ist.
```

Hierfür bietet Kotlin die folgenden Möglichkeiten:

- **if mit Test auf null**

```
if (str!=null)
    println("${str.length}")
  else println("Laengenabfrage nicht moeglich")
```

  Wie schon in Abschnitt 4.1 gesagt, findet innerhalb der `if`-Anweisung ein Smart Cast von `String?` nach `String` statt, sodass dort `str` wie eine nicht-nullfähige Variable behandelt wird.

  Da `if` ein Ausdruck ist (siehe Abschnitt 4.1), kann man damit einen Ersatzwert für den Fall einer Nullreferenz festlegen. In

```
laenge = if (str!=null) str.length else -1
```

  wird also `laenge` die Länge von `str` zugewiesen, wenn `str` nicht `null` ist, und -1 sonst.

  Statt eines `null`-Vergleichs kann man einen Typvergleich mit einem nicht-nullfähigen Typ vornehmen:

```
if (str is String)
  println("${str.length}")
else println("Laengenabfrage nicht moeglich")
```

  Einen `null`-Vergleich kann man per `&&` mit weiteren Bedingungen kombinieren. Der Smart Cast zu `String` findet dann schon vor dem `&&` statt:

```
if (str != null && str.length > 2)
  println("Laenge von str ist groesser als 2")
```

- **Safe-Call-Operator `?.`**

  Der Safe-Call-Operator `?.` bewirkt, dass ein Ausdruck den Wert `null` hat, wenn in ihm ein Zugriff aufgrund einer Nullreferenz nicht möglich ist. So hat der Ausdruck

```
laenge = str?.length
```

  den Wert `str.length`, wenn `str` nicht `null` ist; ist `str null`, so hat auch der gesamte Ausdruck den Wert `null`. Der Safe-Call-Operator ist hier also eine Kurzschreibweise für den `if-else`-Ausdruck in

```
laenge = if (str!=null) str.length else null
```

  Besonders nützlich ist der Operator in Referenzketten wie

```
ref1?.ref2?.ref3?.wert
```

  Ein solcher Kettenausdruck hat den Wert `null`, wenn eine der Referenzen in der Kette `null` ist. Man muss also die Referenzen nicht aufwendig einzeln prüfen.

Auch Zuweisungen lassen sich auf diese Weise NPE-sicher schreiben:

```
ref1?.ref2?.ref3?.wert = ausdruck
```

wird nur ausgeführt, wenn alle Referenzen auf der linken Seite ungleich `null` sind. Ansonsten wird die Zuweisung übersprungen.

- **Elvis-Operator** `?:`

  Der Elvis-Operator `?:` spezifiziert für einen Ausdruck einen Alternativwert, wenn dieser Ausdruck den Wert `null` hat. Wenn also in

  ```
  laenge = str?.length ?: -1
  ```

  `str` und damit (wegen des Safe-Call-Operators) auch `str?.length` gleich `null` ist, so wird `laenge` der Wert -1 zugewiesen, sonst `str.length`. Es handelt sich hier also um eine Kurzschreibweise für

  ```
  laenge = if (str!=null) str.length else -1
  ```

  Ausdruck und Ersatzwert können durchaus unterschiedliche Typen haben:

  ```
  laengeOderFehler = str?.length ?: "ungueltig"
  ```

  Mit dem Elvis-Operator kann man auch aus einer Funktion zurückkehren oder ein Ausnahmeereignis auslösen:

  ```
  laenge = str?.length ?: return
  laenge = str?.length ?: throw SomeException()
  ```

  Übrigens ist der Name „Elvis-Operator" inspiriert durch Elvis Presleys Frisur, an deren Form er erinnert.

- **let()-Funktion**

  Mit der „Scope Function" `let()` (siehe Abschnitt 8.4.3) wird ein Codestück nur dann ausgeführt, wenn die Variable, auf der `let()` mit dem Safe-Call-Operator aufgerufen wird, nicht `null` ist:

  ```
  str?.let { print("str ist nicht null") }
  ```

  `let()` ersetzt hier also eine Anweisung der Form `if (str!=null) { ... }`

Eine Sonderrolle spielt der **Non-Null Assertion Operator** `!!`, auch **Bang Bang Operator** genannt:

```
laenge = str!!.length
```

Mit `!!` teilt man dem Compiler mit, dass eine Variable oder ein Ausdruck bei der Programmausführung nicht `null` sein wird und er daher einen Zugriff darüber akzeptieren soll.

> **!** Wenn man sich irrt und die Variable dann doch `null` ist, kommt es zu einer NPE. Mit dem `!!`-Operator hebt man also Kotlins Nullsicherheit auf und sollte ihn daher nur mit großer Vorsicht verwenden! In Zweifelsfällen sollte man Code mit diesem Operator in einen `try-catch`-Block einbetten:
>
> ```
> try { ... } catch(exc : NullPointerException) { ... }
> ```

Übrigens gilt eine `!!`-Zusicherung über den Ausdruck hinaus weiter: Bis die Variable einen neuen Wert erhält, geht der Compiler davon aus, dass sie nicht `null` ist, und lässt bis dahin beispielsweise Zuweisungen an eine nicht-nullfähige Variable ohne Typumwandlung zu:

```
val strNonNullable : String = str
```

Ansonsten kann man eine solche Zuweisung mithilfe von `!!` formulieren:

```
val strNonNullable : String = str!!
```

4.3 Nullelemente in Datenstrukturen

Arrays für primitive Typen (siehe Abschnitt 2.7.1) können keine `null`-Elemente enthalten, denn sie werden ja mithilfe primitiver Java-Typen implementiert, für die `null` nicht definiert ist. Eine Deklaration und Initialisierung wie

```
val intArray : IntArray = intArrayOf(1,null,2) // nicht zulässig
```

ist daher nicht zulässig.

Anders sieht es bei Arrays für Objekte aus (und auch für Datenstrukturen wie Collections, siehe Kapitel 6). Hier kann man, über das Typargument in der Variablendeklaration, danach differenzieren, ob sie `null`-Elemente enthalten können oder nicht:

```
var arrayMitNullables  : Array<Int?>
var arrayOhneNullables : Array<Int>
```

Aus der Deklaration ergibt sich, welche Zuweisungen zulässig sind:

```
arrayMitNullables  = arrayOf(1,2,null,null,3,null,4) // zulässig
arrayOhneNullables = arrayOf(1,2,null,null,3,null,4) // nicht zulässig
arrayOhneNullables = arrayOf(1,2,3,4) // zulässig
```

Für Wertzuweisungen an einzelne Elemente gilt Entsprechendes.

Mit der Funktion **`arrayOfNulls()`** kann man zunächst einen Array mit einer bestimmten Anzahl von `null`-Elementen vorbesetzen und sie anschließend nach Bedarf mit Referenzen auf Objekte überschreiben:

```
val arrayMitNullables : Array<Int?> = arrayOfNulls(5)
arrayMitNullables[1] = 10
arrayMitNullables[4] = 40
```

Bei Zuweisungen zwischen Variablen für Arrays mit nullfähigen und nicht-nullfähigen Elementen sind explizite Typumwandlungen erforderlich – und zwar in beiden Richtungen:

```
arrayMitNullables  = arrayOhneNullables as Array<Int?>
arrayOhneNullables = arrayMitNullables as Array<Int>
```

Allerdings stellt eine Typumwandlung von `Array<Typ?>` nach `Array<Typ>` nicht sicher, dass der Array tatsächlich keine `null`-Elemente enthält. Das folgende Beispiel zeigt die Problematik:

```
arrayMitNullables[0] = null
arrayOhneNullables = arrayMitNullables as Array<Int>
```

Das Laufzeitsystem führt die Zuweisung mit Typumwandlung durch und löst dabei keine `ClassCastException` aus. `arrayNonNullables` referenziert also anschließend einen Array mit einem `null`-Element!

Warum dieses Problem auftritt, wird in [StackOfl] und den dort referenzierten Texten erklärt. Es kann gelöst werden mithilfe der Funktion **`filterNotNull()`**, die die `null`-Elemente vor der Zuweisung entfernt:

```
arrayOhneNullables =
      arrayMitNullables.filterNotNull().toTypedArray()
```

`filterNotNull()` liefert ein `List`-Objekt (siehe Abschnitt 6.3), aus dem durch `toTypedArray()` ein entsprechendes `Arrayobjekt` erzeugt wird.

5 Funktionen

Was in Java als „Methode“ bezeichnet wird, heißt in Kotlin „Funktion“ – ein Unterprogramm, das aufgerufen wird, wobei Argumente an formale Parameter übergeben werden, eine Folge von Operationen ausführt und ein Resultat zurückliefert. Die Rolle von Kotlin-Funktionen geht allerdings weit über die Rolle von Java-Methoden hinaus:

Java stellt als **objektorientierte Programmiersprache** Objekte in den Mittelpunkt, also Einheiten aus Attributen und Methoden. Attribute speichern Werte, sie sind veränderlich und repräsentieren damit den jeweiligen Zustand eines Objekts. Die Methoden arbeiten auf den Attributen und verändern damit den Objektzustand. Methoden sind also den Objekten zugeordnet oder, schärfer formuliert, ihnen untergeordnet. Java unterstützt zwar seit seiner Version 8 grundlegende Konzepte der funktionalen Programmierung. Insbesondere kann man seither Lambdas (also namenlose Funktionen in Kompaktschreibweise) an Methoden übergeben und Referenzen auf sie in Variablen speichern. Das zugrundeliegende Typkonzept greift aber auf eine Technik der objektorientierten Programmierung zurück, nämlich sogenannte „funktionale Schnittstellen“. Dies führt dazu, dass sich Typangaben nicht sehr eingängig lesen.

Kotlin wurde dagegen von Anfang an als eine Sprache entworfen, die sowohl objektorientierte als auch funktionale Programmierung unterstützt. Im Gegensatz zum objektorientierten Ansatz, bei dem Zustände verändert werden, werden bei der **funktionalen Programmierung** Funktionen auf Werte angewendet und liefern, ohne Seiteneffekte, neue Werte. Wertspeicher oder Zustände gibt es hier nicht. Bei der funktionalen Programmierung liegt der Fokus damit auf Funktionen: Sie sind **First-Class Citizens**, die als eigenständige getypte Programmelemente auftreten, in Variablen gespeichert, als Argumente an andere Funktionen übergeben und als Funktionsresultate zurückgegeben werden können.

5.1 Grundlegende Techniken

5.1.1 Programmstruktur

Funktionen können an verschiedenen Stellen eines Kotlin-Programms definiert werden und haben damit unterschiedliche Bedeutungen und Anwendungsmöglichkeiten:

- **Top-Level Functions** werden als eigenständige Programmbestandteile, also außerhalb der Klassen definiert und können damit global und unabhängig von Klassen und Objekten verwendet werden (siehe Abschnitt 1.3).
- Funktionen, die Objekten einer Klasse zugeordnet sein sollen, werden in der Klassendefinition als **Member Functions** der Klasse definiert oder, separat davon, als **Extension Functions** für die Klasse (siehe Abschnitt 8.3). Auch Interfaces können Funktionen definieren.
- **Anonyme Funktionen** und **Lambdas** werden in der Anweisungsfolge des auszuführenden Codes definiert und können insbesondere an Funktionen höherer Ordnung, die dort aufgerufen werden, übergeben werden (siehe Abschnitt 5.4 und Abschnitt 5.5.2).
- **Lokale Funktionen** werden in den Körpern anderer Funktionen definiert und können somit nur dort aufgerufen werden (siehe Abschnitt 5.2.2).

Eine herausgehobene Top-Level Function ist das **Hauptprogramm `main()`**. Man kann es, analog zu Java, mit einem Arrayparameter zur Übergabe von Werten definieren:

```
fun main(args: Array<String>) { ... }
```

Meist wird `main()` jedoch ohne Parameter definiert:

```
fun main() { ... }
```

5.1.2 Definition und Aufruf

In ihrer vollständigen Form umfasst eine Funktionsdefinition in Kotlin dieselben Angaben wie in Java, nämlich im **Kopf** den Funktionsnamen, die Parameterliste mit Namen und Typen sowie den Rückgabetyp und im **Körper** die lokalen Variablen und die auszuführenden Anweisungen mit Rückgabe des Resultats. Kotlin-spezifisch sind lediglich das einleitende Schlüsselwort `fun` und die Nachstellung der Typangaben:

```
fun concat(s1 : String, s2 : String) : String {
  return s1+s2
}
```

(Übrigens ließe sich diese Funktion kompakter als Single-Expression Function schreiben, wie es in diesem Abschnitt weiter unten gezeigt wird.)

Auch ein Funktionsaufruf kann wie in Java aussehen (zu weiteren Möglichkeiten siehe Abschnitt 5.1.3):

```
s3 = concat("Hello ","World")
```

Eine Funktion, die keinen Wert zurückgibt, hat den Rückgabetyp `Unit`, entsprechend `void` in Java. `Unit` muss im Funktionskopf nicht explizit genannt werden:

```
fun ausgabeWertMitText(text : String?, value : Int) {
  if (text!=null)
      println("$text: $value")
    else println("$value")
}
```

Der etwas seltsam anmutende Name `Unit` rührt daher, dass alle Ausdrücke dieses Typs denselben (Einheits-)Wert haben. Sie tragen somit keine Information.

Ergibt sich der Rückgabewert einer Funktion durch einen einzigen Ausdruck, so kann man die Funktion als **Single-Expression Function** kompakt formulieren. Der Körper mit `return`-Anweisung(en) wird ersetzt durch den Ausdruck, den man mit einem Gleichheitszeichen direkt an den Kopf anschließt. Der Rückgabetyp muss nicht explizit angegeben werden, da der Compiler ihn aus dem Typ des Ausdrucks ableiten kann:

```
fun add(a : Int, b : Int) : Int = a+b
fun max(a : Int, b : Int) = if (a>b) a else b
```

Das Übergabeprinzip für Parameter ist **Call by Value** und zudem sind Parameter innerhalb des Funktionskörpers unveränderlich, werden also als `val`-Variablen behandelt. Der Wert eines Arguments, also einer beim Aufruf übergebenen Variablen, kann somit durch die Anweisungen im Funktionskörper nicht verändert werden. Ist das Argument allerdings eine Referenz auf ein (veränderliches) Objekt, so kann man hierüber natürlich die in diesem Objekt gespeicherten Werte ändern.

Einer der Parameter kann mit dem Schlüsselwort vararg gekennzeichnet werden, wodurch der Funktion an dieser Stelle eine beliebige Anzahl von Werten des angegebenen Typs übergeben werden kann. Es ist üblicherweise der letzte in der Parameterliste, was einer Ellipsis ... in einer Java-Methode entspricht. Man kann aber auch einen weiter vorn stehenden Parameter mit `vararg` markieren, muss dann aber bei einem Aufruf die nachfolgenden Parameter namentlich nennen (siehe Abschnitt 5.1.3). Innerhalb der Funktion wird ein `vararg` -Parameter wie ein Array behandelt:

```
fun mittel(vararg values : Double) = values.sum()/values.size
```

Bei einem Aufruf kann eine Folge von Einzelwerten oder ein Array übergeben werden. Der Array muss dann mit dem **Spread-Operator** * in Einzelwerte umgewandelt werden:

```
var mittelwert = mittel(2.5,3.7,7.3)
val array = doubleArrayOf(2.5,3.7,7.3)
mittelwert = mittel(*array)
mittelwert = mittel(1.3,*array,6.2)
```

Mehrere Rückgabewerte kann eine Funktion in einem Objekt einer Datenklasse zusammenfassen, beispielsweise der vordefinierten generischen Klasse `Pair` (siehe Abschnitt 7.4.1) für Objekte mit zwei Werten bestimmter Typen. Die folgende Funktion gibt einen zweidimensionalen Vektor zurück, der die skalierten Einträge des übergebenen Vektors enthält:

```
fun skaliere(faktor : Double,
          vektor : Pair<Double,Double>) : Pair<Double,Double> {
  return Pair(faktor*vektor.first,faktor*vektor.second)
}
```

Aufrufe dieser Funktion sehen dann so aus:

```
val vektor = Pair(2.5,3.25)
val vektorSkaliert = skaliere(2.0,vektor)
val (xSkaliert,ySkaliert) = skaliere(3.0,vektor)
```

Beim ersten Aufruf wird das Resultat in einer `Pair`-Variablen gespeichert, beim zweiten Aufruf mithilfe einer **Destructuring Declaration** in zwei `Double`-Variablen.

Funktionen können wie in Java **überladen** werden; man kann also mehrere Funktionen mit demselben Namen, aber unterschiedlichen Signaturen/Parameterlisten definieren. Jedoch bläht dies den Programmtext auf und macht Funktionsaufrufe unübersichtlich. Man sollte also hierauf so weit wie möglich verzichten und stattdessen mit Defaultwerten für Parameter arbeiten (siehe Abschnitt 5.1.3).

5.1.3 Parameter: Benennung und Defaultwerte

Kotlin unterstützt zwei Techniken für die Definition und Benutzung von **Parametern**, mit denen sich Funktionen deutlich flexibler einsetzen lassen als in Java:

- Man kann in einer Funktionsdefinition **Defaultwerte** für die einzelnen Parameter festlegen, sodass bei einem Aufruf keine expliziten Argumente für diese Parameter übergeben werden müssen.
- Man kann bei einem Funktionsaufruf die **Namen der Parameter** angeben und ihnen damit die übergebenen Argumente eindeutig zuordnen.

Ein Beispiel für eine solche Funktion und ihren Aufruf wurde bereits in Abschnitt 1.3.2 gezeigt. Das nun folgende Beispiel ist eine Funktion `kuerzel()`, die für einen übergebenen String `wort` ein Anfangsstück einer bestimmten Länge `laenge` zurückgibt. Dieser Parameter `laenge` hat den Defaultwert 3. Ein dritter Parameter `gross` gibt an, ob im Resultat die Buchstaben groß geschrieben sein sollen. Im Defaultfall soll das nicht so sein, `gross` also den Wert `false` haben:

```
fun kuerzel(wort : String, laenge : UInt = 3u,
                          gross : Boolean = false) : String {
  if (gross)
      return wort.take(laenge.toInt()).uppercase()
    else
      return wort.take(laenge.toInt())
}
```

Die `String`-Funktion `take(n)`, die im Körper benutzt wird, liefert für `wort` einen String mit dessen ersten `n` Zeichen oder mit allen seinen Zeichen, wenn `wort` kürzer als `n` ist. Da der `take()`-Parameter den Typ `Int` hat, muss der `UInt`-Wert `laenge` explizit umgewandelt werden.

Wie das Beispiel zeigt, werden die Defaultwerte mit einem `=` an die Parameterdeklarationen angehängt. Im Unterschied zu einer Variablendeklaration und -initialisierung, die dieselbe Syntax hat, kann man die Typangabe des Parameters nicht weglassen, denn es gibt hier keine Typinferenz.

Am Beispiel sieht man zudem, dass nicht für alle Parameter Defaultwerte vereinbart werden müssen. Im Prinzip ist man bei der Gestaltung der Parameterliste völlig frei; es wird jedoch empfohlen, sie so anzuordnen, dass dort erst die Parameter ohne Defaultwerte und danach die Parameter mit Defaultwerten stehen.

Man hat nun verschiedene Möglichkeiten, die Funktion aufzurufen:

- Übergabe von Argumenten für alle Parameter ohne Namensnennung, also der aus Java bekannte Ansatz:

  ```
  val staedtename = "Amsterdam"
  kuerzel(staedtename, 6u, false)
  kuerzel(staedtename, 4u, true)
  ```

- Übergabe von Argumenten nur für einen Teil der Parameter, dabei keine Nennung von Parameternamen:

  ```
  kuerzel(staedtename)  // Defaultwerte laenge = 3u, gross = false
  kuerzel(staedtename, 4u)  // Defaultwert gross = false
  ```

  Nicht zulässig ist hier dieser Aufruf:

  ```
  kuerzel(staedtename, true)  // nicht zulässig
  ```

  Es soll offensichtlich `laenge` der Defaultwert `3u` und `gross` der explizite Wert `true` zugewiesen werden. Da jedoch keine Parameternamen angegeben sind, versucht der Compiler, die Argumente den Parametern anhand ihrer Positionen zuzuordnen, was für den Parameter `laenge` mit dem Argument `true` zu einem Fehler führt.

- Übergabe von Argumenten nur für einen Teil der Parameter, mit Namensnennung:

  ```
  kuerzel(wort = staedtename, gross = true)
  ```

  Diese Schreibweise löst das Problem des vorigen Aufrufbeispiels – `laenge` erhält seinen Defaultwert und `gross` einen explizit angegebenen Wert.

Übrigens könnte man bei diesem Aufruf die Benennung des ersten Parameters weglassen, da das Argument auch anhand seiner Position zugeordnet werden kann:

```
kuerzel(staedtename, gross = true)
```

- Übergabe von Argumenten für alle Parameter, mit teilweiser oder vollständiger Namensnennung:

```
kuerzel(staedtename, laenge = 4u, gross = true)
```

  Indem man Parameter explizit benennt, gibt man Hinweise auf die Bedeutung der Argumente und verbessert somit die Lesbarkeit des Programmtexts. Darüber hinaus kann man benannte Argumente in einer anderen Reihenfolge übergeben als durch die Parameterliste vorgesehen:

```
kuerzel(laenge = 3u, gross = true, wort = staedtename)
```

Je mehr Parameter eine Funktion hat und je mehr Parameter vom selben Typ sind, desto größer ist der Vorteil, den diese Techniken mit sich bringen. Dies illustriert die folgende Funktion, die einen String formatiert und von mehreren `Boolean`-Parametern gesteuert wird:

```
fun formatierer(wort : String,
                gross : Boolean = false,
                leerzeichen : Boolean = false,
                begrenzerVorn : Boolean = false,
                begrenzerHinten : Boolean = false) : String {
  var resultat = wort;
  if (gross) resultat = resultat.uppercase()
  if (leerzeichen)  // Dazwischenschieben von Leerzeichen
        resultat =
            resultat.toCharArray().joinToString(separator = " ")
  if (begrenzerVorn) resultat = "# "+resultat
  if (begrenzerHinten) resultat = resultat+" #"
  return resultat
}
```

Einen Aufruf wie

```
formatierer(staedtename, true, false, true, false)
```

versteht man erst, wenn man sich die Funktionsdefinition dazu ansieht. Der Aufruf

```
formatierer(staedtename, gross = true, leerzeichen = false,
                begrenzerVorn = true, begrenzerHinten = false)
```

ist viel verständlicher und lässt sich zudem, unter Nutzung der Defaultwerte, verkürzen zu

```
formatierer(staedtename, gross = true, begrenzerVorn = true)
```

Defaultwerte und benannte Argumente machen Kotlin also deutlich ausdrucksstärker als Java. In Java müsste man den Effekt der beiden Defaultwerte in `kuerzel()` dadurch erzielen, dass man die Methode vierfach überlädt mit den Signaturen `(String)`, `(String,int)`, `(String,boolean)` und `(String,int,boolean)`. Für `formatierer()` wäre eine solche Überladung bei Beibehaltung des Funktionsnamens sogar unmöglich, da mehrere Parameter denselben Typ haben.

Rufen Sie die beiden überladenen Funktionen

```
fun eineFunktion(a : Int, b : String = "String") {
  println("eineFunktion Version 1: $a $b")
}
fun eineFunktion(c : Int, d : Float = 10.0f) {
  println("eineFunktion Version 2: $c $d")
}
```

folgendermaßen auf:

```
eineFunktion(10,"AAA")
eineFunktion(20,20.0f)
eineFunktion(30)
```

Welche Aufrufe sind zulässig und beziehen sich auf welche Version, welche sind nicht zulässig? Können Sie das Problem lösen, indem Sie das Argument beim Aufruf benennen?

5.2 Spezielle Arten von Funktionen

5.2.1 Generische Funktionen

Bei der Definition einer **generischen Funktion** werden Parametertypen und/oder Rückgabetyp nicht endgültig festgelegt, sondern mithilfe von Typparametern angegeben. Bei späteren Funktionsaufrufen können diese Typparameter unterschiedliche Werte annehmen, sodass die konkreten Parametertypen bzw. der konkrete Rückgabetyp der Funktion jeweils verschieden sein können.

Die folgende Funktion hat zwei Arrayparameter mit einem generischen Elementtyp `T` und zählt, an wie vielen Positionen diese Arrays übereinstimmen. Der konkrete Elementtyp der Arrays ist dabei noch nicht festgelegt:

```
fun <T> anzahlGleich(a : Array<T>, b : Array<T>) : Int {
  if (a.size != b.size) return -1
  var zaehler = 0
  for (i in a.indices)
    if (a[i]==b[i])
      zaehler++
  return zaehler
}
```

Das <T> vor dem Funktionsnamen zeigt also an, dass es sich um eine generische Funktion mit dem Typparameter T handelt. Die Definition der Parameter a und b besagt, dass die Arrays einen beliebigen Elementtyp haben können, es aber bei beiden Arrays derselbe Typ sein muss. Damit sind im nächsten Beispiel die ersten beiden Funktionsaufrufe zulässig, der dritte aber nicht:

```
val intArray1 = arrayOf(1,2,3)
val intArray2 = arrayOf(3,2,1)
var anzahl = anzahlGleich(intArray1,intArray2)
val charArray1 = arrayOf('a','b','c','d')
val charArray2 = arrayOf('a','b','c','e')
anzahl = anzahlGleich(charArray1,charArray2)
anzahl = anzahlGleich(charArray1,intArray1)  // Type Mismatch!
```

Bei den Aufrufen wird das konkrete Typargument für T (also der aktuell vorliegende Typ) aus den Typen der Argumente automatisch abgeleitet – beim ersten Aufruf zu Int und beim zweiten zu Char. Beim dritten Aufruf ist keine widerspruchsfreie Ableitung möglich, sodass der Compiler einen „Type Mismatch“ meldet.

Eine Funktion, die das Element in der Mitte eines Arrays liefert, wird mit generischem Parametertyp und generischem Rückgabetyp programmiert:

```
fun <T> mittleresElement(a : Array<T>) : T? {
  if (a.isEmpty()) return null
  return a[a.size/2]
}
```

Auch in diesem Beispiel wird das konkrete Typargument aus dem Typ des Arrays abgeleitet, der als Argument übergeben wird – und damit auch der Typ des Rückgabewerts. Bei Funktionen, in denen T nur als Rückgabe-, aber nicht als Parametertyp auftritt, ist eine solche Ableitung nicht möglich. Wie man hier vorgeht, wird in Abschnitt 7.5.6 gezeigt.

Wissenswert ist außerdem:

- Der Parametertyp kann einschränkt werden auf Unterklassen einer bestimmten Klasse, beispielsweise auf numerische Klassen:

  ```
  fun <T : Number> funktionsname(Parameter) : Rückgabetyp
  ```

  Man bezeichnet eine solche Angabe (hier Number) als einen **Constraint**. Constraints können sich auch auf Interfaces beziehen. Mehrere Constraints spezifiziert man durch

```
fun <T> funktionsname(Parameter) : Rückgabetyp
        where T : Constraint1, T : Constraint2
```

- Soll das Typargument ein beliebiger, aber nicht-nullfähiger Typ sein, so gibt man `Any` als Constraint an:

```
fun <T : Any> funktionsname(...) : ...
```

- Funktionen können mehrere Typparameter haben. Sie werden bei der Deklaration durch Kommas voneinander getrennt angegeben:

```
fun <T, U, V> funktionsname(...) : ...
```

5.2.2 Geschachtelte Funktionen

Kotlin erlaubt, im Gegensatz zu Java, **geschachtelte Funktionsdefinitionen**: Im Körper einer Funktion können weitere Funktionen definiert werden. Sie sind lokal zu dieser Funktion, können also nur in deren Körper und in den Körpern nachfolgender lokaler Funktionen aufgerufen werden. Lokale Funktionen können auf die lokalen Variablen und Parameter der sie umschließenden Funktion zugreifen:

```
fun auessereFunktion(outerS1 : String, outerS2 : String) {
  val x = 1
  fun innereFunktion1(innerS1: String) {  // erste lokale Funktion
    println(innerS1)
    println(x)  // Zugriff lok. Variable der umschließenden Fkt.
  }
  fun innereFunktion2(innerS2: String) {  // zweite lokale Funktion
    println(innerS2)
    innereFunktion1("abc")  // Aufruf der ersten lokalen Funktion
  }
  innereFunktion1(outerS1)  // Aufrufe der lokalen Funktionen
  innereFunktion2(outerS2)  // durch die umschließende Funktion
}
```

5.2.3 Inline-Funktionen

Funktionen können mit dem Schlüsselwort **`inline`** markiert werden. Dies veranlasst den Compiler, jeden Aufruf der Funktion durch ihren Körper zu ersetzen. Den Code

```
inline fun addInline(a : Int, b : Int) = a+b
...
var z = addInline(x,y)
```

wird der Compiler also in Code übersetzen, der äquivalent ist zu

```
var z = x+z
```

Man spart somit den Zeitaufwand, der bei Funktionsaufrufen entsteht, bläht aber dafür möglicherweise den übersetzten Code auf. Es sollten daher nur solche Funktionen als `inline` gekennzeichnet werden, die einen kurzen Körper haben, die also idealerweise nur aus einem einzigen Ausdruck bestehen. In Programmen, die nicht laufzeitkritisch sind, sind Inline-Funktionen ohnehin entbehrlich.

Einen weiteren Vorteil bieten Inline-Funktionen beim Umgang mit generischen Parametertypen. Näheres dazu wird in Abschnitt 7.5.6 unter den Stichworten „Type Erasure" und „Reification" gesagt.

Schreiben Sie zwei Funktionen, die jeweils eine Zweierpotenz berechnen und dazu eine Schleife benutzen. Die eine Funktion soll als `inline` deklariert sein, die andere nicht. Rufen Sie jede dieser Funktionen 1000mal auf und vergleichen Sie mithilfe von `measureTime()` (siehe Abschnitt 2.6) die Ausführungszeiten. Was beobachten Sie, was verwundert Sie eventuell und was wäre eine mögliche Erklärung für diesen Effekt?

5.2.4 Endrekursive Funktionen

Rekursive Funktionen, in deren Körper der rekursive Aufruf jeweils als letzte Operation ausgeführt wird, können mit dem Schlüsselwort **`tailrec`** markiert werden:

```
tailrec fun fakultaet(n : Int) : Long {
    if (n<=1) return 1
    return n * fakultaet(n-1)
}
```

Bei solchen **endrekursiven Funktionen** kann der Compiler die Folge der rekursiven Aufrufe durch eine Schleife ersetzen. Die primäre Absicht dabei ist, Stack-Überläufe zu vermeiden, die sonst bei tiefer Rekursion auftreten. Eine Verbesserung der Laufzeit ist ebenfalls möglich, kann aber (so zeigen es eigene Zeitmessungen) offensichtlich auch durch andere Optimierungen des Compilers und Laufzeitsystems erzielt werden, die sogar zu einer noch stärkeren Beschleunigung führen.

Führen Sie Zeitmessungen für die Fakultätsfunktion mit und ohne `tailrec` durch. Variieren Sie dabei die Anzahl und die Reihenfolge der Aufrufe sowie den Wert von n. Stellen Sie fest, ob `tailrec` auf Ihrer Plattform immer zu einer Beschleunigung führt.

5.3 Funktionale Programmierung

5.3.1 Grundlegende Erfordernisse

Die bislang besprochenen Techniken erweitern und ergänzen das, was Java zur Definition und zum Aufruf von Funktionen bietet, ermöglichen jedoch noch keine **funktionale Programmierung**. Dafür muss eine Programmiersprache Konzepte und Techniken bieten, mit denen Funktionen als **First-Class Citizens** behandelt werden können:

- Als Grundlage wird ein **Typkonzept** für Funktionen benötigt. Hiermit lassen sich Funktionen in getypten Variablen speichern, über Parameter an andere Funktionen übergeben und als Funktionsresultate zurückgeben. Funktionstypen und -variablen werden in Abschnitt 5.3.2 besprochen.
- Es müssen **Funktionen höherer Ordnung** unterstützt werden, also Funktionen, denen Funktionen über Parameter übergeben werden und die Funktionen als Rückgabewerte liefern können. Funktionen höherer Ordnung sind Thema von Abschnitt 5.5.
- Funktionsargumente sollten möglichst kompakt formuliert werden können. Dies geschieht typischerweise durch **Lambdas**, also anonyme, kurze Funktionen, die direkt als Parameter übergeben werden. Lambdas werden in Abschnitt 5.4 vorgestellt.

5.3.2 Funktionstypen und -variablen

Charakteristisch für eine Funktion sind, neben ihrem Namen, die Anzahl und Typfolge ihrer Parameter sowie ihr Rückgabetyp. Es liegt daher auf der Hand, Funktionen anhand dieser Merkmale zu typisieren, so wie es Kotlin denn auch tut. Beispielsweise hat die Kotlin-Funktion

```
fun kleiner(a : Int, b : Int) : Boolean = a<b
```

den Typ

```
(Int, Int) -> Boolean
```

Ein solcher Kotlin-**Funktionstyp** wird also definiert durch die geklammerte Folge der Parametertypen (die „Signatur“ der Parameter) gefolgt von einem Pfeil gefolgt vom Rückgabetyp der Funktion. Parameter- und Rückgabetypen können durchaus wiederum Funktionstypen sein, was Funktionen höherer Ordnung ermöglicht (siehe Abschnitt 5.5).

Mithilfe von Funktionstypen können **Funktionsvariablen** deklariert werden, also Variablen zur Speicherung von Referenzen auf Funktionen mit einer bestimmten Parameterfolge und einem bestimmten Rückgabetyp:

```
val eineFunktion : (Int, Int) -> Boolean
```

Deklarieren Sie eine `var`-Funktionsvariable ohne Typangabe, initialisieren Sie sie mit einer Referenz auf die mathematische `pow()`-Funktion und versuchen Sie anschließend, ihr die Referenz auf die mathematische Funktion `sqrt()` zuzuweisen. Was geschieht?

Optional können Parameternamen angegeben werden, um die Bedeutung der Parametertypen zu verdeutlichen:

```
val division : (dividend : Double, divisor : Double) -> Double
```

Funktionsvariablen können nullfähig sein (siehe Abschnitt 4.1), können also statt einer Referenz auf eine Funktion auch die Nullreferenz speichern. Hierzu muss man sie allerdings entsprechend deklarieren:

```
val eineFunktionMitFragezeichen : ((Int, Int) -> Boolean)?
```

Man beachte hier unbedingt die Klammerung! Würde man die Variable deklarieren als

```
val eineFunktionMitFragezeichen : (Int, Int) -> Boolean?
```

so würde der Typ Funktionen kennzeichnen, die `true`, `false` oder `null` zurückliefern; die Variable `eineFunktionMitFragezeichen` selbst wäre aber nicht-nullfähig.

Bei oder nach ihrer Deklaration kann man einer solchen Variablen Referenzen auf Funktionen zuweisen, insbesondere auf selbstdefinierte Funktionen wie die oben definierte Funktion `kleiner()` oder auch Funktionen vorgegebener Klassenbibliotheken. Dabei leitet man den Funktionsnamen mit :: ein und setzt den Klassennamen davor, falls es sich nicht um eine Top-Level Function handelt:

```
eineFunktion = ::kleiner
division = Double::div
```

Findet die Zuweisung unmittelbar bei der Deklaration statt, so kann der Variablentyp weggelassen werden, da er dann per Typinferenz abgeleitet wird:

```
val eineFunktionOhneTypangabe = ::kleiner
```

Über die Funktionsvariable wird die Funktion direkt oder durch **`invoke()`** aufgerufen:

```
ergebnis = eineFunktion(1,2)
ergebnis = eineFunktion.invoke(1,2)
```

(Im Kotlin-Reflection-Paket gibt es zudem die Funktion `call()`, die wie `invoke()` benutzt wird (siehe Abschnitt 10.1.4).)

Auf dieselbe Weise kann man mit Funktionen arbeiten, die sich auf Objekte beziehen. Im folgenden Beispiel werden Referenzen auf die `get()`-Funktionen zweier `String`-Objekte `s1` und `s2` nacheinander einer Funktionsvariablen `getCharFromString` zugewiesen und dann aufgerufen:

```
val s1 = "Hello"
var getCharFromString = s1::get
println("erstes Zeichen von $s1: ${getCharFromString(0)}")
val s2 = "World"
getCharFromString = s2::get
println("erstes Zeichen von $s2: ${getCharFromString(0)}")
```

`s1.get(n)` liefert das n-te Zeichen des `String`-Objekts `s1`, sodass der Typ von `getCharFromString` als `(Int) -> Char` abgeleitet wird. Da die Funktionsvariable im Programmverlauf zwei verschiedene Funktionen referenziert, liefern die beiden Aufrufe die unterschiedlichen Resultate `H` und `W`.

Auch für Funktionstypen lassen sich **Aliase** vereinbaren. So definiert die (generische) Aliasdefinition

```
typealias UnaereFunktion<T> = (T) -> T
```

einen Typ für Funktionen, die einen Parameter vom Typ `T` auf einen Wert desselben Typs abbilden.

```
val unaereIntFunktion : UnaereFunktion<Int>
```

deklariert dann eine Variable für Funktionen mit einem `Int`-Parameter und dem Rückgabetyp `Int`.

Funktionsvariablen werden auch dazu benutzt, Referenzen auf Lambdas und anonyme Funktionen zu speichern, die direkt bei der Zuweisung definiert werden (siehe Abschnitt 5.4). Ebenfalls kann man Funktionen, die von Funktionen höherer Ordnung (siehe Abschnitt 5.5) zurückgeliefert werden, dort speichern.

5.3.3 Beispiel: Menu mit Funktionsaufrufen

Ein Anwendungsfall, bei dem sich Funktionsvariablen mit Referenzen auf Funktionen effizient einsetzen lassen, sind Menus, über die man Funktionen auswählen und aufrufen kann:

```
val menupunkte = arrayOf("Funktion 1","Funktion 2","Funktion 3")
val funktionen = arrayOf(::funktion1,::funktion2,::funktion3)
println("Bitte auswählen:")
for (i in 1 .. menupunkte.size)
  println("($i) ${menupunkte[i-1]}")
val auswahl = readln().toInt()
funktionen[auswahl-1].invoke()
```

Der Array `menupunkte` mit dem Elementtyp `String` definiert die Auswahlmöglichkeiten, der gleich lange Array `funktionen` mit dem Elementyp `()->Unit` enthält Referenzen auf entsprechende Top-Level Functions, die an anderer Stelle definiert werden. Mit der Schleife werden die Auswahlmöglichkeiten angezeigt und die ausgewählte Funktion wird über das zugehörige Element von `funktionen` per `invoke()` aufgerufen. Die Menus der Beispielprojekte zu diesem Buch sind nach diesem Schema programmiert.

5.4 Lambdas

5.4.1 Grundkonzept

Bei der funktionalen Programmierung sind Funktionen oft für den sofortigen Gebrauch bestimmt: Unmittelbar bei ihrer Definition werden sie als Argumente an andere Funktionen, also an Funktionen höherer Ordnung, übergeben, die sie dann aufrufen. Derartige Szenarien wurden in früheren Kapiteln bereits mehrfach betrachtet, nämlich

- bei einer Funktion, die bestimmte Bedingungen für ihre Parameter prüft und das mit einer Funktion tut, die sie über einen weiteren (Funktions-)Parameter erhält (siehe Abschnitt 1.3.2),
- bei einem Arraykonstruktor, dem eine Initialisierungsfunktion übergeben wird (siehe Abschnitt 2.7.2), und
- bei der `repeat()`-Funktion, die eine andere Funktion wiederholt aufruft (siehe Abschnitt 3.2.3).

In solchen Fällen ist keine vollständige Funktionsdefinition wie in Abschnitt 5.1.2 nötig, sondern der Funktionsname kann weggelassen werden und es sind weitere Kürzungen in der Notation möglich. Dies führt zum Begriff des „Lambda-Ausdrucks", kurz „Lambda" genannt. Er geht auf den „Lambda-Kalkül" zurück, die wichtigste theoretische Grundlage der funktionalen Programmierung:

Ein **Lambda** ist eine namenlose, meist einfache Funktion mit einem typischerweise eng umrissenen Verwendungszweck. Lambdas können daher in einer kompakten Schreibweise definiert werden.

Auch in Kotlin dienen Lambdas vornehmlich als Argumente für Funktionen höherer Ordnung und werden unmittelbar beim Aufruf dieser Funktionen definiert. Man kann Lambdas aber auch direkt aufrufen und man kann sie für den späteren Gebrauch in Funktionsvariablen speichern. Die Übergabe als Argument wird im Zusammenhang mit Funktionen höherer Ordnung (siehe Abschnitt 5.5) und dem großen Anwendungsgebiet der Collections (siehe Kapitel 6) besprochen werden. Im Folgenden geht es aber zunächst einmal darum, Lambdas zu definieren, zu speichern und aufzurufen.

Das Einstiegsbeispiel zeigt ein Lambda, das zwei `Int`-Werte miteinander vergleicht und das unmittelbar bei seiner Definition aufgerufen wird:

```
val x = 1; val y = 2
val xKleinerY = { a:Int, b:Int -> a<b } (x,y)
```

Das Lambda ist das Codestück in der zweiten Zeile, das in geschweifte Klammern `{}` eingeschlossen ist. In dieser Klammerung werden zunächst seine Parameter mit ihren Namen und Typen definiert. Anschließend, hinter dem Pfeil `->`, wird spezifiziert, wie sich sein Rückgabewert berechnet; hier durch den Ausdruck `a<b`, ohne `return` davor. Der Rückgabetyp des Lambdas, hier `Boolean`, wird aus dem Typ des Ausdrucks abgeleitet und nicht explizit angegeben.

Das so definierte Lambda wird unmittelbar mit den beiden Variablen `x` und `y` als Argumente aufgerufen und sein Resultat wird in einer dritten Variablen `xKleinerY` gespeichert. Der Typ von `xKleinerY` wird aus dem Rückgabetyp des Lambdas abgeleitet.

5.4.2 Formen der Definition und Anwendung

Das Beispiel aus dem vorigen Abschnitt ist offensichtlich noch nicht sehr praxisnah: Da das Lambda keinen Namen hat und nicht gespeichert wird, kann es nur an dieser Codestelle und nur dieses eine Mal angewendet werden. Das bringt keinen besonderen Nutzen; der einfache Ausdruck `x<y` hätte vollkommen ausgereicht und wäre effizienter gewesen.

Anders sieht es aus, wenn man ein Lambda zunächst einer Variablen zuweist und anschließend über diese Variable aufruft (siehe Abschnitt 5.3.2). Dann sind, wie bei einer benannten Funktion, beliebig viele Aufrufe möglich. Zusätzliche Flexibilität ergibt sich daraus, dass die gerufene Funktion nicht schon bei der Übersetzung feststehen muss, sondern sich gegebenenfalls erst zur Laufzeit ergibt und sich durch Zuweisungen an die Variable ändern kann.

Der Begriff der „Variablen", die das Lambda speichert, ist an dieser Stelle recht weit gefasst: Neben lokalen Variablen, Top-Level-Variablen und Properties von Objekten (siehe Abschnitt 7.2) können es auch Parameter von Funktionen höherer Ordnung (siehe Abschnitt 5.5) sein. Die folgenden Beispiele basieren auf lokalen Funktionsvariablen; für die anderen Arten von Variablen sehen Definition und Aufruf von Lambdas aber genauso aus.

Das Einstiegsbeispiel wird nun so erweitert, dass zunächst von Benutzerseite ausgewählt wird, welche Vergleichsfunktion angewendet werden soll. Die so gewählte Funktion wird in einer Funktionsvariablen `vergleich` gespeichert und anschließend zweimal aufgerufen:

```
val vergleich : (Int,Int) -> Boolean
println("Bitte die Vergleichsfunktion wählen: ")
println("<: a<b")
println("andere Eingabe: a>b")
if (readln()=="<")
    vergleich = { a, b -> a<b } // entweder das '<'-Lambda ...
  else
    vergleich = { a, b -> a>b } // ... oder das '>'-Lambda
val resultat1 = vergleich(x,y)
val resultat2 = vergleich(y,x)
```

Ein Lambda wie in diesem Beispiel kann also beliebig oft verwendet werden und es wird erst zur Laufzeit festgelegt, welches der beiden Lambdas aufgerufen wird.

Das Beispiel zeigt zudem eine sprachliche Besonderheit, nämlich die Typinferenz für die Lambda-Parameter. Die folgende Auflistung erläutert diese und andere Besonderheiten:

- Die Typen der **Parameter** eines Lambdas müssen nicht explizit angegeben werden, wenn eine **Typinferenz** aus dem Typ der Funktionsvariablen möglich ist. Da im Beispiel die Variable `vergleich` mit dem Typ `(Int,Int) -> Boolean` deklariert ist, werden die Typen der Parameter des zugewiesenen Lambdas zu zweimal `Int` abgeleitet.

  Übrigens musste im Beispiel der Typ der Funktionsvariablen `vergleich` explizit genannt werden, da sie bei ihrer Deklaration noch nicht initialisiert wurde. Wird die Variable aber unmittelbar initialisiert, so kann ihr Typ aus dem Typ des Lambdas abgeleitet werden:

  ```
  val vergleichKleiner = { a:Int, b:Int -> a<b }
  ```

- Hat ein Lambda **nur einen Parameter**, dann kann sogar die Deklaration des Parameters (und auch der Pfeil dahinter) weggelassen werden. Im Lambda-Ausdruck wird er dann mit dem **Standardnamen** it angesprochen:

  ```
  val kubik : (Double) -> Double = { it * it * it }
  ```

  weist `kubik` ein Lambda zu, das eine Kubikzahl berechnet. Der Typ von `it` wird dabei als `Double` abgeleitet. Diese stark verkürzte Schreibweise, bei der die Lambda-Definition nur noch ein Ausdruck ist, macht Aufrufe von Funktionen höherer Ordnung besonders gut lesbar (siehe Abschnitt 5.5).

- Lambda-**Parameter**, die **nicht benötigt** werden, müssen keinen Namen haben, sondern können mit einem Unterstrich gekennzeichnet werden. So erhält das folgende Lambda zwar zwei Int-Werte, benutzt aber für die Berechnung seines Rückgabewerts nur den zweiten:

```
val verdoppleZweitenParameter = { _ : Int, b:Int -> 2*b }
```

Eine solche Definition mag auf den ersten Blick sinnlos erscheinen. Sie kann aber nützlich sein, wenn einerseits eine Funktion höherer Ordnung einen Funktionsparameter hat, der eine Funktion mit einer bestimmten Parameterfolge erwartet, man andererseits aber ein Lambda übergeben möchte, das eigentlich mit weniger Parametern auskommt. So hätte man diese Schreibweise im Beispiel von Abschnitt 1.3.2 anwenden können, in der die Funktion namensstring() ein Lambda mit vier String-Parametern erwartet, das übergebene Lambda aber nur mit zwei dieser Strings arbeitet:

```
namensstring(
  "Herr", "Prof.", "Habakuk", "Tibatong",
  { _, _, s3:String, s4:String
                    -> s3.length>2 && s4.length>2 } )
```

Ein weiteres Beispiel folgt in Abschnitt 6.2.5.

- Ein Lambda ist oft eine kurze Funktion, die nur durch einen Ausdruck definiert wird. Es kann aber auch aus mehreren Zeilen bestehen. Dann ist sein **Rückgabewert** der **Wert des letzten Ausdrucks**, der durchlaufen wird. Das Schlüsselwort return tritt dabei nicht auf. Beispielsweise liefert das folgende Lambda die Anzahl der Nullen in einem Array zurück:

```
val anzahlNullen : (IntArray) -> Int = {
  var zaehler = 0
  for (value in it)
    if (value==0) zaehler++
  zaehler
}
val intArray : IntArray = intArrayOf(2,0,0,7,8,0,4,0)
println("Es gibt ${anzahlNullen(intArray)} Nullen.")
```

Dass das Lambda einen einzigen Parameter vom Typ IntArray hat, wird aus dem Typ der Funktionsvariablen anzahlNullen abgeleitet. Der Parameter wird also nicht explizit deklariert und innerhalb des Lambdas mit dem Namen it angesprochen. Die Rückgabe des Lambdas ist der Wert der lokalen Lambda-Variablen zaehler, die in der letzten Zeile allein angegeben ist. Hier könnten, je nach Anwendung, auch komplexere Ausdrücke stehen, beispielsweise ein arithmetischer Ausdruck oder ein if-else.

- Hat ein Lambda mehrere Zeilen, so möchte man es möglicherweise schon vor der letzten Zeile verlassen. Dies macht man mit einem **Qualified Return**, das an eine Stelle springt, die mit einem **Label** gekennzeichnet ist. Ein solches Return ist erforderlich, um zu ereichen, dass nur das Lambda verlassen wird, nicht jedoch eine umgebende Funktion.

Das Beispiel dazu greift auf die Thematik des folgenden Abschnitts vor. Es wird nämlich die Arrayfunktion `forEach()` aufgerufen, der ein Lambda übergeben wird und die (so ist `forEach()` definiert) dieses Lambda nacheinander auf die Elemente des Arrays anwendet. Die Übergabe des Lambdas erfolgt in der „Trailing-Lambda-Notation", also hinter dem Funktionsnamen `forEach` in geschweiften Klammern (siehe Abschnitt 5.5.2), hier zusätzlich gekennzeichnet durch das Label `rueckkehrLabel@`:

```
fun eineFunktion() {
  val array = arrayOf(1,3,4,0,5,0)
  array.forEach rueckkehrLabel@{
    if (it==0) return@rueckkehrLabel
    ... hier eine längeres Codestueck für it ...
  }
}
```

Das Lambda prüft also zunächst, ob das aktuell betrachtete Arrayelement gleich 0 ist (die Übergabe dieses Elements erfolgt über den implizit deklarierten Lambda-Parameter `it`). Ist das der Fall, so kehrt es sofort zum Label zurück und `forEach` wendet das Lambda dann auf das nächste Element an. Anderenfalls wird das nachfolgende, möglicherweise längere Codestück für das aktuelle Arrayelement ausgeführt.

Ohne die Qualifizierung mit einem Label würde das `return` auch aus der umschließenden Funktion `eineFunktion()` zurückkehren. Es würden also die nachfolgenden Arrayelemente nicht mehr durchlaufen.

Übrigens könnte man hier das explizite Label `rueckkehrLabel@` weglassen und stattdessen `return@forEach` schreiben.

- Bei der Definition eines Lambdas wird sein Rückgabetyp nicht explizit angegeben, was meist auch nicht nötig ist. Sollte es aber einmal erforderlich sein, so kann man statt eines Lambdas eine **anonyme Funktion** definieren. Für eine solche Funktion wird kein Name angegeben, die übrige Syntax ist dieselbe wie bei einer benannten Funktion:

```
val vergleichsfunktion1 =
              fun(a:Int,b:Int) : Boolean { return a<b }
```

Auch hier kann der Typ einer Funktionsvariablen aus dem Typ der Funktion abgeleitet werden. Umgekehrt können die Typen der Funktionsparameter aus dem Typ der Funktionsvariablen abgeleitet werden, nicht jedoch der Rückgabetyp:

```
val vergleichsfunktion2 : (Int,Int) -> Boolean
                        = fun(a,b) : Boolean { return a<b }
```

- Ein Lambda kann auf die Variablen der Umgebung zugreifen, in der es definiert wird, den sogenannten **Outer Scope** des Lambdas. Man sagt, dass das Lambda zusammen mit dieser Umgebung eine **Closure** bildet. So liegt im folgenden Beispiel die Variable `zaehler` im Outer Scope des Lambdas, das an die Arrayfunktion `forEach()` übergeben wird. Das Lambda zählt `zaehler` hoch, wenn das aktuell betrachtete Arrayelement gleich 0 ist.

```
fun anzahlNullen(array : IntArray) : Int {
  var zaehler : Int = 0
  array.forEach {
    if (it==0) zaehler++
  }
  return zaehler
}
```

5.5 Funktionen höherer Ordnung

5.5.1 Grundkonzept

Eine **Funktion höherer Ordnung** ist eine Funktion, die eine oder mehrere Funktionen über Parameter übergeben bekommt und/oder eine Funktion als Rückgabe liefert. Funktionen mit Funktionen als Parametern wurden bereits in einem Einstiegsbeispiel (siehe Abschnitt 1.3.2), im Zusammenhang mit Arraykonstruktoren (siehe Abschnitt 2.7.2) und bei der Vorstellung der `repeat()`-Funktion (siehe Abschnitt 3.2.3) gezeigt.

Hier soll nun eine Funktion betrachtet werden, die zählt, wie viele Elemente eines `IntArray` ein bestimmtes Kriterium erfüllen. Das Kriterium wird durch eine zweite Funktion festgelegt, die einen `Int`-Wert auf `false` oder `true` abbildet und die als Parameter übergeben wird. Die Funktion höherer Ordnung ruft diese Funktion dann in ihrem Körper auf:

```
fun anzahlElemente(array : IntArray,
                   kriterium: (a : Int) -> Boolean) : Int {
  var zaehler = 0
  for (elem in array)
    if (kriterium(elem))
      zaehler++
  return zaehler
}
```

Randbemerkung: Die Aufgabe lässt sich deutlich kürzer mit den vordefinierten Arrayfunktionen `filter()` und `count()` lösen. Dies wird in Abschnitt 5.5.2 gezeigt; zur Erklärung des Konzepts höherer Funktionen soll jedoch zunächst diese selbstdefinierte Funktion dienen.

Lässt sich das Kriterium durch einen einfachen Booleschen Ausdruck definieren, dann bietet es sich an, ein entsprechendes Lambda zu übergeben. Da `anzahlElemente()` zudem eine Funktion mit einem einzigen Parameter erwartet, kann man hierbei die verkürzte „it-Schreibweise“ (siehe Abschnitt 5.4.2) nutzen:

```
val array: IntArray = intArrayOf(Initialwerte)
val anzahlEinsen = anzahlElemente(array, { it==1 })
```

`anzahlElemente()` wird in seiner Schleife das Lambda `{ it==1 }` über `kriterium` für jedes Element `elem` von `array` aufrufen und es somit auf Gleichheit mit 1 prüfen.

Statt eines Lambdas, das direkt beim Aufruf definiert wird, können auch bereits vorhandene Funktionen übergeben werden:

- Übergabe unter Bezug auf den Funktionsnamen:

  ```
  fun testNegativ(a: Int) : Boolean = a<0
  val anzahlNegativ = anzahlElemente(array,::testNegativ)
  ```

  Diese Notation `::Funktionsname` wird für eine Top-Level Function verwendet. Für eine Funktion, die durch ein Objekt oder eine Klasse definiert ist, schreibt man `Objektname::Funktionsname` bzw. `Klassenname::Funktionsname`. Ein Beispiel hierfür findet man in Abschnitt 6.2.6, Funktion `sortedBy()`.

- Übergabe aus einer Funktionsvariablen:

  ```
  val kriteriumsfunktion = ::testNegativ
  ...
  val anzahlNegativ = anzahlElemente(array,kriteriumsfunktion)
  ```

- Übergabe des Rückgabewerts einer anderen Funktion höherer Ordnung:

  Die folgende Funktion `gibVergleichsfunktion()` hat den Rückgabetyp `(Int) -> Boolean`, gibt also eine Funktion mit genau dem Typ zurück, den `anzahlElemente()` erwartet. Welche Funktion es ist, wird durch den Parameter `selektor` bestimmt:

  ```
  fun gibVergleichsfunktion(selektor : String) : (Int) -> Boolean {
      when (selektor) {
          "kleiner0"  -> return { it < 0}
          "gleich0"   -> return { it == 0}
          "groesser0" -> return { it > 0}
          else -> return { false }
      }
  }
  ...
  val anzahlNegativ
          = anzahlElemente(array,gibVergleichsfunktion("kleiner0"))
  ```

Auch für Parameter eines Funktionstyps können Defaultwerte angegeben werden. So zählt die folgende Funktion die Nullen in einem Array, wenn sie ohne ein Argument für den Parameter `kriterium` aufgerufen wird:

```
fun anzahlElementeMitDefault(array : IntArray,
            kriterium: (a : Int) -> Boolean = { it==0 }) : Int {
  ... wie oben ... }
```

5.5.2 Lambda-Parameter

An Funktionen höherer Ordnung übergibt man Funktionen häufig in Form von Lambdas, die man unmittelbar beim Aufruf definiert. Dies ist sinnvoll, da

- die übergebene Funktion oft nur an dieser Stelle benutzt werden soll, man sich also den Aufwand für die vorherige Definition einer benannten Funktion und/oder die Speicherung in einer Funktionsvariablen sparen kann, und
- der Funktionscode hierdurch gut lesbar wird (sofern das Lambda kurz ist), da man unmittelbar sieht, mit welcher Funktion gearbeitet werden soll.

Kotlin bietet daher Kurzschreibweisen für die Definition von Lambdas (bereits in Abschnitt 5.4.2 besprochen) und für ihre Verwendung als Funktionsargument (dargestellt in diesem Abschnitt). Sie reduzieren den Schreibaufwand und erhöhen die Lesbarkeit.

Der im vorigen Abschnitt gezeigte Aufruf

```
val anzahlEinsen = anzahlElemente(array, { it==1 })
```

definiert das Lambda zwar sehr kompakt. Die Übergabe an `anzahlElemente()` folgt aber der traditionellen Schreibweise, bei der alle Argumente in einer `()`-geklammerten Aufzählung stehen, einschließlich des Lambdas. Diese Schachtelung der runden und geschweiften Klammern ist etwas unübersichtlich. Besser lesbar ist die **Trailing-Lambda-Notation**, bei der ein Lambda außerhalb der runden Klammern hinter die Argumentliste geschrieben wird. Diese Schreibweise ist nur möglich, wenn das Lambda das letzte Argument ist:

```
val anzahlEinsen = anzahlElemente(array) { it==1 }
```

Noch besser zu lesen ist ein Aufruf, bei dem das Lambda das einzige Argument ist, denn dann dürfen die Klammern `()` sogar ganz weggelassen werden. Das ist beispielsweise bei der Arrayfunktion **`forEach()`** der Fall:

```
array.forEach { print("$it ") }
```

Für die **Arrayklassen** (siehe Abschnitt 2.7.3) und **Collections** wie Lists und Sets (siehe Kapitel 6) sind zahlreiche Funktionen höherer Ordnung vordefiniert, denen üblicherweise Lambdas übergeben werden und für die es daher besonders wichtig ist, Aufrufe kompakt zu formulieren. Diese Funktionen werden im folgenden Kapitel ausführlich besprochen. Hier sollen, nach `forEach()`, nur kurz zwei weitere Array/Collection-Funktionen gezeigt werden:

- Die Funktion **`filter()`** filtert einen Array, wie bereits in Abschnitt 2.7.3 dargestellt, oder eine Collection nach einem bestimmten Kriterium. Das Kriterium wird durch eine Funktion mit Rückgabetyp `Boolean` spezifiziert, die an `filter()` übergeben und dort auf jedes Element des Arrays oder der Collection angewendet wird:

```
val positiveElemente = array.filter { it>0 }
```

Der Begriff **Filterung** bedeutet, dass ein neues Objekt erzeugt wird, das nur die Elemente enthält, die das Kriterium erfüllen. Dieses Objekt ist im Fall der Array/Collection-Funktion `filter()` eine List, die mit der Funktion `toTypedArray()` wieder in einen Array transformiert werden kann. Details zu `filter()` folgen in Abschnitt 6.2.5.

Übrigens lässt sich mithilfe von `filter()` die Zählung deutlich knapper und eleganter formulieren als mit der selbstdefinierten Funktion `anzahlElemente()`:

```
val anzahlPositiv = array.filter { it>0 }.count()
```

- Die Funktion **`map()`** erzeugt aus einem Array oder einer Collection eine List, deren Elemente aus den vorhandenen Elementen durch Anwendung einer Abbildungs- oder Berechnungsfunktion entstehen – beispielsweise durch das Streichen des Vorzeichens:

  ```
  val elementeOhneVorzeichen = array.map { if (it<0) -it else it }
  ```

  Details zu `map()` findet man in Abschnitt 6.2.6.

Wie an den Beispielen zu sehen ist, führt die Schreibweise des Trailing Lambdas zusammen mit dem implizit deklarierten Parameter `it` zu klarem Programmcode. Von den fünf äquivalenten Anweisungen

```
array.filter { it>0 }
array.filter() { it>0 }
array.filter({ it>0 })
array.filter({ zahl -> zahl>0 })
array.filter({ zahl : Int -> zahl>0 })
```

lässt sich die erste offensichtlich am besten lesen. Diese Stärke von Kotlin kommt insbesondere bei **geschachtelten Lambdas** zum Tragen, wie sie in späteren Kapiteln bei Coroutinen (siehe Abschnitt 9.1.3) und bei Type-Safe Buildern (siehe Abschnitt 10.2) zu sehen sein werden. Auch bei der Android-Programmierung spielen sie eine wichtige Rolle, denn dort können (unter der Bezeichnung „Jetpack Compose“) hierarchisch aufgebaute Benutzeroberflächen durch entsprechend geschachtelte Lambdas spezifiziert werden.

Die Notation erleichtert zudem ein **Daisy Chaining**, also die Anwendung einer Folge von Funktionen, denen Lambdas übergeben werden. So wird durch

```
val staedte = arrayOf("Amsterdam", "Berlin", "Hamburg", "HH", "LA", "London", "NY")
val abkuerzungen =
 staedte.filter { it.length>=3 }
        .map { it.substring(0,3) }
        .map { it.uppercase() }
        .toTypedArray()
```

zunächst eine Liste (siehe Abschnitt 6.3) erzeugt, die nur noch die Städtenamen mit mindestens drei Buchstaben enthält, daraus eine weitere Liste, deren Elemente dreibuchstabige Anfangsstücke der ursprünglichen Strings sind, und daraus schließlich eine Liste, in der diese Anfangsstücke in Großbuchstaben gesetzt sind. Das Resultat wird in einen Array zurückverwandelt, der somit die Abkürzungen `"AMS"`, `"BER"`, `"HAM"`, `"LON"` enthält.

Das Daisy Chaining realisiert somit elegant ein **Grundprinzip der funktionalen Programmierung:** Auf eine initiale Datenstruktur wird eine Folge von Funktionen angewendet. Dabei entsteht eine Folge neuer Datenstrukturen, deren Elemente sich aus den Elementen der initialen oder der jeweils zuvor erzeugten Datenstruktur ergeben. Das Endresultat ist eine neue Datenstruktur; die initiale Datenstruktur bleibt unverändert. Collection-Funktionen, die sich so verwenden lassen, werden in Kapitel 6 detailliert besprochen.

5.6 Ausblick: Funktionen in Klassen und Objekten

Wie man Funktionen definiert und aufruft, hat dieses Kapitel hauptsächlich anhand von Top-Level Functions erklärt. Die gezeigten Techniken und Prinzipien gelten aber auch für Funktionen von Objekten und Klassen – sowohl in den vordefinierten Kotlin-Bibliotheken als auch für die Klassen, die man selbst programmiert (siehe Kapitel 7).

Die **Kotlin-Standardbibliothek** [KtLib] stellt eine Vielzahl von Funktionen bereit, entweder als Member oder Extension Functions (siehe Abschnitt 8.3) von Klassen oder als eigenständige Top-Level Functions. Ein Teil dieser Funktionen wurde und wird in diesem Buch im Zusammenhang mit den jeweiligen Teilgebieten von Kotlin besprochen. Viele weitere findet man online unter [KtLib], so insbesondere **mathematische Funktionen** im Paket `kotlin.math`.

Zwei wichtige Pakete der Kotlin-Standardbibliothek, die **Collections** und **Sequences**, werden im nächsten Kapitel vorgestellt. Collections und Sequences sind Datenstrukturen mit einer reichhaltigen Sammlung von Funktionen, die die Daten mithilfe von Lambdas durchsuchen und weiterverarbeiten. Einen ersten Ausblick darauf haben die Funktionen `forEach()`, `filter()` und `map()` gegeben, um die es in Abschnitt 5.5.2 ging.

Die darauffolgenden Kapitel 7 und 8 zeigen, wie man **selbst Klassen und Objekte** mit Funktionen definieren und nutzen kann. In diesen Kapiteln werden auch weitere Möglichkeiten zur Definition von Funktionen besprochen, wie zum Beispiel Extension Functions zur Erweiterung von Klassen, das Überladen von Operatoren wie + und – und einiges mehr.

6 Collections

Collections sind aus Java bekannt als Datenstrukturen, die mehrere Objekte speichern können, deren Inhalt dynamisch geändert werden kann und die Methoden zur Arbeit mit Objektsammlungen bieten. Das „Java Collections Framework" spezifiziert ein System von Interfaces und Klassen für verschiedene Arten von Collections. Das entsprechende Kotlin-Gegenstück ist das Paket `kotlin.collections`.

Das Java Collections Framework und das Kotlin-Paket haben viele Gemeinsamkeiten. Ein wesentlicher Grund dafür ist, dass Kotlin-Collections nicht von Grund auf neu implementiert wurden, sondern auf Java-Collections aufsetzen und diese erweitern. Zu den Gemeinsamkeiten gehören

- die Definition von Collections durch generische Klassen und Interfaces, bei denen Typparameter den Typ der Elemente bestimmen,
- die verschiedenen Ausprägungen von Collections wie Lists, Sets und Maps und
- die grundlegenden Operationen darauf wie der Zugriff auf einzelne Elemente, das Iterieren über die Elemente sowie das Hinzufügen, das Entfernen und das Suchen von Elementen.

Jedoch macht sich auch bei Collections bemerkbar, dass Java zunächst als rein objektorientierte Programmiersprache konzipiert wurde und Techniken der funktionalen Programmierung erst später ergänzt wurden. So wurden mit Java 8 Streams eingeführt, deren Methoden mit Lambda-Parametern ein funktionales Arbeiten mit Collections unterstützen. Kotlin dagegen integriert solche Techniken von Anfang an, sodass hier die Collection-Funktionalität insgesamt breiter und die Sprache ausdrucksstärker ist als in Java.

In diesem Kapitel werden die wichtigsten Prinzipien, Interfaces, Klassen und Funktionen von `kotlin.collections` vorgestellt. Eine vollständige Darstellung ist aber nicht möglich, da das Paket sehr umfangreich ist. Bei speziellen Problemstellungen oder

Detailfragen sollte man daher die Dokumentation der Kotlin-Standardbibliothek heranziehen. Zudem enthalten die Beispielprogramme, die auf der Verlagsseite zum Buch bereitstehen, einige Ergänzungen.

Übrigens sind viele Collection-Funktionen auch für Arrays (siehe Abschnitt 2.7) verfügbar. Im Folgenden wird aber hierauf nicht besonders hingewiesen, zumal man im Normalfall lieber mit flexiblen Collections als mit starren Arrays arbeiten sollte.

6.1 Arten von Collections

Doku *https://kotlinlang.org/api/core/kotlin-stdlib/kotlin.collections/*

Das Kotlin-Paket `kotlin.collections` definiert eine Interface-Hierarchie (siehe Abschnitt 6.1.2), in deren Zentrum das Interface `Collection<T>` steht. Von `Collection<T>` sind weitere Interfaces für bestimmte Arten von Collections direkt oder indirekt abgeleitet. Sie alle sind, wie in Java, generisch mit einem Typparameter `T`, der den Elementtyp der Collection festgelegt.

6.1.1 Veränderliche und unveränderliche Collections

Kotlin unterscheidet zwischen **veränderlichen** (mutable) und **unveränderlichen** (immutable) **Collections**: Einer veränderlichen Collection können Elemente hinzugefügt und aus ihr können Elemente entfernt werden. Bei einer unveränderlichen Collection ist das nicht möglich; ihre Zusammensetzung ist also konstant.

Diese Unterscheidung wird mit einem zweiten Interface, **`MutableCollection<T>`**, realisiert, das von **`Collection<T>`** abgeleitet ist. Während `Collection` allgemein anwendbare Funktionen wie `contains()` und `isEmpty()` definiert, spezifiziert `MutableCollection` zusätzlich Funktionen wie `add()` und `remove()`. Eine Variable, die mit dem Typ `Collection` deklariert ist, kann somit unveränderliche und veränderliche Collections referenzieren, eine Variable vom Typ `MutableCollection` nur veränderliche Collections:

```
// unveränderlich:
val intCollectionA : Collection<Int> = listOf(1,2,3)
// veränderlich:
val intCollectionB : Collection<Int> = mutableListOf(1,2,3)
val mutableIntCollection : MutableCollection<Int> = mutableListOf(1,2,3)
```

Die Funktionen **`listOf()`** und **`mutableListOf()`** erzeugen und initialisieren unveränderliche bzw. veränderliche Lists (siehe Abschnitt 6.3). Entsprechende Funktionen gibt es für Sets (siehe Abschnitt 6.4) und Maps (siehe Abschnitt 6.5).

Dass `mutableListOf()` eine veränderliche List erzeugt, erkennt man unmittelbar am Namen; dass es bei `listOf()` eine unveränderliche List ist, eher nicht. Das birgt die Gefahr, dass man eine Variable mit `val intCollection = listOf(1,2,3)` deklariert und initialisiert, selbst wenn man die List später ändern möchte. Bei einer Anweisung wie `intCollection.add(4)` würde der Compiler dann „Unresolved reference: add" melden. Spätestens jetzt muss man sich daran erinnern, dass man `mutableListOf()` hätte verwenden müssen; die Fehlermeldung hilft dabei nicht unbedingt.

Dass es unveränderliche Collections überhaupt gibt und dass anscheinend sogar unveränderliche Datenstrukturen den veränderlichen vorgezogen werden (`listOf()` liegt eher auf der Hand als `mutableListOf()`), erscheint auf den ersten Blick seltsam. Es ist jedoch aus den folgenden Gründen sinnvoll:

- Nur diejenigen Datenstrukturen sollten verändert werden können, bei denen es wirklich erforderlich ist; deklariert man alle anderen als unveränderlich, dann schließt man fehlerhafte Wertzuweisungen von vornherein aus. Dieses Prinzip lag schon der Differenzierung zwischen `val` und `var` zugrunde und wird hier wieder angewendet.
- Veränderliche Datenstrukturen reflektieren das Grundprinzip der **objektorientierten Programmierung**, nämlich Zustände zu speichern und zu ändern. Bei der **funktionalen Programmierung** werden dagegen Funktionen auf Datenstrukturen angewendet und liefern neue Datenstrukturen; die ursprünglichen bleiben unverändert. Wie in Abschnitt 5.5.2 für Arrays skizziert und in diesem Kapitel ausführlich besprochen (siehe Abschnitt 6.2), unterstützt Kotlin den funktionalen Umgang mit Datenstrukturen: Es bietet zahlreiche Funktionen, die eine Collection ohne Seiteneffekte auf eine neue Collection abbilden (= eine neue Collection erzeugen), dabei durch Lambda-Parameter gesteuert und zu einer Folge von Operationen verkettet werden können.
- Greifen mehrere Threads nebenläufig auf dieselbe Datenstruktur zu und ändern sie sie dabei, so kann das zu Inkonsistenzen und nichtdeterministischen Ergebnissen führen. Bei unveränderlichen Datenstrukturen, aus denen nur gelesen werden kann, treten diese Probleme nicht auf.

Bei dieser Gelegenheit soll explizit auf einen wichtigen Unterschied hingewiesen werden: Eine mit `var` gekennzeichnete Variable des Typs `Collection` kann zwar verschiedene Collections referenzieren, die Collections selbst sind aber unveränderlich. Eine `val`-Variable des Typs `MutableCollection` referenziert immer dieselbe Collection, der aber Elemente hinzugefügt und aus der Elemente entfernt werden können.

Beachten muss man zudem den Unterschied zwischen nullfähigen und nicht-null-fähigen Typen (siehe Kapitel 4) – sowohl für die die Collection selbst als auch für ihre Elemente: `Collection<Int>?` ist etwas anderes als `Collection<Int?>` und als `Collection<Int?>?`.

6.1.2 Die Interface-Hierarchie

Bild 6.1 zeigt die **Hierarchie der Interfaces**, die das Paket `kotlin.collections` für die Typisierung von Collections bereitstellt. **`Collection`** und **`MutableCollection`** sind von den Interfaces **`Iterable`** bzw. **`MutableIterable`** abgeleitet, die eine Vielzahl von Funktionen für iterierbare Datenstrukturen definieren, also für Datenstrukturen, die durchlaufen werden können. Mehr Details zu diesen vier Interfaces bringt der folgende Abschnitt 6.2, insbesondere zu Standardfunktionen für Collections.

Von `Collection` sind wiederum die Interfaces **`List`** und **`Set`** abgeleitet, entsprechend von `MutableCollection` die Interfaces **`MutableList`** und **`MutableSet`**. Wie in Java enthalten Listen/Lists ihre Elemente in einer bestimmten Reihenfolge und es sind Duplikate möglich; bei Mengen/Sets sind die Elemente ungeordnet und treten nur einmal auf. `List` und `Set` sind Thema der Abschnitte Abschnitt 6.3 und 6.4.

Die Interfaces **`Map`** und **`MutableMap`** sind nicht Bestandteile dieser Hierarchie. Ihre Elemente sind, ebenfalls wie in Java, Paare aus Schlüsseln (Keys) und Werten (Values), wobei man über die Schlüssel auf Werte zugreift. Um Maps geht es in Abschnitt 6.5.

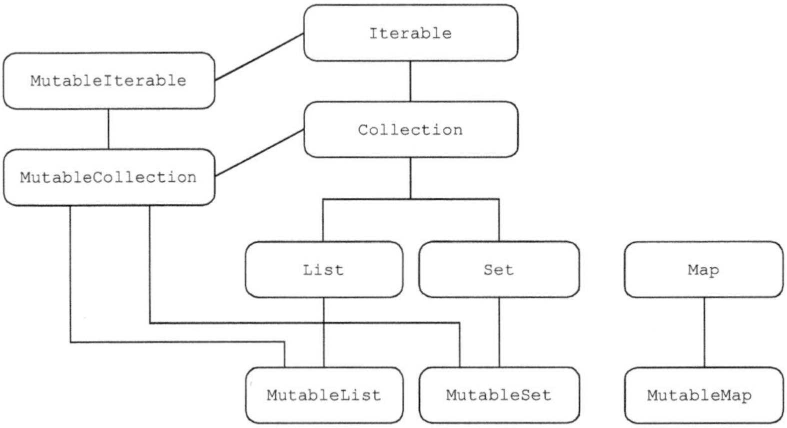

Bild 6.1 Interface-Hierarchie im Paket `kotlin.collections`

In einem eigenen Paket, `kotlin.sequences`, ist das Interface **Sequence** definiert. Sequences sind Datenstrukturen mit „Lazy Evaluation"; ihre Elemente werden also erst bei Bedarf erzeugt. Sequences entsprechen damit ungefähr den Streams in Java. Sie werden in Abschnitt 6.6 besprochen.

> In der Online-Dokumentation zu diesen Interfaces muss man darauf achten, „Members & Extensions" anzuklicken (siehe auch Bild 2.1 in Abschnitt 2.4.2), da man sonst die besonders relevanten „Extension Functions" (siehe Abschnitt 8.3) nicht zu sehen bekommt.

6.2 Das Interface Collection

> Das Interface **`Collection`** bietet, zusammen mit `Iterable`, `MutableCollection` und `MutableIterable`, eine Fülle von Funktionen. Es ist daher nicht immer einfach, für einen bestimmten Anwendungszweck die richtige Funktion zu finden. Erschwerend kommt hinzu, dass die Namen teilweise recht ähnlich sind und die Unterschiede nicht unmittelbar deutlich werden.

Dieser Abschnitt versucht, eine Orientierungshilfe zu geben und zumindest die wichtigsten Funktionen mit ihren wesentlichen Eigenschaften zu erläutern. Dabei wird nicht zwischen Funktionen, die in `Iterable` oder in `Collection` definiert werden, unterschieden, sondern es wird jeweils nur von Collections die Rede sein. Gibt es eine Funktion nur in `MutableCollection`, so wird explizit darauf hingewiesen. `List`-, `Set`- und `Map`-spezifische Funktionen werden in den jeweiligen Folgeabschnitten erklärt.

6.2.1 Lambda-Parameter

`Collection` bietet einerseits relativ einfache Funktionen mit begrenzten Einsatzmöglichkeiten und andererseits Funktionen höherer Ordnung, die über einen Funktionsparameter flexibel gesteuert werden können. Zum Teil sind beide Arten von Funktionen mit demselben Namen überladen, wie zum Beispiel die Funktion `count()`:

- `stringCollection.count()` liefert die Gesamtzahl der Strings in `stringCollection`, also die Größe der Collection.
- `stringCollection.count { it.startsWith('A') }` liefert die Anzahl der Strings in `stringCollection`, die mit einem A beginnen.

Wie in Abschnitt 5.5.1 gezeigt, kann man Funktionen auf verschiedene Weise übergeben; bei den `Collection`-Funktionen arbeitet man vornehmlich mit **Lambdas**. Dabei treten die folgenden Arten von Lambda-Parametern auf:

- **Prädikate** vom Typ `(T) -> Boolean`: Ein Prädikat bildet ein Element auf einen Wahrheitswert ab, prüft also, ob es eine bestimmte Eigenschaft erfüllt. (`T` ist hier und im Folgenden der Elementtyp der Collection.)

  Das Lambda `{ it.startsWith('A') }` im gerade gezeigten `count()`-Aufruf ist ein solches Prädikat. Es legt fest, welche Elemente gezählt werden sollen.

  Das Lambda `{ it.length>6 }` ist ein Prädikat, das ebenfalls auf `String`-Elemente angewendet werden kann. Im folgenden Beispiel wird es dazu benutzt, eine `String`-Collection anhand der Stringlängen zu „filtern", also nur die Strings in eine neue Collection zu übernehmen, die eine bestimmte Minimallänge haben:

  ```
  val stringsLaenger6 : Collection<String>
                      = stringCollection.filter { it.length>6 }
  ```

  (`filter()` siehe Abschnitt 6.2.5)

  Übrigens wird in diesem Beispiel deutlich, was in Abschnitt 6.1.1 allgemein gesagt wurde: Eine Funktion, angewendet auf eine unveränderliche Collection (hier wird `stringCollection` als unveränderlich angenommen), erzeugt eine neue Collection (hier `stringsLaenger6`) und lässt die vorhandene Collection so, wie sie ist. Dieses Prinzip gilt für sämtliche Funktionen auf unveränderlichen Datenstrukturen, die in diesem Kapitel besprochen werden.

- **Selektoren** vom Typ `(T) -> R`: Ein Selektor ermittelt aus einer oder mehreren Eigenschaften eines Elements einen Wert eines Typs `R`. Im einfachsten Fall ist dies der Wert einer Property des Elements – diese Property wird also „selektiert", wodurch sich der Name erklärt. Der Wert kann sich aber auch auf andere Weise ergeben, was über das reine Auswählen einer Property weit hinausgehen kann. Der Name „Selektor" ist für solche Lambdas leider nicht sehr treffend, wird aber trotzdem verwendet.

  Das Lambda `{ it.first() }` ist ein Selektor, der auf `String`-Elemente anwendbar ist und das erste Zeichen des Strings liefert. Es kann beispielsweise benutzt werden, um die Strings einer Collection anhand ihrer Längen zu sortieren:

  ```
  val stringsSortiert : List<String>
                      = stringCollection.sortedBy { it.length }
  ```

  (`sortedBy()` siehe Abschnitt 6.2.6)

- **Transformatoren** vom Typ `(T) -> T` oder `(T) -> R`: Ein Transformator bildet ein Element auf einen Wert desselben Typs `T` oder eines anderen Typs `R` ab, wandelt das Element also gewissermaßen in ein anderes um.

Das Lambda { it*2 } ist ein Transformator, der auf Elemente eines Zahlentyps angewendet wird. Es kann zum Beispiel benutzt werden, um eine Collection zu erzeugen, die die verdoppelten Werte einer gegebenen Collection enthält:

```
val werteVerdoppelt : Collection<Int> = intCollection.map { it*2 }
```

(map() siehe Abschnitt 6.2.6)

Das Lambda { it.toString } ist ein Transformator, der auf Zahlenwerte angewendet werden kann und sie in Strings umwandelt:

```
val zahlenAlsStrings : Collection<String>
                        = intCollection.map { it.toString() }
```

- **Vergleicher** vom Typ (T,T) -> Int: Ein Vergleicher bildet zwei Elemente auf einen Int-Wert ab, der ihr Größer-Kleiner-Verhältnis angibt. Dies entspricht der Funktion compare() des Interfaces Comparator, wie aus Java bekannt.

  Das Lambda im folgenden Beispiel vergleicht zwei Strings anhand ihrer ersten Zeichen, wobei * größer als + und + größer als alle anderen Zeichen angenommen wird. Eine String-Collection wird entsprechend sortiert, wobei die mit * und + beginnenden Strings nach vorn geholt werden:

```
val stringsSortiert : Collection<String>
    = stringCollection.sortedWith {
        s1,s2 -> when {
          s1[0]==s2[0] -> s1.compareTo(s2)
          s1.startsWith('*') -> -1
          s2.startsWith('*') -> 1
          s1.startsWith('+') -> -1
          s2.startsWith('+') -> 1
          else -> s1.compareTo(s2)
        }
    }
```

  (sortedWith() siehe Abschnitt 6.2.6)

  Das Beispiel zeigt die Grenzen von Lambdas als Funktionsargumente: Je komplexer das Lambda, was bei spezifischen Vergleichern oft der Fall ist, desto unübersichtlicher der Aufruf (und es wird an dieser Stelle dem/der Leser/in überlassen zu prüfen, ob dieses Lambda korrekt ist). In solchen Fällen sollte man eine gesonderte Funktion definieren und eine Referenz auf diese Funktion übergeben (siehe Abschnitt 5.5.1).

- **Aggregatoren** vom Typ (T,T) -> T oder (R,T) -> R: Ein Aggregator wird benutzt, um die Elemente einer Collection zu einem Wert zusammenzufassen (zu „aggregieren") – entweder zu einem Wert des Elementtyps T oder eines anderen Typs R.

  Das Lambda { s1,s2 -> s1+" "+s2 } konkateniert zwei Strings. Es kann benutzt werden, um die Strings einer Collection zu einem einzigen String aneinanderzuhängen:

```
val konkateniert : String
            = stringCollection.reduce { s1,s2 -> s1+" "+s2 }
```

Die Funktion `reduce()`, die hier noch etwas kryptisch erscheinen mag, wird in Abschnitt 6.2.7 näher erklärt.

Das Lambda `{ z,s -> z+s.length }` addiert einen Ganzzahlwert `z` und die Länge eines Strings `s`. Es kann benutzt werden, um die Gesamtlänge aller Strings einer Collection zu ermitteln:

```
val summeLaengen : Int
            = stringCollection.fold(0, { z,s -> z+s.length })
```

Man beachte, dass der Funktion `fold()`, die die Summe berechnet, neben dem Lambda der `Int`-Wert 0 übergeben wird. Er ist der Anfangswert der Berechnung.

Auch die Funktion `fold()` wird in Abschnitt 6.2.7 erklärt.

- **Aktionen** vom Typ `(T) -> Unit`: Eine Aktion führt mit einem Element Operationen aus, liefert aber keinen Rückgabewert.

  Das Lambda `{ print(it) }` dient dazu, beim Durchlaufen einer Collection die einzelnen Elemente auszugeben:

  ```
  collection.forEach { print(it) }
  ```

  (`forEach()` siehe Abschnitt 6.2.2)

Wie schon in Abschnitt 5.5.2 anhand von Arrays gezeigt, erleichtert die Parameterübergabe mit der Trailing-Lambda-Notation ein **Daisy Chaining**, also eine Verkettung von Funktionsaufrufen. Das dortige Beispiel kann direkt für Lists übernommen werden:

```
val staedte = listOf("Amsterdam", "Berlin", "Hamburg", "HH", "LA", "London", "NY")
val abkuerzungen =
staedte.filter { it.length>=3 }
      .map { it.substring(0,3) }
      .map { it.uppercase() }
```

Übrigens sind diese Funktionen in der Regel auch auf Strings (siehe Abschnitt 2.4.2) anwendbar – entweder unmittelbar oder nachdem man den String mit der `String`-Funktion `asIterable()` in ein `Iterable` umgewandelt hat.

6.2.2 Grundlegende Properties und Funktionen

Die folgenden Properties und Funktionen stellen grundlegende Informationen über eine Collection bzw. Funktionalität für sie bereit. Wie üblich greift man auf sie per Punktnotation `eineCollection.funktion()` zu:

- **indices : IntRange** Der Index-Bereich.

> **!** Möglicherweise akzeptiert der Compiler Indizes für alle Arten von Collections – also nicht nur für geordnete Lists, sondern auch für ungeordnete Sets. Jedoch ist für Sets die interne Reihenfolge der Elemente und damit die Indizierung nicht unbedingt stabil. Man sollte daher Indizes nur für Lists verwenden! Dieser Hinweis gilt für alle Collection-Funktionen, die mit Indizes arbeiten.

- **size : Int** Die Anzahl der Elemente.

  Die Anzahl kann auch mit der Funktion count() abgefragt werden (siehe Abschnitt 6.2.7), was aber möglicherweise weniger effizient ist als der direkte Zugriff auf size. Andererseits lässt sich mit count() auch ermitteln, wie viele Elemente eine bestimmte Bedingung erfüllen (siehe Abschnitt 6.2.1, Abschnitt 6.2.7).

- **iterator() : Iterator<T>** Liefert einen Iterator zum Durchlaufen der Collection.

  T bezeichnet hier und im Folgenden den Elementtyp der Collection.

  Für veränderliche Collections gibt es Mutable Iterators, mit denen man eine Collection während des Durchlaufens ändern kann – siehe hierzu das Beispiel in Abschnitt 6.3.2

- **forEach(action:(T)->Unit)** Führt auf jedem Element eine Aktion aus (siehe Abschnitt 6.2.1).

```
eineCollection.forEach {
    println("nächstes Element: $it") }
```

  gibt die Elemente zeilenweise mit einem Text aus.

  Alternativ kann man eine einfache for-Schleife verwenden: for (element in collection) {...}. Um die Elemente einer Collection nur auszugeben, kann man einfach println("$collection") aufrufen, benötigt also keine Schleife.

- **forEachIndexed(action:(index:Int,T)->Unit)**

  Führt auf jedem Element eine Aktion aus, wobei das Lambda auch auf dessen Index zugreifen kann.

```
eineCollection.forEachIndexed {
    index,element -> println("Element Nr. $index: $element")}
```

- **orEmpty() : Collection<T>**

  Liefert, auf einer Collection<T>?-Variablen aufgerufen, eine Kopie der dortigen Referenz oder eine leere Collection, wenn die Variable den Wert null hat. Unterstützt somit die Nullsicherheit (siehe Kapitel 4), da der Rückgabewert nie null ist und somit insbesondere einer nicht-nullfähigen Variablen zugewiesen werden kann.

6.2.3 Prüffunktionen

Diese Funktionen prüfen, ob eine Collection bestimmte Bedingungen erfüllt:

- **`isEmpty() : Boolean, isNotEmpty() : Boolean`**

  Prüfen, ob die Collection leer bzw. nicht leer ist.

- **`isNullOrEmpty() : Boolean`**

  Prüft, auf einer `Collection<T>?`-Variablen aufgerufen, ob die Variable den Wert `null` hat oder, falls nicht, ob die Collection leer ist. Unterstützt somit die Nullsicherheit (siehe Kapitel 4).

- **`contains(element:T) : Boolean`**

  `containsAll(elements:collection<T>) : Boolean`

  Prüfen, ob die Collection das genannte Element bzw. die genannten Elemente enthält.

  Alternativ ist die Infix-Schreibweise möglich: `element in collection`.

- **`any(predicate:(T)->Boolean) : Boolean`**

  `none(predicate:(T)->Boolean) : Boolean`

  `all(predicate:(T)->Boolean) : Boolean`

  Prüfen, ob ein Element / kein Element / alle Elemente die Bedingung erfüllt/erfüllen.

```
stringCollection.any { it.length>6 }  // ein String länger als 6?
stringCollection.none { it.length<4 } // kein String kürzer als 4?
stringCollection.all { it.first().isUpperCase() }
                    // beginnen alle Strings mit Großbuchstaben?
```

  `stringCollection` ist hier und in allen folgenden Beispielen eine Collection mit `String`-Elementen.

6.2.4 Lese- und Schreibfunktionen

Die folgenden **Lesefunktionen** basieren auf Positionen von Elementen in einer Collection und verwenden insbesondere Indizes. Sie sind zwar für das Interface `Collection` definiert, sollten aber, wie schon gesagt, nur auf Lists angewendet werden. Such- und Filterfunktionen, mit denen man Elemente aufgrund ihrer Eigenschaften abruft, werden in Abschnitt 6.2.5 besprochen.

- **`elementAt(index:Int) : T`**

  Liefert das Element an der Position `index`. Löst eine `IndexOutOfBoundException` aus, wenn `index` außerhalb des Indexwertebereichs liegt.

  Für Lists kann man alternativ die Funktion `get()` oder die Indexschreibweise wie bei Arrays verwenden.

- **elementAtOrNull(index:Int) : T**

  Wie elementAt(), allerdings keine Exception bei einem nicht zulässigen Index, sondern Rückgabe von null.

- **elementAtOrElse(index:Int, defaultValue:(Int)->T) : T**

  Wie elementAt(), allerdings Rückgabe eines Defaultwerts bei einem nicht zulässigen Index. Das Lambda defaultValue kann zur Ermittlung des Defaultwerts auf index zugreifen.

  ```
  stringCollection.elementAtOrElse(i,{"index $it outOfRange"})
  ```

  liefert den i-ten String in stringCollection oder einen String mit einer Fehlermeldung, die den fehlerhaften Index i angibt.

- **first() : T, last() : T, random() : T**

  Liefert das erste / das letzte / ein zufälliges Element.

- **take(n:Int) : List<T>** Liefert eine List mit den ersten n Elementen.

  Man beachte, dass diese Funktion stets ein List-Objekt zurückliefert, auch wenn sie auf einem Set-Objekt aufgerufen wird. Dies gilt auch für andere ähnliche Funktionen.

- **drop(n:Int) : List<T>** Liefert eine List ohne die ersten n Elemente.

Schreibfunktionen können nur auf veränderlichen Collections aufgerufen werden, also auf MutableCollection-Objekten:

- **add(element:T) : Boolean, addAll(elements:Collection<T>) : Boolean**

  Fügt das Element bzw. die Elemente hinzu. Gibt false zurück, wenn das bzw. ein Element schon in der Collection enthalten war und keine Duplikate zulässig sind, sonst true. Alternativ ist die Kurzschreibweise += möglich (eineCollection+= element, eineCollection+=eineAndereCollection).

- **remove(element:T) : Boolean**

  Entfernt ein Vorkommen des Elements, falls vorhanden. Gibt true zurück, wenn ein Vorkommen entfernt wurde, sonst false. Alternativ ist -= möglich.

- **removeAll(elements:Collection<T>) : Boolean**

  removeAll(predicate:(T)->Boolean) : Boolean

  Entfernt alle Vorkommen der genannten Elemente bzw. der Elemente, die das Prädikat erfüllen. Gibt true zurück, wenn mindestens ein Element entfernt wurde, sonst false.

- **retainAll(elements:Collection<T>) : Boolean**

  retainAll(predicate:(T)->Boolean) : Boolean

  Entfernt alle Elemente, die nicht in elements enthalten sind bzw. das Prädikat nicht erfüllen. Gibt true zurück, wenn mindestens ein Element entfernt wurde, sonst false.

- **clear()** Entfernt alle Elemente.

Ergänzende Informationen, die sich speziell auf Lists beziehen, sowie weitere Funktionen findet man in Abschnitt 6.3.2.

6.2.5 Such- und Filterfunktionen

Suchfunktionen finden ein oder mehrere Elemente in einer Collection; Filterfunktionen erzeugen mit ihnen neue Collections. Im einfachsten Fall gibt man ein Element an, das gesucht werden soll:

- **`indexOf(element:T) : Int`**

  Liefert den Index des ersten Auftretens des Elements oder -1, wenn es nicht auftritt.

Flexibler ist das **Suchen** oder **Filtern** nach Elementen mit bestimmten Eigenschaften, die durch Prädikate (siehe Abschnitt 6.2.1) spezifiziert werden:

- **`indexOfFirst(predicate:(T)->Boolean) : Int`**

  `indexOfLast(predicate:(T)->Boolean) : Int`

  Liefert den Index des ersten bzw. letzten Auftretens eines Elements, das die Bedingung erfüllt, oder -1, wenn es kein solches Element gibt.

```
val ersterIndexAnfangA : Int
      = stringCollection.indexOfFirst { it.startsWith('A') }
```

- **`firstOrNull(predicate:(T)->Boolean) : T`**

  `lastOrNull(predicate:(T)->Boolean) : T`

  Liefert das erste bzw. letzte Element, das die Bedingung erfüllt, oder `null`, wenn es kein solches Element gibt.

```
val erstesElementAnfangX : String?
      = stringCollection.firstOrNull { it.startsWith('X') }
```

  Zudem gibt es die Funktionen `first()` bzw. `last()`, die entsprechend definiert sind. Allerdings kommt es bei ihnen zu einer `NoSuchElementException`, wenn kein entsprechendes Element existiert.

- **`filter(predicate:(T)->Boolean) : List<T>`**

  Liefert eine List mit allen Elementen, die die Bedingung erfüllen. Die List ist möglicherweise leer.

```
val alleElementeAnfangA : List<String>
      = stringCollection.filter { it.startsWith('A') }
```

- **filterIndexed(predicate:(index:Int,T)->Boolean) : List<T>**

  Wie `filter()`; das Prädikat kann aber zusätzlich den Index auswerten.

```
val jedesZweiteElement : List<String>
      = stringCollection.filterIndexed()
                        { index,string -> (index%2==0) }
```

  Übrigens kann man das Lambda auch schreiben als `index,_ -> (index%2==0)`, da der zweite Parameter nicht benötigt wird (siehe Abschnitt 5.4.2).

- **filterIsInstance<R>() : List<R>** Liefert alle Elemente des Typs `R`.
- **filterNotNull() : List<T>** Liefert alle Elemente ungleich `null`.
- **takeWhile(predicate:(T)->Boolean) : List<T>**

  Liefert ein Anfangsstück der Collection mit den Elementen, die die Bedingung erfüllen, also bis vor das erste Element, das diese Bedingung nicht erfüllt.

```
val coll = listOf("Alpha","Beta","Gamma","Delta","Epsilon")
coll.takeWhile { it.first()!='D' }
```

  liefert die List `["Alpha","Beta","Gamma"]`.

- **dropWhile(predicate:(T)->Boolean) : List<T>**

  Liefert ein Endstück der Collection ab dem ersten Element, das die Bedingung nicht erfüllt, unterdrückt also das Anfangsstück mit den Elementen, die die Bedingung erfüllen.

```
coll.dropWhile { it.length()<6 }
```

  liefert, für die oben definierte Collection, die List `["Epsilon"]`.

  partition(predicate:(T)->Boolean) : Pair<List<T>,List<T>>

  Liefert zwei Lists – eine mit den Elementen, die die Bedingung erfüllen, und eine mit denen, die sie nicht erfüllen.

```
val (listAnfangA,listAnfangNichtA)
      = stringCollection.partition { it.startsWith('A') }
```

  liefert eine List mit allen Strings, die mit einem A beginnen, und eine zweite List mit allen übrigen Strings. Zur Klasse `Pair` und zur Form der Deklaration siehe Abschnitt 5.1.2 und Abschnitt 7.4.1.

6.2.6 Transformationsfunktionen

Transformationsfunktionen generieren mit den Elementen einer Collection neue Datenstrukturen. Im einfachsten Fall werden die Elemente unverändert und ohne Ergänzungen dorthin **kopiert**:

- **toTypedArray() : Array<T>, toBooleanArray() : BooleanArray, ...**
  toList() : List<T>, toMutableList() : MutableList<T>
  toSet() : Set<T>, toMutableSet() : MutableSet<T>
  asSequence () : Sequence<T>

  Liefert eine Datenstruktur des genannten Typs mit denselben Elementen. toSet() entfernt dabei Duplikate.

  Auf Collections mit dem Elementtyp Pair<K,V> kann zudem die Funktion **toMap()** angewendet werden, die eine Map (siehe Abschnitt 6.5) mit den entsprechenden Schlüssel-Wert-Paaren enthält.

- **distinct() : List<T>**

  Liefert eine List mit denselben Elementen, allerdings ohne Duplikate.

Die neue Collection kann eine **andere Struktur** als die vorhandene haben:

- **flatten() : List<T>**

  Liefert für eine geschachtelte Collection, die wiederum Collections enthält, eine „flache" List mit all deren Elementen.

- **chunked(size:Int) : List<List<T>>**

  Liefert eine Zerlegung der Collection in mehrere Lists mit jeweils size Elementen, wobei die letzte List möglicherweise kürzer ist.

- **windowed(size:Int, step:Int=1, partialWindows:Boolean=false) : List<List<T>>**

  Liefert mehrere Lists, die „Fenstern" der Collection entsprechen, d. h. an einer bestimmten Position beginnen und size Elemente enthalten. Das erste Fenster beginnt an der Position 0, das zweite an der Position step usw. Der Boolean-Parameter spezifiziert, ob auch Fenster mit einer kleineren Elementzahl als size gebildet werden sollen.

Gruppierungen zerlegen Collections anhand von Eigenschaften ihrer Elemente:

- **groupBy(keySelector:(T)->K) : Map<K,List<T>>**

  Ein Selektor-Lambda (siehe Abschnitt 6.2.1) keySelektor wird auf alle Elemente der Collection angewendet. Es resultiert eine Map, deren Schlüssel die dabei aufgetretenen Lambda-Resultate sind und deren Werte Lists mit den entsprechenden Elementen der Collection.

  ```
  val mapErsterBuchstabe : Map<Char,List<String>>
                         = stringCollection.groupBy { it.first() }
  ```

  gruppiert die Strings in einer Collection nach deren Anfangsbuchstaben. Die Funktion generiert hier also eine Map mit den Anfangsbuchstaben als Schlüsseln und Lists, die die Strings mit diesen Anfangsbuchstaben enthalten, als Werten. Für eine List von Städtenamen würde zum Beispiel diese Map resultieren:

```
{ A=[Aachen, Augsburg], B=[Bonn, Berlin, Bremen],
  C=[Chemnitz],         D=[Dortmund, Dresden] }
```

Mappings bilden Elemente, und optional auch ihre Indizes, auf neue Elemente ab:

- **`map(transform:(T)->R) : List<R>`**

  `mapIndexed(transform(index:Int,T)->R) : List<R>`

  Das `transform`-Lambda (Abschnitt 6.2.1) wird auf alle Elemente der Collection angewendet. Es resultiert eine List mit den so entstandenen neuen Elementen.

```
val abkGross : List<String>
         = stringCollection.map { it.substring(0,3).uppercase() }
val abkGrossIndiziert : List<String>
         = stringCollection.mapIndexed {
                index, string ->
                      index.toString()+" "+
                          string.substring(0,3).uppercase() }
```

  bilden Lists, die die Abkürzungen der Elemente in Großbuchstaben enthalten, ohne bzw. mit dem zugehörigen Index. Für die Städtenamen aus dem `groupBy()`-Beispiel würden sich diese Lists ergeben:

```
[AAC, AUG, BER, BON, BRE, CHE, DOR, DRE] bzw.
[0 AAC, 1 AUG, 2 BER, 3 BON, 4 BRE, 5 CHE, 6 DOR, 7 DRE]
```

  Die Funktion `map()` ist insbesondere nützlich, um für eine Collection, die Elemente einer bestimmten Klasse enthält, die Werte einer bestimmten Property dieser Elemente zu ermitteln. Enthält beispielsweise `personenCollection` Objekte einer Klasse `Person` mit den Properties `name`, `vorname`, `alter` usw., so liefert

```
personenCollection.map() { it.name }
```

  eine List mit den Namen dieser Personen.

Assoziierungen erzeugen Maps aus den Collection-Elementen und Werten, die als Schlüssel mit diesen Elementen verknüpft („assoziiert") werden sollen:

- **`associateBy(keySelector:(T)->K) : Map<T,K>`**

  Das `keySelector`-Lambda (siehe Abschnitt 6.2.1) wird auf alle Elemente der Collection angewendet. Hierdurch entstehen Schlüssel, aus denen eine Map mit den Elementen als zugehörige Werte gebildet wird.

  Mit den Städtenamen von oben liefert

```
stringCollection.associateBy { it.substring(0,3).uppercase() }
```

  die Map `{ AAC=Aachen, AUG=Augsburg, BER=Berlin, BON=Bonn, ... }`.

  `associateWith()` erzeugt entsprechend eine Map mit den Elementen als Schlüssel und Werten, die daraus abgeleitet sind. **`associate()`** leitet sowohl Schlüssel als auch Werte aus den Elementen ab.

Durch **Mengenoperationen** und die **Zip-Funktion** kann man zwei Collections miteinander kombinieren:

- **`union(other:Iterable<T>) : Set<T>`**

  Liefert ein Set, das die Elemente der Collection, auf der `union()` aufgerufen wird, sowie die Elemente von `other` enthält – also deren Vereinigungsmenge. Das Resultat enthält keine Duplikate.

  Alternativ kann man die Infix-Schreibweise `collection1 union collection2` verwenden. Auch gibt es den Operator +, der aber kein `Set`, sondern eine `List` liefert. Im Gegensatz zu `union` kann die resultierende Collection also Duplikate enthalten.

- **`intersect(other:Iterable<T>) : Set<T>`**

  `subtract(other:Iterable<T>) : Set<T>`

  Liefern, analog zur Vereinigungsfunktion `union()`, die Schnittmenge bzw. die Mengendifferenz. Auch hier sind Infix-Schreibweisen möglich. Zudem gibt es den Differenzoperator -.

- **`zip(other:Iterable<R>) : List<<Pair<T,R>>`**

  Liefert eine List von Paaren, deren erster Eintrag jeweils ein Element der Collection ist, auf der `zip()` aufgerufen wird, und der zweite Eintrag das Element von `other`, das dort an derselben Position steht.

  ```
  val zahlen = listOf(1,2,3)
  val zahlwoerter = listOf("Eins","Zwei","Drei")
  zahlen.zip(zahlwoerter) (alternativ: zahlen zip zahlwoerter)
  ```

  liefert die List `[(1, Eins), (2, Zwei), (3, Drei)]`.

  Auf einer so strukturierten List kann die Funktion `unzip()` aufgerufen werden. Sie liefert ein Paar von Lists mit den Elementen an der ersten bzw. zweiten Position der Paare.

Umordnungsfunktionen erzeugen Lists, die die Collection-Elemente in einer anderen Reihenfolge enthalten:

- **`reversed() : List<T>, shuffled() : List<T>`**

  Liefert eine List mit den Elementen in umgekehrter bzw. zufälliger Reihenfolge.

- **`sorted() : List<T>, sortedDescending() : List<T>`**

  Liefert eine List, in der die Elemente aufsteigend bzw. absteigend sortiert sind. Dazu muss der Elementtyp `T` das Interface `Comparable` implementieren, Elemente müssen also miteinander vergleichbar sein.

- **`sortedBy(selector:(T)->R) : List<T>`**

  `sortedByDescending(selector:(T)->R) : List<T>`

  Liefert eine List, in der die Elemente anhand der Werte sortiert sind, die ein Selektor (siehe Abschnitt 6.2.1) für sie liefert. Im Beispiel aus Abschnitt 6.2.1

```
val stringsSortiert : List<String>
                    = stringCollection.sortedBy { it.length }
```

könnte man statt des Lambdas auch eine Referenz auf die length()-Funktion der Klasse String übergeben:

```
val stringsSortiert : List<String>
                    = stringCollection.sortedBy(String::length)
```

- **sortedWith(comparator:(T,T)->Int) : List<T>**

  Liefert eine List, in der die Elemente anhand eines Vergleicher-Lambdas (siehe Abschnitt 6.2.1) sortiert sind. Auch hierfür zeigte Abschnitt 6.2.1 bereits ein Beispiel. Statt eines Lambdas kann man eine Referenz auf eine entsprechende Funktion übergeben oder auf ein Objekt, das das Interface Comparator mit der Funktion compare() implementiert. Dies bietet sich für komplexere Vergleichsoperationen an.

Die hier beschriebenen Umordnungsfunktionen darf man nicht mit den fast gleichnamigen Funktionen reverse(), sort() und shuffle() verwechseln! Die Funktionen hier können auf beliebige Collections angewendet werden und liefern neue Lists. reverse(), sort() und shuffle() ändern dagegen die Element-Reihenfolge in der List selbst und sind daher für den Typ MutableList (siehe Abschnitt 6.3) definiert.

6.2.7 Aggregierungsfunktionen

Eine Aggregierungsfunktion bildet eine Collection mit allen ihren Elementen auf einen einzigen Wert ab. **Einfache Aggregierungsfunktionen** sind diese:

- **count() : Int, count(predicate:(T)->Boolean) : Int**

  Liefert die Anzahl aller Elemente bzw. der Elemente mit einer bestimmten Eigenschaft.

- **joinToString() : String**

  Konkateniert alle Elemente zu einem String. In ihrer vollständigen Form, die man in der Kotlin-Online-Dokumentation findet, hat die Funktion sechs Parameter, mit denen man unter anderem einen Separator zwischen den Elementen einfügen sowie ein Präfix und ein Postfix anfügen kann.

- **sum() : Int, average() : Int**

  Liefert die Summe bzw. das arithmetische Mittel der Elemente. Nur anwendbar auf Elemente eines Zahlentyps.

- **sumOf(selector:(T)->Int) : Int**

  Bildet alle Elemente mithilfe eines Selektor-Lambdas (siehe Abschnitt 6.2.1) auf Zahlenwerte ab und liefert deren Summe.

  ```
  val summeDerLaengen = stringCollection.sumOf { it.length }
  ```

  ermittelt die Gesamtlänge der Strings in einer Collection.

- **min() : T, max() : T**

  Liefert das Minimum bzw. Maximum der Elemente. Nur anwendbar auf Elemente eines `Comparable`-Typs.

  Analog zu `sumOf()` gibt es `minOf()`, `maxOf()` und weitere Funktionen mit Selektor-Lambdas:

  ```
  val minLaenge = stringCollection.minOf { it.length }
  val maxLaenge = stringCollection.maxOf { it.length }
  ```

Allgemeiner einsetzbar sind die Funktionen **reduce()** und **fold()**. Beide durchlaufen eine Collection von vorn nach hinten und aggregieren die Elemente, indem sie jeweils ein Lambda auf den bisher ermittelten Wert und das aktuelle Element anwenden und mit diesem neu berechneten Wert fortsetzen. Diese Vorgehensweise kennt man beispielsweise von der iterativen Berechnung einer Summe: Man addiert die erste und die zweite Zahl, merkt sich das Ergebnis, addiert darauf die dritte und so weiter.

`reduce()` und `fold()` unterscheiden sich im Initialwert – `reduce()` nimmt das erste Element der Collection als Anfangswert, bei `fold()` muss der Anfangswert explizit angegeben werden:

- **reduce(operation:(acc:T,T)->T) : T**

  Die Funktion wendet das Aggregator-Lambda `operation` (siehe Abschnitt 6.2.1) zunächst auf das erste und das zweite Element der Collection an, dann erneut auf das Ergebnis dieser Operation und das dritte Element und so weiter. Das Resultat ist der Wert, der sich am Ende des Collection-Durchlaufs ergibt. Bei einer Collection mit nur einem Element wird dieses Element zurückgeliefert; bei einer leeren Collection kommt es zu einer Exception. Mit der Funktion `reduceOrNull()` wird dies vermieden; sie liefert `null` für eine leere Collection.

  ```
  val produkt = intCollection.reduce { a,b -> a*b }
  ```

  multipliziert sämtliche Zahlen in der Collection miteinander.

  Weitere Funktionen sind `reduceIndexed()`, die für ihre Berechnung auch den Index heranziehen kann, `reduceRight()`, die die Collection von hinten nach vorn durchläuft, und `runningReduce()`, die eine List mit allen Zwischenergebnissen liefert. Noch mehr Funktionen dieser Art findet man in der Kotlin-Online-Dokumentation.

- **fold(initial:R, operation:(acc:R,T)->R) : R**

  Die Funktion arbeitet wie reduce(), wendet das Lambda aber zunächst auf den Anfangswert initial und das erste Element an. Der Anfangswert und damit auch die Rückgabewerte des Lambdas und der Funktion können einen anderen Typ als die Collection-Elemente haben. Bei einer leeren Collection wird initial zurückgeliefert.

  ```
  val alleGroesser0 : Boolean
           = intCollection.fold(true)
                   { acc: Boolean, elem: Int -> acc && elem>0 }
  ```

  stellt fest, ob alle Zahlen in der Collection größer als 0 sind. (Offensichlich lässt sich dasselbe Resultat einfacher mit der Funktion all() erreichen, siehe Abschnitt 6.2.3. Auch für viele weitere Anwendungen gibt es spezielle Funktionen, die man statt fold() benutzen kann.)

  Analog zu den speziellen reduce-Funktionen gibt es die Funktionen foldIndexed(), foldRight(), runningFold() und einige weitere.

6.3 Das Interface List

Doku *https://kotlinlang.org/api/core/kotlin-stdlib/kotlin.collections/-list/*

Vom Interface Collection ist das Interface **List<T>** abgeleitet. Eine List-Collection enthält Elemente eines Typs T, die in einer bestimmten Reihenfolge angeordnet sind und durch Indizes angesprochen werden können. Duplikate sind möglich. Für veränderliche Lists gibt es das Interface **MutableList<T>**, das von List und MutableCollection abgeleitet ist.

MutableList<T> wird insbesondere durch die Klasse **ArrayDeque<T>** (sprich „Array-Deck") implementiert, mit einer effizienten Implementation der Lese- und Schreiboperationen für den Anfang und das Ende der Liste (first(), addFirst(), removeFirst(), ...). ArrayDeque ist somit gut zur Realisierung von **Queues** und **Stacks**, also FIFO- und LIFO-Datenstrukturen geeignet.

Doku *https://kotlinlang.org/api/core/kotlin-stdlib/kotlin.collections/-array-deque/*

6.3.1 Erzeugung

List-Objekte können auf verschiedene Weise **erzeugt** werden, und zwar

- mit der Funktion **listOf()**:

  ```
  val zahlenList = listOf(1,2,3,4,1,5,2,4)
  ```

  erzeugt eine unveränderliche List, die die genannten Zahlen in der angegebenen Reihenfolge enthält und deren Typ zu List<Int> abgeleitet wird.

- mit der Funktion **toList()**:

  ```
  val vokale = "AEIOU".toList()
  ```

  erzeugt eine List mit den fünf Char-Elementen 'A', 'E', 'I', 'O' und 'U'.

  ```
  val zahlen1bis5 = (1..5).toList()
  ```

  erzeugt eine List mit den fünf Int-Elementen 1, 2, 3, 4 und 5.

> **!** Man beachte, dass val keineListSondernRange = 1..10 keine List mit zehn Int-Elementen erzeugt! 1..10 ist vielmehr ein Wert mit dem Typ IntRange (siehe Abschnitt 2.5.1), der der neuen Variablen zugewiesen wird. Der Variablentyp wird somit zu IntRange abgeleitet, also nicht zu List.

---

  toList() kann auch auf Arrays (siehe Abschnitt 2.7), Sets (siehe Abschnitt 6.4), Maps (siehe Abschnitt 6.5) und Sequences (siehe Abschnitt 6.6) angewendet werden.

- mit einem **List-Konstruktor**:

  ```
  val zehnNullen = List(10) { 0 }
  ```

  erzeugt eine List mit zehn Elementen des Typs Int. Aus dem Lambda ergeben sich die Initialwerte der Elemente; hier werden alle Elemente mit 0 initialisiert.

  ```
  val zehnQuadratzahlen = List(10) { it*it }
  ```

  erzeugt eine List mit den ersten zehn Quadratzahlen, beginnend mit 0.

- mit der Funktion **buildList()**:

  ```
  buildList {
    add(-0.5)
    addAll(zahlenList)
    add("Ende")
  }
  ```

  erzeugt eine List, die den Double-Wert -0.5, danach die zehn Int-Werte aus zahlenList (wie zu Beginn des Abschnitts definiert) und schließlich den String-Wert "Ende" enthält.

Zudem liefern, wie in Abschnitt 6.2 dargestellt, viele Collection-Funktionen List-Objekte.

Veränderliche Lists, also **MutableList**-Objekte, erzeugt und initialisiert man entsprechend mit den Funktionen mutableListOf() und toMutableList() sowie dem MutableList-Konstruktor. Insbesondere kann man zu einer unveränderlichen List mit toMutableList() eine veränderliche List mit denselben Elementen erzeugen.

6.3.2 Lesen, Schreiben, Iteration, Vergleich

Für Lists stehen dieselben **Lesefunktionen** wie für Collections zur Verfügung (siehe Abschnitt 6.2.4). Zusätzlich kann man mit `get()`, `getOrNull()` und der Indexschreibweise [] auf Elemente über ihren Index zugreifen.

Das Interface `MutableList` stellt die **Schreibfunktionen** von `MutableCollection` bereit und definiert weitere Funktionen:

- **add(element:T) : Boolean, addAll(elements:Collection<T>) : Boolean**

  Fügt das Element bzw. die Elemente an das Ende der List an. Gibt im Regelfall `true` zurück. Alternativ ist die Kurzschreibweise += möglich.

- **add(index:Int, element:T) : Boolean**

  addAll(index:Int, elements:Collection<T>) : Boolean

  Fügt das Element bzw. die Elemente an der Position `index` ein. Gibt im Regelfall `true` zurück. Je nach Kotlin-Implementation kann man zudem die speziellen Funktionen `addFirst()` und `addLast()` benutzen.

- **remove(element:T) : Boolean**

  removeAll(elements:Collection<T>) : Boolean

  removeAll(predicate:(T)->Boolean) : Boolean

  Arbeiten wie in Abschnitt 6.2.4 beschrieben.

- **removeAt(index:Int) : T**

  Entfernt das Element an der Position `index` und liefert dieses Element zurück. Zusätzlich gibt es die speziellen Funktionen `removeFirst()` und `removeLast()`.

- **set(index:Int, element:T) : T**

  Ersetzt das Element an der Position `index` durch `element` und liefert das bisherige Element zurück. Alternativ ist die Indexschreibweise möglich:

  ```
  list[index] = element
  ```

- **fill(element:T)**

  Ersetzt alle Elemente durch `element`.

Umordnungsfunktionen wie `sort()`, `sortDescending()`, `reverse()` und `shuffle()` arbeiten wie die in Abschnitt 6.2.6 beschriebenen Funktionen. Sie liefern aber keine neuen Lists, sondern ändern die Reihenfolge der Elemente in der List selbst.

Vergleichen Sie die Zeiten für die Sortierung von Listen der Typen Mutable List<Double> und List<Double>. Erzeugen Sie dazu zwei entsprechende Listen mit einer großen Anzahl von Zufallszahlen und rufen Sie auf ihnen `sort()` bzw. `sorted()` auf. Messen Sie die Ausführungszeiten mit `measureTime()`.

Eine List kann mit einem **Iterator** vor- und rückwärts durchlaufen werden:

```
val listIterator = eineList.listIterator()
while (listIterator.hasNext())
    print("${listIterator.nextIndex()}: ${listIterator.next()}  ")
while (listIterator.hasPrevious())
    print("${listIterator.previousIndex()}: ${listIterator.previous()}  ")
```

Kompakter lassen sich Durchlaufoperationen allerdings mit `forEach()`, `forEachIndexed()` oder `for (element in list)` formulieren (siehe Abschnitt 6.2.2).

Der Iterator einer `MutableList` ist ein **`MutableIterator`**. Mit ihm kann man eine Liste durchlaufen und dabei ändern. Beispielsweise entfernt die folgende Schleife alle ungeraden Zahlen aus einer Liste:

```
val mutList : MutableList<Int> = ...
val iter : MutableListIterator<Int> = mutList.listIterator()
while (iter.hasNext())
  if (iter.next()%2==1)
    iter.remove()
```

Neben `remove()` definiert `MutableIterator` die Funktionen `add()` und `set()`. (Das Beispiel dient übrigens nur zur Illustration; effizienter würde man hier mit der `filter()`-Funktion arbeiten.)

Um zwei Lists miteinander zu **vergleichen**, verwendet man die Operatoren == (gleichbedeutend mit `equals()`) und ===. == vergleicht die Elemente unter Berücksichtigung ihrer Reihenfolge, === die Referenzen auf die `List`-Objekte:

```
val list1a = listOf(1,2,3)
val list1b = listOf(1,2,3)
val list2 = listOf(3,2,1)
list1a==list1b          // true
list1a.equals(list1b)  // true
list1a===list1b         // false
list1a==list2           // false
list1a.equals(list2)   // false
list1a===list2          // false
```

6.3.3 Teil-Lists

Zum Umgang mit **Teil-Lists** definiert `List` diese Funktionen:

- **`takeLast()`, `dropLast()`, `takeLastWhile()`** und **`dropLastWhile()`** arbeiten wie ihre Gegenstücke `take()`, `drop()`, `takeWhile()` und `dropWhile()` (siehe Abschnitt 6.2.4 und Abschnitt 6.2.5), jedoch am Ende der List.
- **`slice(indices:Iterable<Int>) : List<T>`**

  Liefert eine neue List, die die Elemente der vorhandenen List an den durch `indices` genannten Positionen enthält.

```
eineList.slice(2..4)
eineList.slice(0..6 step 2)
eineList.slice(setOf(0,4,6))
```

- **`subList(fromIndex:Int, toIndex:Int) : List<T>`**

  Liefert eine Referenz (!) auf einen Teil einer List, über die man auf die vorhandene List lesend und gegebenenfalls auch schreibend zugreifen kann.

6.4 Das Interface Set

Doku *https://kotlinlang.org/api/core/kotlin-stdlib/kotlin.collections/-set/*

Vom Interface `Collection` ist auch das Interface **`Set<T>`** abgeleitet. In einer `Set`-Collection sind die Elemente vom Typ `T` ungeordnet und dürfen nur einmal auftreten. Für veränderliche Sets gibt es das Interface `MutableSet`, das von `Set` und `MutableCollection` abgeleitet ist.

> **!** `Set` umfasst definitionsgemäß auch alle `Collection`-Funktionen, die mit Indizes arbeiten. Wie in Abschnitt 6.2.2 begründet, sollte man sie jedoch auf `Set`-Objekte nicht anwenden.

Erzeugen kann man `Set`-Objekte auf denselben Wegen wie `List`-Objekte. Die Funktionen dazu entsprechen denen aus Abschnitt 6.3.1, mit `set` statt `list` im Namen:

```
val zahlenSet = setOf(1,2,3,4,1,5,2,4)
       // Die setOf()-Argumentliste darf Duplikate enthalten,
       // der erzeugte Set enthält dann aber keine Duplikate.
val zahlen1bis10 = (1..10).toSet()
val vokale = "AEIOU".toSet()
val einSet = buildSet {
  add(-0.5)
  addAll(zahlenSet)
  add("Ende")
}
```

Konstruktoren mit Lambda-Parametern gibt es im Interface `Set` allerdings nicht:

```
// val zehnQuadratzahlen = Set(10) { it*it }  nicht möglich!
```

In solchen Fällen kann man den Umweg über eine `List` nehmen:

```
val zehnQuadratzahlen = List(10) { it*it }.toSet()
```

Vergleiche werden wie bei Lists durchgeführt, wobei aber die Reihenfolge der Elemente nicht berücksichtigt wird.

Interessant für Set-Objekte sind insbesondere die Collection-**Mengenoperationen** aus Abschnitt 6.2.6, und für MutableSet-Objekte zusätzlich die **add-**, **remove-**, und **retain**-Funktionen aus Abschnitt 6.2.4.

6.5 Das Interface Map

Doku *https://kotlinlang.org/api/core/kotlin-stdlib/kotlin.collections/-map/*

Eine weitere Art von Collections sind Maps. Wie von Java her bekannt, enthalten Maps Paare aus Schlüsseln/Keys eines Typs K und Werten/Values eines Typs V. Man greift über die Schlüssel auf die Werte zu; Schlüssel werden somit auf Werte abgebildet.

Da Maps also zwei generische Typparameter benötigen, kann das entsprechende Interface nicht von Collection abgeleitet werden, sondern wird separat davon definiert. Für unveränderliche Maps gibt es das Interface **Map<K,V>**, für veränderliche Maps das Interface **MutableMap<K,V>**, das von Map abgeleitet ist. Map-Objekte besitzen die folgenden **Properties:**

- **entries : Set<Map.Entry<K,V>>** Die Einträge der Map.
- **keys : Set<K>** Die Schlüssel/Keys der Map.
- **values : Set<V>** Die Werte/Values der Map.

Enstprechend kann man Inhalte einer Map **ausgeben** durch:

```
println("Die Map: $eineMap")
println("Ihre Einträge: ${eineMap.entries}")
println("Ihre Schlüssel: ${eineMap.keys}")
println("Ihre Werte: ${eineMap.values}")
for (eintrag in eineMap)
  println("${eintrag.key}: ${eintrag.value}")
for ((schluessel,wert) in eineMap)
  println("$schluessel: $wert")
```

Maps können **erzeugt** werden mit den Funktionen

- **mapOf()** bzw. **mutableMapOf()**:

  ```
  val intStringMap : Map<Int,String>
                   = mapOf(0 to "Null", 1 to "Eins", 2 to "Zwei")
  ```

  erzeugt eine Map, die Zahlen auf Zahlwörter abbildet.

  Die Elemente eines Map-Objekts sind Objekte vom Typ Pair<K,V> (siehe Abschnitt 7.4.1). Statt x to y kann man also auch Pair(x,y) schreiben.

- **toMap()**, aufgerufen auf Collection-Objekten mit dem Elementtyp Pair:

```
val pairCollection : Collection<Pair<Int,String>>
      = setOf(Pair(0,"Null"),Pair(1,"Eins"),Pair(2,"Zwei"))
val intStringMap : Map<Int,String> = pairCollection.toMap()
```

  Collections mit Pair-Elementen werden insbesondere von der zip()-Funktion geliefert (siehe Abschnitt 6.2.6).

- **buildMap()**:

```
val mapDurchBuilder = buildMap {
  put(0,"Null")
  put(1,"Eins")
  put(2,"Zwei")
}
```

Zudem liefern Collection-Funktionen wie associateBy() und groupBy() (siehe Abschnitt 6.2.6) Map-Objekte.

Werte werden über Schlüssel **abgerufen** – entweder durch Indizierung oder mit der Funktion get():

```
val wort1 : String? = intStringMap[1]  // Schlüssel 1
val wort2 : String? = intStringMap.get(2)  // Schlüssel 2
```

Ist der angegebene Schlüssel nicht vorhanden, so liefert ein solcher Zugriff null zurück. Der Typ einer Zielvariablen, der das Resultat zugewiesen wird, muss also nullfähig sein. Man kann dies vermeiden mit der Funktion getOrDefault(), die in einem solchen Fall einen Ersatzwert liefert:

```
val wort3 : String
  = intStringMap.getOrDefault(3,"Nicht vorhanden")
```

Ob ein Schlüssel in einer Map enthalten ist, kann man mit in oder containsKey() **prüfen**. containsValue() prüft, ob ein Wert vorhanden ist:

```
if (1 in intStringMap) ...
if (intStringMap.containsKey(3)) ...
if (intStringMap.containsValue("Zwo")) ...
```

Die Inhalte zweier Maps werden mit == auf **Gleichheit** geprüft; die Reihenfolge, in der die Einträge generiert wurden, ist dabei irrelevant:

```
val intStringMap_UmgekehrtInitialisiert : Map<Int,String>
              = mapOf(2 to "Zwei", 1 to "Eins", 0 to "Null")
if (intStringMap==intStringMap_UmgekehrtInitialisiert) .. // true
```

Man kann eine Map nach Eigenschaften ihrer Schlüssel oder/und Werte **filtern**:

```
val schluesselKleiner2 : Map<Int,String>
   = intStringMap.filterKeys { it<2 }
val wertEnthaeltEI : Map<Int,String>
   = intStringMap.filterValues { it.lowercase().contains("ei") }
val schluesselUndWertHabenBestimmteEigenschaften
   = intStringMap.filter { schluessel, wert -> ... }
```

Analog zur Collection-Funktion `map()` (siehe Abschnitt 6.2.6) kann man mit den Funktionen `mapKeys()` und `mapValues()` aus einer Map neue Maps erstellen, in denen die Schlüssel bzw. Werte der vorhandenen Map durch neue Schlüssel/Werte ersetzt wurden.

Eine veränderliche Map erlaubt zudem **Schreibzugriffe**. Es können also neue Einträge hinzugefügt werden und es können Einträge überschrieben und gelöscht werden:

```
val mutIntStringMap : MutableMap<Int,String>
                                = intStringMap.toMutableMap()
mutIntStringMap.put(3,"Three")
mutIntStringMap += Pair(4,"Vier")
mutIntStringMap[5] = "Fuenf"  // Schlüssel 5, Wert "Fuenf"
mutIntStringMap.replace(3,"Drei")
mutIntStringMap.remove(0)  // entfernt Eintrag mit Schlüssel 0
mutIntStringMap -= 5  // entfernt Eintrag mit Schlüssel 5
mutIntStringMap.values.remove("Vier")
                        // entfernt Eintrag mit Wert "Vier"
mutIntStringMap.putAll(eineAndereMap)
```

6.6 Sequences

Doku *https://kotlinlang.org/api/core/kotlin-stdlib/kotlin.sequences/*

Bei der Erzeugung einer Collection, also einer List, eines Sets oder einer Map, werden unmittelbar auch alle ihre Elemente generiert, wie von der erzeugenden Funktion festgelegt (siehe Abschnitt 6.3.1, Abschnitt 6.4 und Abschnitt 6.5). Gerade bei größeren Collections und bei der Verkettung von Funktionen, die jeweils neue Collections als Zwischenergebnisse liefern (siehe Abschnitt 6.2.1), kann diese **Eager Evaluation** aufwendig sein, zumal viele Elemente möglicherweise gar nicht benötigt werden. **Sequences**, als Alternative zu den bisher beschriebenen Collections, folgen daher dem Prinzip der **Lazy Evaluation**: Hier wird ein Element erst dann erzeugt, wenn es gebraucht wird. Dieses Prinzip ist von den Streams her bekannt, die mit Java 8 eingeführt wurden. Kotlin-Sequences werden durch das Interface **`Sequence<T>`** im Paket `kotlin.sequences` definiert.

6.6.1 Erzeugung

Sequence-Objekte können auf verschiedene Weise **erzeugt** werden, und zwar

- mit der Funktion **sequenceOf()**:

  ```
  val kurzeStringSequence : Sequence<String>
                            = sequenceOf("Alpha","Beta","Gamma","Delta")
  ```

  erzeugt eine kurze Sequence mit vier Elementen. Diese Form der Anwendung, bei der die Elemente einzeln aufgezählt werden, ist allerdings nur begrenzt sinnvoll, da Sequences ihre Stärken vornehmlich bei großen Datenmengen zeigen.

- mit der Funktion **asSequence()**:

  ```
  val langeIntColl : Collection<Int> = List(100000) { it*3 }
  val langeIntSequenceAusCollection : Sequence<Int>
                                      = langeIntColl.asSequence()
  ```

  erzeugt aus einem Collection-Objekt ein Sequence-Objekt mit denselben Elementen. Zwar kommt hier der Vorteil der Lazy Evaluation nicht sofort zum Tragen, da ja die Collection zuvor „eagerly" erzeugt wurde. Die Sequence kann aber als Ausgangspunkt einer Kette von Sequence-Operationen dienen, für die die Lazy Evaluation dann vorteilhaft ist (siehe Abschnitt 6.6.2). asSequence() kann auch auf Maps mit ihren Einträgen, Schlüsseln und Werten sowie auf Arrays angewendet werden. Ihr Java-Gegenstück ist die Methode stream().

- mit der Funktion **generateSequence()**:

  Der Funktion wird ein Lambda übergeben, das die Werte der Sequence berechnet. Die Folge der Werte kann endlich oder unendlich sein und es kann für sie ein Startwert angegeben werden. Die folgenden Beispiele zeigen verschiedene Anwendungsmöglichkeiten:

  ```
  val spielwuerfel : Sequence<Int>
                     = generateSequence { (1..6).random() }
  ```

  Die Sequence ist eine unendliche Folge von Zufallszahlen. Entscheidend ist hier, dass bei der Erzeugung der Sequence selbst nur das Verfahren festgelegt wird, mit dem ihre Werte generiert werden. Konkrete Werte werden dagegen erst später ermittelt – und zwar nur so viele, wie jeweils benötigt werden (zumal eine vollständige Erzeugung der Wertfolge gar nicht möglich wäre). So würden für die Anweisung spielwuerfel.take(10).toList() zehn Zufallszahlen erzeugt. Näheres hierzu wird in Abschnitt 6.6.2 erklärt.

  ```
  val vielfacheVonDrei : Sequence<Int>
                         = generateSequence(0) { it+3 }
  ```

  Die Sequence spezifiziert die unendliche Folge der Vielfachen von 3, die mit dem Anfangswert („seed") 0 beginnt. Bei der Berechnung des Folgewerts bezeichnet it jeweils den vorherigen Wert oder diesen Anfangswert.

```
val zweierpotenzenKleiner2000 : Sequence<Int>
        = generateSequence(1) { if (it<1000) it*2 else null }
```

definiert eine endliche Sequence. Ihre Berechnung endet, wenn das Lambda den Wert `null` liefert.

An diesen Beispielen zeigt sich die sequenzielle Vorgehensweise bei der Berechnung der Werte: Sie beginnt mit dem ersten Wert und iteriert so lange, bis die benötigten Werte vorliegen (siehe auch hierzu Abschnitt 6.6.2).

- mit der Funktion **sequence()**:

```
val erstRunterDannRauf : Sequence<Int>
  = sequence {
      yield(5)
      yieldAll(listOf(4,3,2,1))
      yieldAll(generateSequence(0) { it + 1 })
    }
```

Analog zu `buildList()` wird hier eine Sequence aus Teilstücken zusammengesetzt (wobei das `yield()` bei Sequences dem `add()` bei Lists entspricht). Offensichtlich sollte dabei eine unendliche Teilfolge nur als letzter Bestandteil auftreten.

6.6.2 Operationen

Das Interface `Sequence` bietet, mit wenigen Ausnahmen, dieselben Funktionen wie `Collection`, jedoch keine Schreib- und Umordnungsfunktionen, wie es sie für `MutableCollection` oder `MutableList` gibt. Aufgrund der Lazy Evaluation und der sequenziellen Abläufe werden diese Funktionen aber anders ausgeführt als bei Collections. Daher konzentriert sich dieser Abschnitt auf die Unterschiede bei der Vorgehensweise, beschreibt die Funktionen aber nicht noch einmal.

Wie bei Collections kann man auf einzelne Elemente einer Sequence mit `elementAt()` zugreifen:

```
zweierpotenzenKleiner2000.elementAt(5)
```

Allerdings liegt bei einer Collection der Wert unmittelbar vor (Eager Evaluation), während er bei der Sequence berechnet werden muss (Lazy Evaluation). Im Fall der Sequence `zweierpotenzenKleiner2000` (siehe Abschnitt 6.6.1) müssen dafür sequenziell-iterativ auch alle vorherigen Werte ermittelt werden – und dies erneut für jeden `elementAt()`-Aufruf, da Sequences zustandslos sind. Eine entsprechende Collection wäre also deutlich effizienter.

Veranschaulichen Sie, dass die Sequence bei jedem `elementAt()` tatsächlich neu berechnet wird. Setzen Sie dazu bei `zweierpotenzenKleiner2000` in das Lambda eine Kontrollausgabe ein:

```
{ print("$it "); if (it<1000) it*2 else null }
```

Rufen Sie dann `elementAt(5)` und `elementAt(10)` auf.

Vergleichen Sie nun die Zugriffszeiten für diese Sequence und eine entsprechende List. Erzeugen Sie dazu eine List mit den Zweierpotenzen bis 2000, führen Sie für die List und die Sequence jeweils die beiden `elementAt()`-Zugriffe durch und messen Sie mit `measureTime()` die Zeiten. Messen Sie zudem die Zeit, die das Erzeugen und Vorbesetzen der List benötigt.

Anders sieht es jedoch für große Datenmengen aus, insbesondere wenn sie durch eine Kette von Funktionsaufrufen (also per **Daisy Chaining**) bearbeitet werden. Das folgende Beispiel definiert eine Sequence, die eine Folge von Zufallszahlen zwischen 0 und 1 (0 inklusive, 1 exklusive) mit sechs Nachkommastellen liefert, die alle verschieden sind:

```
val zufallszahlen : Sequence<Double>
    = generateSequence { (0..999999).random() }
      .map { it/1000000.0 }
      .distinct()
```

Durch die Verkettung der Funktionen wird jeweils eine ganze Zufallszahl zwischen 0 und 999999 ermittelt, durch 1000000.0 dividiert und möglicherweise wieder verworfen, wenn sie zuvor bereits aufgetreten ist. Man beachte wiederum, dass nur die Sequence mit ihren Berechnungsvorschriften erzeugt wird; die Werte selbst werden erst später berechnet, wenn sie benötigt werden. Entsprechende Funktionen wie `map()` und `distinct()`, die auf Sequence-Objekte angewendet werden und ihrerseits Sequence-Objekte liefern, sind **Intermediate Operations**.

Benötigt werden die Zufallszahlen beispielsweise, wenn zehn davon in einer List gespeichert werden sollen:

```
val zehnZufallszahlen = zufallszahlen.take(10).toList()
```

`toList()` ist eine sogenannte **Terminal Operation**, die dazu führt, dass nun auch die vorher definierten Intermediate Operations ausgeführt werden (wobei auch das hier aufgerufene `take(10)` eine solche Sequence-Operation ist).

Interessant ist zudem die Reihenfolge, in der die Funktionen ausgeführt werden: Bei Sequences durchläuft jedes einzelne Element die Kette der Funktionen in der Art einer **Pipeline**; erst anschließend wird die Funktionskette für das nächste Element angewendet. Bei Collections dagegen erzeugt jeder Funktionsaufruf eine vollständige neue (Zwischen-)Collection, auf die dann die nächste Funktion angewendet wird. Dies ist bei großen Datenmengen oft ineffizient und bei unendlichen Datenstrukturen (wie im Beispiel oben) sogar unmöglich.

Bei unendlichen Sequences ist es wichtig, auf die korrekte Reihenfolge der Funktionsaufrufe zu achten: `zufallszahlen.take(10).toList()` liefert, wie gewünscht, zehn Zahlen. `zufallszahlen.toList().take(10)` würde dagegen dazu führen, dass das Programm nicht terminiert, denn `toList()` als terminale Operation versucht, alle Werte der unendlichen Sequence zu ermitteln. Ebensowenig sollte man natürlich Funktionen wie `last()` auf unendliche Sequences anwenden.

Veranschaulichen Sie durch Kontrollausgaben die Reihenfolge, in der die Sequence-Operationen im Zufallszahlenbeispiel ausgeführt werden. Fügen Sie dazu, wie in der vorigen Hands-On-Aufgabe, in die Lambdas jeweils einen `print()`-Aufruf ein.

7 Klassen – Grundlagen

Kotlin realisiert wie Java die grundlegenden Konzepte und Techniken der objektorientierten Programmierung: Daten und Operationen darauf sind in Objekten organisiert, auf die man über Referenzen in Objektvariablen zugreift. Basis dafür ist ein Typsystem mit Klassen und Interfaces, wobei man vorgegebene Klassen/Interfaces nutzen oder eigene definieren kann. Vorgegebene Klassen und Interfaces waren das Thema der Kapitel 2 und 6, in denen die Kotlin-Basistypen, Arrays und Collections vorgestellt wurden.

Dieses Kapitel zeigt nun, wie man selbst Klassen und Interfaces definiert. Dabei geht es, nach einer Übersicht über Basistechniken, um

- die Datenhaltung auf der Grundlage von Properties und deren Initialisierung durch Konstruktoren,
- das Schlüsselwort `object` zur Definition von Singletons, von sogenannten „Companion Objects“ und von anonymen Klassen,
- spezielle Arten von Klassen, nämlich Daten- und Enumerationsklassen, sowie
- generische Klassen, die von Typparametern abhängen.

Das folgende Kapitel 8 befasst sich mit Techniken, die Möglichkeiten einer vorhandenen Klasse zu erweitern, nämlich

- Vererbung zur Bildung von Klassen- und Interface-Hierarchien,
- Interfaces und abstrakte Klassen als Bestandteile solcher Hierarchien,
- Extensions zur Ergänzung der Funktionalität von Klassen,
- Funktionen mit Receivern, die auf bestimmte Objekte direkt zugreifen können,
- Delegation zur Übertragung von Aufgaben an andere Objekte,

- Operatoren als Kurzschreibweisen bestimmter Funktionen sowie
- Schachtelung mit inneren Klassen zur Beschränkung von deren Sichtbarkeit.

Der Fokus liegt auf den Besonderheiten von Kotlin gegenüber Java – nämlich Sprachkonstrukten, die in Standardfällen eine deutlich kompaktere Programmierung erlauben, und Techniken, die die Möglichkeiten von Java erweitern.

7.1 Basistechniken

7.1.1 Klassen und Objekte: Definition und Benutzung

Eine Kotlin-Quellcodedatei kann beliebig viele **Klassendefinitionen** enthalten, die dort auf derselben Ebene wie Top-Level-Funktionen (siehe Abschnitt 5.1.1) und -Variablen stehen. Der Dateiname kann unabhängig von dem oder den Klassennamen gewählt werden und die Datei kann an beliebiger Stelle des Dateisystems abgelegt sein. Zwar wird empfohlen, sich an das von Java bekannte Layout des Dateibaums zu halten [KtAct24], aber gerade bei Projekten mit vielen kleinen Klassen kann man durchaus davon abweichen.

Wenn man es denn unbedingt möchte, kann man eine Klasse in Kotlin **syntaktisch sehr ähnlich zu Java** definieren – und erhält damit funktionsfähigen, aber umständlichen Code:

```
class Zaehler {  // Java-Stil - recht umständlich
  private var stand : UInt
  constructor(stand : UInt) {
    this.stand = stand
  }
  constructor() : this(0u) { }
  fun getStand() : UInt {
    return stand
  }
  fun inkrement() : Unit {
    stand++
  }
  fun inkrement(ink : UInt) : Unit {
    stand += ink
  }
}
```

Diese Kotlin-Klasse, die ganzzahlige Zähler spezifiziert, ist so aufgebaut wie eine entsprechende Java-Klasse:

- Ihre Definition wird eingeleitet mit dem Schlüsselwort `class`, gefolgt vom Klassennamen, gefolgt von den einzelnen Bestandteilen der Klasse in geschweiften Klammern.

- Die **Property** `stand` speichert nichtnegative Ganzzahlwerte. Ihre Deklaration folgt der Syntax von Variablendeklarationen, wie sie in Kapitel 2 erläutert wurde. Sie wird hier ergänzt durch das Schlüsselwort `private`, um sie nach außen zu verbergen.

  Warum man in Kotlin von „Properties" und nicht von „Attributen" wie in Java spricht, wird in Abschnitt 7.2.1 erklärt.

- Die hier benutzte Form von **Konstruktoren** kommt der von Java am nächsten: Es werden zwei Konstruktoren definiert, die beide den vorgegebenen Namen `constructor` haben. Der erste initialisiert die Property mit dem Wert seines Parameters; wie in Java wird dabei zwischen der Property `stand` und dem gleichnamigen Parameter durch das Schlüsselwort `this` unterschieden. Der zweite Konstruktor hat keinen Parameter und ruft den ersten mit `this(0u)` auf, wobei dieses `this` im Kopf des Konstruktors, also noch vor dem Körper steht.

  Solche „Sekundärkonstruktoren" sind jedoch relativ umständlich. Mit „Primärkonstruktoren", wie sie im nächsten Beispiel und in Abschnitt 7.2.2 eingeführt werden, kann man kompakter programmieren.

- Die **Funktionen** dienen zum Zugriff auf die Property. Die erste ist ein „Getter" für `stand`, die zweite und dritte inkrementieren `stand` um 1 bzw. um einen Wert, der dem Parameter übergeben wird. Die Syntax solcher Funktionsdefinitionen wurde in Kapitel 5 erklärt.

Properties, Konstruktoren und Funktionen sind **Member** der Klasse. Zu den Membern können auch Initialisierungsblöcke (siehe Abschnitt 7.2.2), Objektdefinitionen (siehe Abschnitt 7.3) und innere Klassen (siehe Abschnitt 8.7) gehören.

Wie in Java unterscheidet man Properties (also Member) und Funktionsparameter mit demselben Namen, indem man für eine Property den Qualifier **`this.`** vor den Namen schreibt, für den Parameter nicht (siehe Konstruktorbeispiel oben). In Kotlin kann es zusätzlich vorkommen, dass eine Memberfunktion einer Klasse und eine Top-Level-Funktion denselben Namen haben. Dann empfiehlt die Kotlin-Dokumentation [KtThis], bei der Memberfunktion stets ein `this.` davorzusetzen: „When you call a member function on `this`, you can skip the `this.` part. If you have a non-member function with the same name, use this with caution because in some cases it can be called instead." Welches die „some cases" sind, wird allerdings nicht näher spezifiziert.

Objektvariablen deklariert man unter Bezugnahme auf den Klassennamen; Konstruktoren ruft man (ohne `new`) mit dem Klassennamen auf und Funktionen eines Objekts per Punktnotation:

```
val zaehler : Zaehler = Zaehler()
```

(oder einfach `val zaehler = Zaehler()` mit Typinferenz)

```
val zaehler2 : Zaehler = Zaehler(7u)
println("${zaehler.getStand()}")
zaehler.inkrement()
zaehler.inkrement(2u)
```

Mit den **sprachlichen Möglichkeiten von Kotlin** lässt sich eine Klassendefinition deutlich kompakter formulieren:

```
class Zaehler(var stand : UInt = 0u) {  // Kotlin-Stil, Vers. 1
  fun inkrement(ink : UInt = 1u) {
    stand += ink
  }
}
```

- Der **Primärkonstruktor** direkt hinter dem Klassennamen erfüllt zwei Aufgaben: Erstens definiert er die Property `stand`. Zweitens ermöglicht er die Erzeugung von Objekten mit Übergabe eines Initialwerts für die Property, mit `0u` als Defaultwert (vergleiche Abschnitt 5.1.3). Der Konstruktor kann wie im ersten Beispiel, also über den Klassennamen mit und ohne Argument, aufgerufen werden.
- **Getter** und **Setter**, die den Wert der Property abfragen bzw. setzen, sind **implizit** definiert und ermöglichen Lese- und Schreibzugriffe per Punktnotation:

  ```
  println("${zaehler.stand}")
  zaehler.stand = 42u
  ```

  Die hier definierte Klasse erlaubt also Schreibzugriffe auf die Property – im Gegensatz zur Klasse im ersten Beispiel, wo `stand` als `private` deklariert und nur ein Getter, aber kein Setter definiert wurde. Das Beispiel weiter unten wird zeigen, wie man Schreibzugriffe ausschließen kann, indem man einen expliziten privaten Setter definiert.
- Die **Funktionsdefinition** legt einen Defaultwert für den Parameter fest; `inkrement()` muss also nicht überladen werden. Zudem muss man den Rückgabetyp `Unit` nicht explizit angeben (siehe Abschnitt 5.1.2). Aufgerufen wird die Funktion wie im ersten Beispiel, per Punktnotation mit oder ohne Argument.

Getter und Setter kann man explizit definieren, um Zugriffe einzuschränken und/oder Operationen zu definieren, die über das reine Lesen und Schreiben hinausgehen. Die folgende Klassendefinition kennzeichnet den Setter als `private` und unterbindet somit Schreibzugriffe von außerhalb:

```
class Zaehler(stand : UInt = 0u) {  // Kotlin-Stil, Vers. 2
  var stand : UInt = stand
    private set
  fun inkrement(ink : UInt = 1u) {
    stand += ink
  }
}
```

Ein **expliziter Setter** wird direkt unterhalb der zugehörigen Property definiert; ein expliziter Getter ebenso. Die Deklaration dieser Property muss im Klassenkörper stehen. Hier spezifiziert der Konstruktor also nicht mehr die Property selbst, sondern nur einen Parameter mit demselben Namen, über den die Property in ihrer Deklaration initialisiert wird. Auch solche Getter und Setter werden implizit aufgerufen, wenn per Punktnotation auf die Property zugegriffen wird (siehe vorheriges Beispiel), also nicht durch einen expliziten Funktionsaufruf wie in Java.

Die drei Beispiele zeigen einige, aber bei Weitem nicht alle Möglichkeiten, Properties zu deklarieren, zu initialisieren und zu benutzen. Abschnitt 7.2.1 wird daher auf Properties mit ihren Gettern und Settern zurückkommen, Abschnitt 7.2.2 auf Konstruktoren zur Initialisierung und teilweise auch Deklaration von Properties.

7.1.2 Sichtbarkeiten

Wie in Java lässt sich die Sichtbarkeit von Properties, Funktionen und Konstruktoren einer Klasse sowie von Top-Level-Komponenten (also auch von Klassen selbst) einschränken. Dazu kann man deren Deklarationen mit diesen **Modifikatoren** kennzeichnen:

- `public` (oder keine Kennzeichnung): überall sichtbar.
- `internal`: sichtbar innerhalb des Moduls (ein Modul besteht aus mehreren Dateien, die vom Build-System gemeinsam übersetzt werden).
- `protected`: sichtbar innerhalb der Klasse / des Interfaces und den davon abgeleiteten (siehe Abschnitt 8.1.1) Klassen/Interfaces (nicht für Top-Level-Komponenten anwendbar).
- `private`: sichtbar innerhalb der Klasse / des Interfaces bzw. (bei Top-Level-Komponenten) innerhalb der Datei.

> **!** Wenn eine Funktion als `private` gekennzeichnet ist, kann sie aus einer anderen Datei heraus nicht aufgerufen werden. Dennoch ist dort der Funktionsname in dem Sinne „belegt", dass die andere Datei keine weitere Funktion mit demselben Namen enthalten darf – dies führt zu einem „Redeclaration Error". Entsprechendes gilt für andere Arten von Top-Level-Komponenten und die anderen Modifikatoren.

Für die Sichtbarkeit und Benutzbarkeit von Programmkomponenten spielen zudem **Pakete/Packages** eine Rolle. Eine package-Deklaration in der ersten Zeile einer Kotlin-Datei ordnet den dortigen Code einem Package zu. Die Syntax dieser Deklaration ist dieselbe wie in Java. `public`-Komponenten aus der Datei können dann in anderen Dateien desselben Pakets unmittelbar verwendet werden. In Dateien, die nicht diesem Paket zugeordnet sind, müssen sie mit einer **import**-Anweisung importiert werden, mit derselben Syntax wie in Java.

7.1.3 Die Klasse Any

Hierarchien von Klassen und Interfaces werden durch Vererbung gebildet – sowohl im System der vordefinierten Klassen und Interfaces, wie beispielsweise bei Collections (siehe Kapitel 6), als auch bei selbstdefinierten Klassen/Interfaces (siehe Abschnitt 8.1). Dabei ist **Any** die direkte oder indirekte Basisklasse aller anderen Klassen, entsprechend der Klasse `Object` in Java.

Die Basisklasse `Any` definiert drei Funktionen:

- **`equals(other : Any?) : Boolean`**

  Die Funktion wird bei Anwendung des ==-Operators implizit aufgerufen, kann aber auch explizit im Programmtext aufgerufen werden.

> Bei der Einführung von Zahlentypen (siehe Abschnitt 2.3.2) wurde gesagt, dass == und damit `equals()` die Werte/Inhalte von Objekten miteinander vergleicht, wohingegen === Referenzen vergleicht. Für die allgemeine Klasse `Any` muss aber bezüglich == differenziert werden, was etwas verwirrend sein mag:
>
> Die Default-Implementation von == in `Any` vergleicht Referenzen miteinander, entspricht also ===! Für die Definition eigener Klassen wird jedoch empfohlen, `equals()` so zu überschreiben (siehe Abschnitt 8.1.1), dass Objektinhalte verglichen werden. Bei den meisten vordefinierten Klassen wie Strings (siehe Abschnitt 2.4.2) und den `Collection`-Klassen (siehe Kapitel 6) ist dies der Fall, nicht jedoch bei Arrays (siehe Abschnitt 2.7.3). Auch Datenklassen (siehe Abschnitt 7.4.1) besitzen entsprechende `equals()`-Implementationen.

- **`hashCode() : Int`**

  Der Hashcode eines Objekts ist eine ganze Zahl, die das Objekt charakterisiert. Wie er berechnet wird, ist nicht festgelegt; festgelegt ist allerdings, dass zwei Objekte, die gemäß `equals()` gleich sind, auch denselben Hashcode haben müssen. Die Motivation dafür ist, dass `Collection`-Methoden wie `contains()` zunächst Hashcodes miteinander vergleichen und, bei Übereinstimmung, anschließend einen Feinvergleich von Objektinhalten vornehmen. Wenn man eigene Klassen definiert, sollte man `hashCode()` also unbedingt entsprechend überschreiben. Für Datenklassen werden solche Funktionen automatisch erzeugt.

- **`toString() : String`**

  Die Funktion dient dazu, eine ausgabefähige Form eines Objekts zu erzeugen. Eine typische Default-Implementation liefert den Namen der Klasse gefolgt vom Hashcode in hexadezimaler Form, also z. B. `Zaehler@5e9f23b4`. Da dies wenig aussagekräftig ist, sollte man auch diese Funktion in eigenen Klassen überschreiben – üblicherweise so, dass sie den Objektinhalt, also die Werte seiner Properties als String liefert. Bei den bislang besprochenen vordefinierten Klassen und auch bei Datenklassen (siehe Abschnitt 7.4.1) ist das der Fall.

7.2 Datenhaltung

Objekte nehmen Daten auf und stellen sie bereit und sie bieten Funktionen an, die mit diesen Daten arbeiten. Der vorige Abschnitt zeigte entsprechende Funktionsdefinitionen, die wie in Java innerhalb einer Klassendefinition stehen und deren Syntax in Kapitel 5 ausführlich besprochen wurde. Das folgende Kapitel 8 wird weitere Möglichkeiten vorstellen, Funktionen für Klassen und Objekte zu definieren.

Thema dieses Abschnitts ist dagegen die Datenhaltung, die sich syntaktisch und auch konzeptionell deutlicher von der in Java unterscheidet, als es bei Funktionen der Fall ist. So müssen in Kotlin Daten nicht unbedingt physisch gespeichert werden, sondern können auch auf andere Weise realisiert werden. Um dies von den „Attributen" in Java abzugrenzen, spricht man in Kotlin von „Properties". Properties können wie in Java im Körper einer Klasse deklariert werden, aber auch in Konstruktoren im Kopf der Klasse.

7.2.1 Properties

Eine **Property** umfasst Zugriffsfunktionen, die ihren Wert liefern **(Getter)** bzw. ändern **(Setter)** und optional einen Speicher, das sogenannte **(Backing) Field**, zur Aufnahme des Werts. Wenn der Speicher fehlt, wenn es sich also um eine „Computed Property" handelt, liest der Getter den Wert nicht aus dem Speicher, sondern ermittelt ihn auf anderem Wege.

Das **erste Beispiel** zeigt die Definition einer einfachen Klasse `Bruch` mit **zwei Properties** `zaehler` und `nenner`:

```
class Bruch {
  var zaehler = 1
  var nenner = 1
  fun erweitern(faktor : Int) {
    if (faktor==0) return
    zaehler *= faktor
    nenner *= faktor
  }
  fun kuerzen() { ... }
}
```

Die Properties werden hier im Körper der Klasse, also wie in Java deklariert. Alternativ könnte man dies in einem Konstruktor tun, wie es im zweiten Beispiel von Abschnitt 7.1.1 der Fall war und ausführlich im folgenden Abschnitt 7.2.2 behandelt wird.

Die Syntax einer Propertydeklaration folgt dem, was in Abschnitt 2.1.1 zu Variablendeklarationen gesagt wurde: Eine Property muss als `val` oder `var` deklariert werden. Ihr Typ muss nicht explizit angegeben werden, wenn er sich aus dem Initialwert ableiten lässt. Sie muss normalerweise sofort initialisiert werden – entweder, wie hier, durch unmittelbare Zuweisung eines Werts oder in einem Konstruktor (siehe Abschnitt 7.2.2). Ausnahmen sind möglich für Properties, die einem nicht-nullfähigen, nicht-primitiven Typ angehören: Wenn man sie mit **`lateinit`** markiert, kann man ihre Initialisierung später nachholen (Beispiel in Abschnitt 7.3.3).

Getter und Setter für die Properties dieser Beispielklasse werden implizit definiert (zu ihrer Form siehe das nächste Beispiel). Sie werden aufgerufen, wenn per Punktnotation auf die Property zugegriffen wird:

```
val einBruch = Bruch()
einBruch.zaehler = 2   // Aufruf der Setter für zaehler ...
einBruch.nenner = 4    // ... und nenner
// Aufruf der Getter für zaehler und nenner:
println("Der Bruch: ${einBruch.zaehler} / ${einBruch.nenner}")
```

Zudem werden hier auch Backing Fields erzeugt, also Speicherbereiche, aus denen die Getter lesen und in die die Setter schreiben.

Man beachte bei diesem Beispiel, dass zwar die Objektvariable `einBruch` als `val` deklariert wurde, die Properties `zaehler` und `nenner` aber als `var`. Daher muss zwar `einBruch` immer dasselbe Objekt referenzieren, die Werte innerhalb des Objekts können aber geändert werden.

Übrigens werden in dieser Klassendefinition und den folgenden aus Platzgründen die `Any`-Funktionen nicht überschrieben. In der Praxis sollte man dies aber tun, wie in Abschnitt 7.1.3 empfohlen.

Das **zweite Beispiel** erweitert die Klassendefinition um einen **expliziten Setter** für die Property `nenner`:

```
class Bruch {
  var zaehler = 1
  var nenner = 1
    set(neuerNenner) {
      if (neuerNenner!=0) {
        field = neuerNenner
        println("set($neuerNenner) erfolgreich")
      }
      else
        println("set(0) fehlgeschlagen")
    }
  fun erweitern(...) { ... }
  fun kuerzen() { ... }
}
```

Ein **Setter** wird unmittelbar unterhalb der Deklaration der betroffenen Property definiert. Er hat immer den Namen `set` und einen Parameter für den Wert, der der Property zugewiesen werden soll. Der hier definierte Setter für `nenner` stellt sicher, dass der Nenner nicht 0 werden kann, und gibt eine entsprechende Rückmeldung.

> Eine Property, genauer ihr Backing Field, wird innerhalb ihres Setters (und auch ihres Getters) über den Namen **`field`** angesprochen. Es wird also *nicht* der Name verwendet, mit dem sie deklariert wurde, denn das würde zu endlos-rekursiven Aufrufen des Setters bzw. Getters führen.

Fehlt eine explizite Setter-Definition, so wird der **implizite Setter**

```
set(value) { field = value }
```

erzeugt. Ein **impliziter Getter**, der hier ebenso wie im ersten Beispiel generiert wird, sieht so aus:

```
get() = field
```

Alternativ kann man auch den Getter explizit definieren, unmittelbar unterhalb des Setters:

```
...
var nenner = 1
  set(neuerNenner) { ... }
  get() {
    println("Kontrollausgabe: get() aufgerufen")
    return field
  }
...
```

Ein Zugriff auf eine Property über Punktnotation, wie im ersten Beispiel gezeigt, liest oder schreibt nicht direkt aus dem bzw. in das Backing Field, sondern ruft stets den entsprechenden Getter bzw. Setter auf.

Wie in Abschnitt 7.1.1 gesehen, können Setter als `private` markiert werden, wodurch die Property für Schreibzugriffe von außen gesperrt wird und was somit (zumindest aus externer Sicht) eine Alternative zur Markierung mit `val` ist. Auch die anderen Sichtbarkeitsmodifikatoren gemäß Abschnitt 7.1.2 können für Setter und Getter verwendet werden.

Im **dritten Beispiel** wird eine **Computed Property** definiert, die kein Backing Field besitzt, sondern deren Wert durch einen expliziten Getter berechnet und zurückgeliefert wird:

```
class Bruch {
  ...
  val wert
    get() = zaehler.toDouble()/nenner.toDouble()
}
```

Eine Computed Property kann durchaus einen Setter haben. Allerdings weist ein solcher Setter der Property direkt keinen Wert zu (denn sie hat ja kein Backing Field), sondern ändert den Zustand des Objekts anderweitig (zum Beispiel durch Zuweisungen an andere Properties – siehe das folgende Beispiel) und/oder führt sonstige Operationen aus:

```
var wert
  get() = zaehler.toDouble()/nenner.toDouble()
  set(value) {
    zaehler = value.toInt()
    nenner = 1
  }
```

Finden Sie heraus, weshalb im Beispiel-Code die Umwandlung `value.toInt()` erforderlich ist, welchen Typ der Setter-Parameter `value` also hat und warum das so ist.

Man muss bei der Programmierung des Setters darauf achten, dass er die Semantik der Klasse nicht verletzt. Das ist, aus Gründen der Einfachheit, hier nicht ganz der Fall: Der gezeigte Setter arbeitet nur dann semantisch korrekt, wenn ihm ein Wert ohne Nachkommastellen übergeben wird. Eine vollständig korrekte Version müsste Zähler und Nenner entsprechend erweitern, wenn Nachkommastellen vorliegen.

7.2.2 Konstruktoren

Ein Kotlin-Objekt wird, wie ein Java-Objekt, durch Aufruf eines **Konstruktors** erzeugt, wobei typischerweise seine Properties initialisiert werden. Ein Kotlin-Konstruktor kann diese Initialisierung syntaktisch mit der Propertydeklaration verbinden und somit Redundanzen vermeiden.

Kotlin bietet, wie sich zeigen wird, verschiedene Möglichkeiten, Konstruktoren zu definieren – „Primärkonstruktoren", „Initialisierungsblöcke" und „Sekundärkonstruktoren", die miteinander kombiniert werden und auch mehrfach auftreten können. Diese Vielfalt ermöglicht zwar eine flexible Programmierung, kann aber zu recht unübersichtlichem Code führen. Man muss hier also eine gewisse Selbstdisziplin üben und sollte nur das verwenden, was man wirklich braucht.

Im Folgenden werden die verschiedenen Techniken anhand der Klasse `Bruch` aus dem vorigen Abschnitt erklärt und ihr Zusammenspiel erläutert. Dabei werden nur die beiden Properties zaehler und nenner näher betrachtet. Die Funktionen und die Computed Property werden nur rudimentär oder gar nicht aufgeführt; man kann sie sich aber jeweils dazudenken.

Ansatz 0: kein expliziter Konstruktor, Deklaration und Initialisierung der Properties im Klassenkörper

Im einfachsten Fall definiert man (wie schon in Abschnitt 7.2.1 gesehen) überhaupt keinen expliziten Konstruktor, deklariert die Properties im Körper der Klasse und weist ihnen dort feste Anfangswerte zu:

```
class Bruch {
  var zaehler = 1
  var nenner = 1
    set(neuerNenner) { ... }
  fun erweitern(...) { ... }
  fun kuerzen() { ... }
}
```

Durch diese Klassendefinition wird implizit ein **Default-Konstruktor** ohne Parameter definiert, der ein neu erzeugtes Objekt mit den angegebenen Anfangswerten initialisiert:

```
val b = Bruch()
```

Dieser primitive Ansatz hat offensichtlich den Nachteil, dass individuelle Anfangswerte gesondert, nach der Erzeugung des Objekts, zugewiesen werden müssen:

```
b.zaehler = 2
b.nenner = 3
```

Ansatz 1: Primärkonstruktor im Kopf der Klasse zur Deklaration und Initialisierung der Properties

Eine Property besitzt im Standardfall einen Speicher (also ein Backing Field), in den ihr Setter Werte schreibt und aus dem ihr Getter Werte liest, ohne dass dabei weitere Aktionen erfolgen. In einem solchen Fall deklariert und initialisiert man die Property mit einem **Primärkonstruktor**, der im Kopf der Klassendefinition steht. Weitere Properties kann man wie im vorherigen Beispiel im Körper der Klasse deklarieren und ebenfalls über den Primärkonstruktor initialisieren.

1a: Deklaration aller Properties im Primärkonstruktor

Mit einem Primärkonstruktor, der beide Properties zaehler und nenner deklariert, sieht die Klasse Bruch so aus:

```
class Bruch(var zaehler : Int = 1, var nenner : Int = 1) {
  fun erweitern(...) { ... }
  fun kuerzen() { ... }
}
```

Ein Primärkonstruktor wird also direkt hinter dem Klassennamen definiert. Er enthält eine Liste aus Propertydeklarationen (wie hier zu sehen) und/oder weiteren Parametern zur Initialisierung von Properties, die im Körper deklariert sind (siehe hierzu die folgenden Beispiele). Eine Propertydeklaration muss mit dem Schlüsselwort `var` oder `val` beginnen und hinter dem Namen der Property muss ihr Typ angegeben werden.

Optional kann man Defaultwerte für die Properties angeben. Dadurch kann der Konstruktor mit unterschiedlichen Parameterkombinationen aufgerufen werden, wie in Abschnitt 5.1.3 für Funktionen besprochen:

```
val b1 = Bruch()
val b2 = Bruch(zaehler = 2)
val b3 = Bruch(nenner = 0)
val b4 = Bruch(2,3)
```

Ein so definierter Primärkonstruktor schlägt somit „zwei Fliegen mit einer Klappe“: Er deklariert die Properties selbst und er definiert Parameter, über die diese Properties initialisiert werden. Die Propertydeklarationen müssen in diesem Standardfall also nicht im Körper wiederholt werden.

Für Properties, die im Primärkonstruktor deklariert sind, gibt es nur die implizit definierten Setter und Getter, die einen Wert in das Backing Field schreiben bzw. aus ihm lesen (siehe Abschnitt 7.2.1). Weitere Aktionen finden nicht statt, also insbesondere keine „Ungleich-0-Kontrollen“ bei Zuweisungen an `nenner`. Auch die Zuweisungen durch den Konstruktor werden nicht kontrolliert, sodass (siehe `b3` im Beispiel oben) `nenner` mit 0 initialisiert werden kann. Möchte man dies verhindern, so muss man den Konstruktor durch einen Initialisierungsblock ergänzen und einen expliziten Setter programmieren. Entsprechende Codebeispiele folgen weiter unten.

Zur Verdeutlichung kann man den Primärkonstruktor mit dem Schlüsselwort constructor kennzeichnen. Man muss dies tun, wenn man den Konstruktor mit einem Sichtbarkeitsmodifikator versehen möchte:

```
class eineKlasse constructor(var eineProp : Int = 1, ...
class eineKlasse private constructor(var eineProp : Int = 1, ...
```

Ein entsprechendes Beispiel findet man in Abschnitt 7.3.2, wo eine Fabrikmethode einen privaten Konstruktor aufruft.

1b: Deklaration der Properties verteilt auf Primärkonstruktor und Klassenkörper

Properties, die einen speziellen Umgang erfordern, werden im Körper der Klasse deklariert und dort mit zusätzlichem Code versehen. Sie werden über Parameter im Primärkonstruktor initialisiert:

```
class Bruch(var zaehler : Int = 1, nennerInit : Int = 1) {
  var nenner = if (nennerInit!=0) nennerInit else 1
    set(nenner) {
      if (nenner!=0)
        field = nenner
      else {
        println("nenner darf nicht 0 sein > wird 1 gesetzt!")
        field = 1
      }
    }
}
```

Die „Standardfall-Property“ `zaehler` wird wie in Beispiel 1a deklariert. Die Deklaration von `nenner` steht dagegen jetzt im Körper der Klasse. Sie wird dort durch einen expliziten Setter ergänzt, der die Zuweisung einer 0 verhindert und eine entsprechende Fehlermeldung ausgibt.

Der Primärkonstruktor enthält nun statt einer Propertydeklaration einen einfachen Parameter `nennerInit`, erkennbar an dem fehlenden `var` davor. Die Property `nenner` wird bei ihrer Deklaration unter Rückgriff auf `nennerInit` initialisiert, wobei ebenfalls sichergestellt wird, dass ihr keine 0 zugewiesen wird. Übrigens könnte der Parameter ebenfalls `nenner` heißen; zur besseren Übersichtlichkeit wurde hier aber ein anderer Name gewählt.

Der Konstruktor kann wie in den Beispielen zu 1a aufgerufen werden, wobei jetzt allerdings beim Aufruf `Bruch(nenner=0)` die `nenner`-Property mit 1 initialisiert wird. Unschön ist dabei, dass dies im Gegensatz zum Setter „stillschweigend“, also ohne Benutzerbenachrichtigung geschieht. Eine solche Benachrichtigung kann durch einen Initialisierungsblock erfolgen, wie es unter Punkt 2 gezeigt wird.

1c: Deklaration aller Properties im Klassenkörper

Code, bei dem die Propertydeklarationen auf Primärkonstruktor und Körper verteilt sind und bei dem der Konstruktor zusätzliche Initialisierungsparameter enthält, wird leicht unübersichtlich. Es kann also durchaus sinnvoll sein, auch die Properties, die keine speziellen Setter usw. benötigen, im Körper zu deklarieren und den Primärkonstruktur als eine reine Parameterliste zur Übergabe von Anfangswerten zu programmieren:

```
class Bruch(zaehler : Int = 1, nenner : Int = 1) {
  var zaehler = zaehler
  var nenner = if (nenner!=0) nenner else 1
    set(nenner) { ...
```

Übrigens haben in diesem Beispiel die Parameter dieselben Namen wie die Properties. Im Code ist es offensichtlich, was jeweils gemeint ist – links vom Zuweisungsoperator bezeichnet der Name die Property (die ja dort deklariert wird), rechts davon bezeichnet er den Konstruktorparameter.

Ansatz 2: Initialisierungsblock zur Ergänzung eines Primärkonstruktors

Ein Primärkonstruktor kann nur Deklarationen von Properties und/oder Parameter zu ihrer Initialisierung enthalten, aber keinen sonstigen Code. Man kann ihn jedoch durch einen **Initialisierungsblock** (einen „init-Block“) ergänzen, der zusammen mit dem Konstruktor ausgeführt wird. Im Fall der Klasse Bruch könnte ein solcher Block die Property nenner initialisieren und die gewünschte Meldung ausgeben:

```
class Bruch(var zaehler : Int = 1, nenner : Int = 1) {
  var nenner = 1
    set(nenner) { ... }
  init {
    if (nenner!=0)
      this.nenner = nenner
    else {
      println("nenner darf nicht 0 sein > wird 1 gesetzt!")
      this.nenner = 1
    }
  }
}
```

Da die Property nenner und ihr Initialisierungsparameter denselben Namen haben, muss man sie wie in Java mit this voneinander unterscheiden. Übrigens müsste, von der Logik der Klasse her gesehen, für den nenner-Konstruktorparameter kein Defaultwert vereinbart werden, sondern dies könnte im init-Block geschehen. Es wird damit aber möglich, beim Aufruf des Konstruktors das nenner-Argument wegzulassen: val b = Bruch()

Ein Initialisierungsblock kann auch ohne einen expliziten Primärkonstruktor auftreten. Zudem können mehrere Initialisierungsblöcke vorhanden und mit Propertydeklarationen vermischt sein:

```
var prop1 = wert1
init { ... }
var prop2 = wert2
init { ... }
...
```

Ein solches Codestück wird, nach den Propertydeklarationen im Primärkonstruktor, in dieser Reihenfolge ausgeführt. Die Properties würden dabei jeweils erst deklariert und mit einem festen Wert initialisiert; im darauffolgenden init-Block könnte ihnen dann ein Anfangswert zugewiesen werden, der als Konstruktorparameter übergeben wurde. Ein eventueller Sekundärkonstruktor (siehe 3) würde im Anschluss daran ausgeführt.

Ansatz 3: Sekundärkonstruktoren

In Ergänzung zu einem Primärkonstruktor oder an seiner Stelle können ein oder mehrere **Sekundärkonstruktoren** definiert werden. In sie schreibt man üblicherweise Initialisierungscode, den man mit dem Primärkonstruktor und init-Blöcken nicht oder nur umständlich realisieren könnte. Man kann beispielsweise Sekundärkonstruktoren mit unterschiedlichen Parameterlisten bereitstellen, die somit verschiedene Möglichkeiten zur Erzeugung und Initialisierung von Objekten bieten.

3a: ergänzend zum Primärkonstruktor

Ergänzend zum `Bruch`-Primärkonstruktor werden zwei Sekundärkonstruktoren definiert, die die Properties `zaehler` und `nenner` aus einem `Pair` (siehe Abschnitt 7.4.1) oder einem `String` initialisieren:

```
class Bruch(var zaehler : Int, var nenner : Int) {
  constructor(bruchPair : Pair<Int,Int>)
                    : this(bruchPair.first,bruchPair.second) {
          ... hier wäre weiterer Code möglich ... }
  constructor(bruchString : String) :
                     this(bruchString.split("/")[0].toInt(),
                            bruchString.split("/")[1].toInt())
}
```

Der Primärkonstruktor deklariert und initialisiert wie in 1a beide Properties mit `Int`-Werten; alternativ könnte man ihn mit den anderen Techniken, die bisher besprochen wurden, realisieren. Die Sekundärkonstruktoren rufen (verpflichtend!) den Primärkonstruktor mit `this` auf und übergeben ihm dabei ihre Parameterwerte, in `Int`s umgewandelt. Damit können `Bruch`-Objekte nun beispielsweise wie folgt erzeugt werden:

```
var b1 = Bruch(1,2)
val b2 = Bruch(Pair(2,3))
val b3 = Bruch("3/4")
```

3b: anstelle Primärkonstruktor

Die Funktionalität des Primärkonstruktors kann in einen Sekundärkonstruktor verlagert werden, sodass es nur noch Sekundärkonstruktoren gibt:

```
class Bruch {
  var zaehler : Int = 1
  var nenner : Int = 1
  constructor(zaehler: Int, nenner: Int) {
    this.zaehler = zaehler
    this.nenner = nenner
  }
  constructor(bruchPair : Pair<Int,Int>)
                    : this(bruchPair.first,bruchPair.second)
  constructor(bruchString : String) {
    val stringSegmente = bruchString.split("/")
    zaehler = stringSegmente[0].toInt()
    nenner = stringSegmente[1].toInt()
  }
}
```

Wie das Beispiel zeigt, kann ein Sekundärkonstruktor einen anderen mit `this` aufrufen; er kann aber die Initialisierungen auch eigenständig vornehmen.

Schreiben Sie eine Klasse `EineKlasse`, in der (textuell in dieser Reihenfolge) definiert sind: ein `init`-Block, ein Sekundärkonstruktor ohne Parameter und ein zweiter `init`-Block. Wie ist die Ausführungsreihenfolge, wenn Sie ein Objekt durch den Aufruf `EineKlasse()` erzeugen?

7.3 Das Schlüsselwort `object`

Mit dem Schlüsselwort object definiert man eine Klasse und erzeugt, im selben Schritt, ein Objekt dieser Klasse. Beide können anonym sein. `object` wird verwendet für

- Singletons,
- Companion Objects, die klassenbezogene Properties und Funktionen bereitstellen, und
- anonyme Objekte, die unmittelbar nach ihrer Erzeugung an eine Funktion übergeben werden.

7.3.1 Singletons

Mit dem Begriff **Singleton** bezeichnet man ein Objekt, das die einzige Instanz seiner Klasse ist. In einem Singleton konzentriert man Daten und Funktionen, die global bereitgestellt werden sollen. Ein Beispiel hierfür ist ein Logger, in den die Programmausführung Meldungen einträgt:

```
object Logger {
  private var logSpeicher : String = ""
  fun neuerEintrag(eintrag : String) {
    logSpeicher += eintrag+"\n"
  }
  override fun toString() : String = logSpeicher
}
```

Die Syntax ist dieselbe wie die einer Klassendefinition, wobei aber das Schlüsselwort `object` anstelle von `class` verwendet wird. Es wird also keine Klasse definiert, für die man später Objekte erzeugen könnte (und dementsprechend dürfen hier auch keine Konstruktoren angegeben werden). Vielmehr wird mit `object` ein Objekt instanziiert, das über den Klassennamen angesprochen wird und das die aufgeführten Eigenschaften hat – im Beispiel eine Property, die die Meldungen speichert, und zwei Funktionen, die eine neue Meldung hinzufügen bzw. die bisherigen Meldungen für eine Ausgabe bereitstellen.

Das `override` vor der Funktion `toString()` zeigt an, dass sie die gleichnamige Funktion der Basisklasse `Any` überschreibt. Singletons können auch von anderen Klassen erben und vorgegebene Interfaces implementieren – mit derselben Syntax wie reguläre Klassen (siehe Abschnitte 8.1.1 und 8.2.1).

Der Name, der bei einer Singleton-Definition festgelegt wird, wird üblicherweise groß geschrieben, orientiert sich also an der Schreibweise von Klassennamen. Ein Singleton-Objekt wird über diesen Namen angesprochen und kann damit wie ein „normales" Objekt benutzt werden:

```
Logger.neuerEintrag("Der nächste Eintrag")
println("Log-Eintrage:\n$Logger")
```

Der Interpolator `$Logger` ruft, wie üblich, implizit `toString()` auf und generiert so die Ausgabe.

Ein Singleton wird beim ersten Zugriff darauf erzeugt und existiert bis zum Ende der Programmausführung. Es kann „top level" außerhalb der Klassen definiert werden oder innerhalb einer Klasse, wobei dann jeweils nur ein Objekt für die gesamte Klasse existiert. Ein Spezialfall von Singletons innerhalb von Klassen sind „Companion Objects", die im nächsten Abschnitt behandelt werden.

Prüfen Sie, dass ein Singleton tatsächlich erst bei einem Zugriff darauf erzeugt wird und das dann nur einmal. Erweitern Sie dazu `Logger` um einen `init`-Block mit einer Kontrollausgabe und rufen Sie `Logger.neuerEintrag()` mehrfach auf.

7.3.2 Companion Objects

Daten und Funktionen, die sich auf eine Klasse als Ganze beziehen, werden in Java durch statische Attribute und Methoden realisiert. In Kotlin konzentiert man solche Properties und Funktionen in **Companion Objects**, also in „Begleiter-Objekten" von Klassen.

Das nächste Beispiel ergänzt die `Zaehler`-Klasse aus Abschnitt 7.1.1 mit einem Companion Object. Dieses Objekt

- speichert den Maximalwert aller `Zaehler`-Objekte, entsprechend einem `static`-Attribut in Java, und
- stellt eine **Fabrikmethode** bereit, die mehrere Zähler dieser Klasse erzeugt. Eine solche Utility-Funktion würde man in Java durch eine `static`-Methode realisieren.

```
class Zaehler(var stand : UInt = 0u) {
  fun inkrement(ink : UInt = 1u) {
    stand++
    if (stand>maximum) // Zugriff auf die Property 'maximum' ...
      maximum = stand  // ... des Companion Objects
  }
  companion object {
    var maximum = 0u
      private set
    fun erzeugeZaehlerliste(anzahl : UInt) : List<Zaehler>
      = List(anzahl.toInt()) { Zaehler() }
  }
}
```

Eine Klasse kann zwar mehrere Singletons mit `object` definieren, es darf aber nur eines davon mit `companion` markiert sein. Für jede Klasse gibt es also, wenn überhaupt, nur ein einziges Companion Object. Es wird im Normalfall über den Klassennamen angesprochen:

```
println("Maximum aller Zähler: ${Zaehler.maximum}")
val vierZaehler = Zaehler.erzeugeZaehlerliste(4u)
```

Man kann ein Companion Object zur Verdeutlichung benennen und dann, optional, mit seinem Namen ansprechen:

```
class Zaehler { companion object DerCompanion { ... } }
Zaehler.DerCompanion.erzeugeZaehlerliste(4u)
```

Probieren Sie aus, ob eine Klasse mehrere Companion Objects haben kann, wenn diese unterschiedliche Namen tragen.

Da ein Companion Object innerhalb einer Klasse definiert wird, kann es auf deren private Bestandteile zugreifen. Das lässt sich ausnutzen, um die Erzeugung neuer Objekte auf die Fabrikmethoden zu beschränken: Man markiert den Konstruktor als `private` und ruft ihn von außen indirekt über eine Fabrikmethode auf.

```
class Zaehler private constructor(var stand : UInt = 0u) {
  ... weiter wie oben ...
```

7.3.3 Object Expressions

Die dritte Anwendungsmöglichkeit des Schlüsselworts `object` sind **Object Expressions**, mit denen jeweils eine anonyme Klasse definiert und, im selben Schritt, ein ebenso anonymes Objekt dazu erzeugt wird. Solche Object Expressions sind beim Aufruf von Funktionen nützlich, die als Argumente Objekte erwarten, die ein bestimmtes Interface implementieren. Für einen solchen Aufruf erzeugt man ein entsprechendes anonymes Objekt und übergibt es unmittelbar an die Funktion. Da das

Objekt keinen Namen hat, kann es nach diesem Funktionsaufruf nicht weiter verwendet werden – es ist also ein „Ad-Hoc-Objekt“ für diesen einen Zweck.

Diese Technik wird oft bei der ereignisgesteuerten Programmierung angewendet. Hier registriert man bei Objekten, für die Ereignisse eintreten können (beispielsweise Buttons mit Klick-Ereignissen), sogenannte **Listener**. Diese Listener definieren Funktionen, die das Laufzeitsystem (oder eine andere Instanz) später als Reaktion auf Ereignisse aufrufen soll (beispielsweise Reaktionen auf Button-Klicks). Der Code hat damit die folgende allgemeine Struktur:

```
// Interface für Listener
interface EventListener {
  fun onEvent1()  // Reaktion bei Event1
  fun onEvent2()  // Reaktion bei Event2
}
// Klasse für Objekte, bei denen Listener registriert werden
class ObjektMitListener {
  lateinit var listener : EventListener
  fun registerListener(listener : EventListener) {
    this.listener = listener
  }
}
// Erzeugung eines Objekts ...
val einObjekt = ObjektMitListener()
// ... und Registrierung eines anonymen Listeners
einObjekt.registerListener(
    object : EventListener {
      override fun onEvent1() { Aktion }
      override fun onEvent2() { Aktion }
    }
  )
```

In diesem Beispiel ist `einObjekt` ein Objekt der Klasse `ObjektMitListener`, also ein Objekt, bei dem Listener registriert werden können und sollen. Die Art dieser Listener wird durch das Interface `EventListener` spezifiziert. Im Aufruf von `einObjekt.registerListener()` wird dann mit `object : EventListener {...}` ein anonymes Listener-Objekt erzeugt. Die Schreibweise `object : EventListener` zeigt an, dass dieses Objekt das Interface `EventListener` implementiert, nämlich durch den Code in den geschweiften Klammern (siehe Abschnitt 8.2.1). Dieses Listener-Objekt wird unmittelbar an `registerListener()` übergeben und hierdurch in der Property `listener` gespeichert, also bei `einObjekt` registriert. Übrigens muss diese Property mit `lateinit` gekennzeichnet sein, da sie ja erst jetzt, also nicht schon bei der Erzeugung des Objekts initialisiert wird.

In Java kann man bekanntlich auf ähnliche Weise programmieren. Hier erzeugt man ein Argumentobjekt per `new EventListener() { ... }`, also ebenfalls als anonymes Objekt einer beim Aufruf definierten anonymen Klasse.

Listener-Funktionen können dann über die `listener`-Property aufgerufen werden:

```
einObjekt.listener.onEvent1()
```

Solche Aufrufe stehen aber normalerweise nicht im Programmcode, sondern erfolgen durch das Laufzeitsystem, das die grafische Oberfläche auf Ereignisse, unter anderem auf Button-Klicks, überwacht.

Objekte, die durch Object Expressions erzeugt werden, müssen nicht unbedingt anonym bleiben. Man kann sie Objektvariablen zuweisen, ihnen damit Namen geben und für eine spätere Verwendung speichern:

```
val listener = object : EventListener { ... }
```

Ein Object-Expression-Objekt hat die interessante Eigenschaft, dass es auf die Variablen der Umgebung, in der es erzeugt wurde, zugreifen kann. Im Listener-Beispiel könnte das so aussehen, dass bei einem Ereignis eine bestimmte Person benachrichtigt werden soll. Der Name dieser Person wird in einer Variablen abgelegt, deren Wert sich ändern kann und auf die der Listener jeweils zugreift:

```
lateinit var aufsicht : String  // zu benachrichtigende Person
val einObjekt = ObjektMitListener()
einObjekt.registerListener(object : EventListener {
  override fun onEvent1() {
    println("EVENT 1 - bitte $aufsicht benachrichtigen!")
  }
  override fun onEvent2() { ... }
})
```

Das anschließende Programmstück

```
aufsicht = "Meier"
einObjekt.listener.onEvent1()
aufsicht = "Schulze"
einObjekt.listener.onEvent1()
```

liefert die Ausgaben

```
EVENT 1 - bitte Meier benachrichtigen!
EVENT 1 - bitte Schulze benachrichtigen!
```

Es greift also auf die Variable `aufsicht` mit ihrem jeweils aktuellen (!) Wert zu.

Vergleicht man nun abschließend Object Expressions mit Singletons, so sieht man deutliche syntaktische Ähnlichkeiten. Ihre Semantik ist aber verschieden:

- Bei jeder Ausführung einer Object Expression wird ein neues Objekt erzeugt. Ein Singleton ist und bleibt dagegen die einzige Instanz seiner Klasse.
- Ein Object-Expression-Objekt wird in einem Block / einer Funktion definiert und ist damit nur innerhalb dieses Blocks sichtbar. Singletons werden vornehmlich top-level definiert, sodass sie global im gesamten Programm zugreifbar sind.
- Die Existenz eines Object-Expression-Objekts endet mit dem Ende des Blocks, in dem es definiert wird. Ein Top-Level-Singleton existiert bis zum Ende der Programmausführung.

7.4 Datenzentrierte Klassen

Für bestimmte Anwendungsfälle bietet Kotlin spezielle Arten von Klassen, nämlich Datenklassen und deren Spezialklassen `Pair` und `Triple` zur vornehmlichen Speicherung von Daten sowie Enumerationsklassen mit einer begrenzten Anzahl von Objekten.

7.4.1 Datenklassen

Eine **Datenklasse** ist eine Klasse mit dem Hauptzweck, Werte zu speichern. Hierfür werden Properties in einem Primärkonstruktor deklariert. Es muss dort mindestens eine Property vorhanden sein und alle Properties müssen mit `val` oder `var` markiert sein (wobei `val`, wie weiter unten begründet wird, die bevorzugte Variante ist). Datenklassen werden mit dem Schlüsselwort `data` vor `class` gekennzeichnet:

```
data class Stadt
  (val name : String, val einwohner : Int, val flaeche : Double)
```

In Ergänzung dieser Grundform kann eine Datenklasse einen Körper besitzen, der weitere Properties (auch Computed Properties), `init`-Blöcke, Sekundärkonstruktoren und Funktionen definiert:

```
data class StadtMitZusatzinfos
 (val name : String, val einwohner : Int, val flaeche : Double) {
  lateinit var zusatzinfos : String
  init { ... }
  constructor(
    name : String, einwohner : Int, flaeche : Double,
      zusatzinfos : String) : this(name,einwohner,flaeche) {
    this.zusatzinfos = zusatzinfos
  }
  val propertyIstGrossstadt = einwohner>=100000
  fun infoAnfuegen(neueInfo : String) {
      zusatzinfos += "\n"+neueInfo
  }
}
```

Wie bei allgemeinen Klassen erzeugt man Objekte durch Konstruktoraufrufe und greift auf Properties und Funktionen per Punktnotation zu:

```
val stadt1 = Stadt("San Sebastián",188743, 60.89)
println("${stadt1.name} ${stadt1.einwohner} ${stadt1.flaeche}")
```

Zum Umgang mit den Daten generiert der Compiler automatisch eine Reihe von Funktionen. Sie alle berücksichtigen nur die Properties im Primärkonstruktor, jedoch nicht die Properties, die im Klassenkörper deklariert sind:

- **toString()** liefert eine String-Darstellung eines Objekts, insbesondere zu seiner Ausgabe. So gibt beispielsweise println("$stadt1") aus:

```
Stadt(name=San Sebastián, einwohner=188743, flaeche=60.89)
```

- **equals()** vergleicht die Inhalte zweier Objekte und liefert true genau dann, wenn die Werte aller Primärkonstruktor-Properties paarweise gleich sind.
- **hashCode()** liefert einen Int-Wert, der aus den Werten der Primärkonstruktor-Properties berechnet wird.
- **component*N*()** liefert den Wert der Property, die im Primärkonstruktor an der n-ten Position deklariert ist (wobei *N* eine ganze Zahl bezeichnet). stadt1.component1() entspricht also stadt1.name usw.
- **copy()** kopiert ein Objekt, wobei die Werte einzelner Properties durch neue Werte ersetzt werden können. So erzeugt

```
val stadt2 = stadt1.copy(name = "Donostia")
```

  ein neues Stadt-Objekt mit "Donostia" in der name-Property; die Werte der beiden anderen Properties werden von stadt1 übernommen.

toString(), equals() und hashCode() können überschrieben, also individuell definiert werden, componentN() und copy() nicht.

Properties von Datenklassen können als veränderlich oder unveränderlich, also als var oder val gekennzeichet werden. Empfohlen wird die unveränderliche Variante, aus denselben Gründen, die in Abschnitt 6.1.1 für Collections genannt wurden, und zusätzlich für den Fall, dass Objekte als Schlüssel in Maps verwendet werden. Möchte man dennoch neue Werte speichern, so erzeugt man dafür ein neues Objekt, weist dort den zu ändernden Properties die neuen Werte zu und kopiert die übrigen Werte aus dem bisherigen Objekt. Hierfür gibt es die oben eingeführte Funktion copy().

Mithilfe einer **Destructuring Declaration** können die Werte aus einem Datenklassenobjekt in einzelne Variablen kopiert werden:

```
val (stadt1Name, stadt1Einwohner, stadt1Flaeche) = stadt1
val (stadt2Name, stadt2Einwohner, _) = stadt2
```

Die beiden Zeilen deklarieren, mithilfe von Typinferenz, Variablen der Typen String, Int und Double und weisen ihnen die Werte der Properties von stadt1 bzw. stadt2 zu. Der flaeche-Wert von stadt2 wird dabei nicht berücksichtigt.

Wie in Abschnitt 5.1.2 gezeigt, kann man eine Destructuring Declaration insbesondere nutzen, um die Rückgabe einer Funktion entgegenzunehmen, die mehrere Werte zurückliefert und sie dazu in einem Objekt einer Datenklasse zuammenfasst.

Zwei spezielle Datenklassen sind die generischen (siehe Abschnitt 7.5) Klassen **Pair<A,B>** und **Triple<A,B,C>**. Sie speichern Paare von Werten der Klassen A und B bzw. Tripel von Werten der Klassen A, B und C. Die entsprechenden Properties heißen first, second und (nur für Triple) third:

```
var paar : Pair<String,Int> = Pair("einhundert",100)
println("Zahlwort: ${paar.first}  Zahl: ${paar.second}")
val (wort,zahl) = paar  // Destructuring Declaration
val paarEnglisch = paar.copy(first="one hundred")
val stadt : Triple <String,Int,Double>
                     = Triple("San Sebastián",188743, 60.89)
println("${stadt.first} ${stadt.second} ${stadt.third}")
val (name,einwohner,flaeche) = stadt
```

Da `first`, `second` und `third` als `val` deklariert sind, kann man ihnen keine neuen Werte zuweisen.

7.4.2 Enumerationsklassen

Eine **Enumerationsklasse**, kurz Enum-Klasse, umfasst eine begrenzte und unveränderliche Menge von Objekten, die unmittelbar bei der Definition der Klasse definiert werden. Enum-Klassen werden mit dem Schlüsselwort `enum` vor `class` gekennzeichnet:

```
enum class Jahreszeiten {
  FRUEHLING, SOMMER, HERBST, WINTER  // vier Objekte
}
```

Jedes Objekt besitzt die Properties `name` (= die Bezeichung, mit der es definiert wurde, als `String`) und `ordinal` (= seine Position in der Folge der definierten Objekte) sowie die Funktion `toString()`:

```
Jahreszeiten.FRUEHLING.name/.toString()  // FRUEHLING (Typ String)
Jahreszeiten.FRUEHLING.ordinal  // 0
```

Zudem gibt es die klassenbezogenen Funktionen `values()`, die einen Array mit allen Objekten liefert, und `valueOf()`, die für einen String das Objekt mit dieser Bezeichnung zurückgibt (also zum Beispiel `Jahreszeiten.valueOf("FRUEHLING")`).

Man kann für die Objekte einer Enum-Klasse Properties und Funktionen definieren:

```
enum class JahreszeitenMitMonaten(val monate : List<String>) {
  FRUEHLING (listOf( "März","April","Mai" )),
  SOMMER (listOf( "Juni","Juli","August" )),
  HERBST (listOf( "September","Oktober","November" )),
  WINTER (listOf( "Dezember","Januar","Februar" ));
  fun anfangsmonat() : String = monate.get(0) }
```

In dieser Beispielklasse hat jedes Objekt eine Property `monate` (deklariert im Primärkonstruktor der Klasse), die mit einem objektspezifischen Wert initialisiert ist (definiert in den Zeilen `FRUEHLING`, `SOMMER`, ... im Klassenkörper, die diesen Primärkonstruktor für die einzelnen Objekte aufrufen). Zudem besitzt es eine Funktion `anfangsmonat()`, die auf diese Property zugreift:

```
JahreszeitenMitMonaten.FRUEHLING.anfangsmonat()  // MÄRZ
```

In der Klassendefinition beachte man das Semikolon zwischen der letzten Objektdefinition und der Definition der Funktion. Übrigens könnte man statt dieser Funktion auch eine Computed Property definieren:

```
val anfangsmonat
  get() = monate.get(0)
```

Zudem kann eine Enum-Klasse abstrakte Funktionen (siehe Abschnitt 8.2.2) definieren, die dann für jedes Objekt individuell überschrieben werden müssen:

```
enum class JahreszeitenZyklisch {
  FRUEHLING { override fun next() = SOMMER },
  SOMMER { override fun next() = HERBST },
  HERBST { override fun next() = WINTER },
  WINTER { override fun next() = FRUEHLING };
  abstract fun next() : JahreszeitenZyklisch
}
```

7.5 Generische Klassen

Das Prinzip **generischer Klassen und Interfaces** ist von Java her bekannt: Bei der Definition einer Klasse / eines Interfaces werden die Typen von Attributen, Parametern und Rückgabewerten durch Typvariablen bezeichnet, also offengehalten, und erst bei der Deklaration von Objektvariablen oder bei der Bildung von abgeleiteten Klassen/Interfaces konkretisiert. In Kotlin gibt es eine Reihe vordefinierter generischer Klassen, insbesondere Ranges (siehe Abschnitt 2.5.1), Arrays (siehe Abschnitt 2.7), Collections und Sequences (siehe Kapitel 6) sowie `Pair` und `Triple` (siehe Abschnitt 7.4.1). Generische Funktionen wurden in Abschnitt 5.2.1 besprochen.

7.5.1 Typparameter und Typargumente

Generische Klassen und Interfaces werden in Kotlin syntaktisch wie in Java definiert, also durch **Typparameter** in spitzen Klammern hinter dem Namen der Klasse bzw. des Interfaces:

```
data class ZweiWerteEinTyp<T> (val wert1 : T, val wert2 : T)
class DreiWerteEinTyp<T>
          (val wert1 : T, val wert2 : T, val wert3 : T) {
  fun contains(wert : T) : Boolean
    = (wert==wert1 || wert==wert2 || wert==wert3)
}
```

Wie bei `Pair` und `Triple` gesehen, können mehrere Typparameter vorhanden sein, die durch Kommas voneinander getrennt werden: `Pair<A,B>`, `Triple<A,B,C>`

Typparameter in Klassen-/Interface-Definitionen lassen also die konkreten Typen, die später verwendet werden sollen, noch offen. Diese Typen müssen aber bei der Deklaration von Variablen und der Erzeugung von Objekten festgelegt werden – entweder durch explizite Typangaben (also durch **Typargumente**) oder implizit durch Typinferenz. Somit ist der Variablentyp in den folgenden drei Deklarationen jeweils `ZweiWerteEinTyp<Int>`:

```
val intPaar1 : ZweiWerteEinTyp<Int> = ZweiWerteEinTyp<Int>(1,2)
val intPaar2 = ZweiWerteEinTyp<Int>(1,2)
val intPaar3 = ZweiWerteEinTyp(1,2)
```

Bei dieser Deklaration wird der Typ dagegen zu `ZweiWerteEinTyp<Any>` abgeleitet:

```
val anyPaar = ZweiWerteEinTyp("StringA",2)
```

Generische Klassen und Interfaces können als Parameter- und Rückgabetypen von Funktionen auftreten, die dann ebenfalls generisch sind (siehe Abschnitt 5.2.1):

```
fun <T> erzeugePaar(wert1:T, wert2:T) : ZweiWerteEinTyp<T>
  = ZweiWerteEinTyp(wert1,wert2)
val doublePaar1 : ZweiWerteEinTyp<Double> = erzeugePaar(1.2,3.4)
val doublePaar2 = erzeugePaar(5.6,7.8)
```

Ein Typparameter kann so eingeschränkt werden, dass er von einer bestimmten Klasse abgeleitet sein oder/und ein oder mehrere Interfaces implementieren muss. In der folgenden Beispielklasse muss `T` das Interface `Comparable<T>` implementieren und somit sicherstellen, dass Werte miteinander verglichen werden können.

```
data class ZweiWerteEinTyp_Vergleichbar<T : Comparable<T>>
                                      (var wert1 : T, var wert2 : T)
```

Sollen mehrere Interfaces implementiert und soll zusätzlich von einer Klasse geerbt werden, so sieht die Notation so aus:

```
class EineKlasse <T> (Primärkonstruktor)
  where T : Basisklasse, T : Interface1 , T : Interface2 { Körper }
```

7.5.2 Zuweisungskompatibilität und Invarianz

Ein wichtiges Thema bei einer getypten Programmiersprache ist die **Zuweisungskompatibilität**. Dabei geht es, allgemein gesprochen, um die Frage, in welchem Verhältnis bei einer Zuweisung der Typ der Zielvariablen (linke Seite der Zuweisung) zum Typ des zuzuweisenden Werts (rechte Seite) stehen muss, damit die Zuweisung zulässig ist. Soll eine Objekt-referenz einer Objektvariablen zugewiesen werden

```
val variable : KlasseA = Referenz auf Objekt der KlasseB
```

so muss bekanntlich sichergestellt sein, dass die Klasse / der Typ des Objekts (hier `KlasseB`) alle Eigenschaften besitzt, die die Klasse / der Typ der Variablen (hier `KlasseA`) hat. Grund dafür ist, dass man anschließend über die KlasseA-Variable auf das Objekt zugreift und daher von ihm erwartet, dass es alle KlasseA-Eigenschaften bietet. Das ist dann der Fall, wenn KlasseA und KlasseB gleich sind oder wenn KlasseB von KlasseA abgeleitet, also eine Unterklasse davon ist. Zulässig ist beispielsweise

```
val intVar : Int = 1
val numberVar : Number = intVar  // zulässig
```

da Int von Number abgeleitet, also eine Unterklasse davon ist. Nicht zulässig ist dagegen

```
val numberVar : Number = 1
val intVar : Int = numberVar  // nicht zulässig
```

da Number nicht alles das bietet, was man von einer Int-Variablen erwartet (wobei in diesem speziellen Fall ein Smart Cast möglich wäre, da numberVar mit einem Int-Wert initialisiert wird, aber nicht stattfindet).

Im Fall von generischen Klassen ist die Angelegenheit leider nicht so offensichtlich, wenn es um Zuweisungen der folgenden Art geht:

```
val variable : GenKlasse<TypA>
             = Referenz auf Objekt mit Typ GenKlasse<TypB>
```

also beispielsweise Zuweisung eines List<Int>-Objekts an eine List<Number>-Variable und umgekehrt. Hier ist zu klären, in welchem Verhältnis das Typargument TypA der generischen Klasse GenKlasse der Zielvariablen zum Typargument TypB der (selben) Klasse des zuzuweisenden Werts stehen muss.

Sind die Typargumente gleich, so ist die Zuweisung offensichtlich ohne Weiteres zulässig:

```
val paar : Pair<String,Double>
                         = Pair<String,Double>("Hallo",1.23)
val boolTriplet : DreiWerteEinTyp<Boolean>
                         = DreiWerteEinTyp<Boolean>(true,false,true)
```

Man bezeichnet diesen einfachsten Fall der Zuweisungskompatibilität als **Invarianz**.

7.5.3 T-Produzenten und T-Konsumenten

Sind die Typargumente auf der rechten und der linken Seite einer Zuweisung ungleich, aber eines vom anderen abgeleitet, so ist die Zuweisung unter bestimmten Bedingungen zulässig. Die Zulässigkeit hängt davon ab, ob die generische Klasse GenKlasse<T>

- Werte des Typs T nur liefert, also **T-Produzent** ist (was, etwas vereinfacht gesprochen, bedeutet, dass T nur als Rückgabetyp, aber nicht als Parametertyp von GenKlasse-Funktionen, einschließlich Settern, auftritt),

- Werte des Typs T nur entgegennimmt, also **T-Konsument** ist (etwas vereinfacht gesprochen, T nur als Parametertyp, aber nicht als Rückgabetyp von Funktionen auftritt) oder
- Werte des Typs T sowohl liefert als auch entgegennimmt.

T-Produzenten und T-Konsumenten werden in Kotlin durch ein **out** bzw. ein **in** vor dem Typparameter explizit gekennzeichnet:

- Die zentralen Interfaces des Collections-Pakets (siehe Abschnitt 6.1) sind definiert als Collection<out T>, List<out T> und Set<out T>. Entsprechendes gilt für Pair und Triple: Pair<out A, out B>, Triple<out A, out B, out C>. Dies ist jeweils möglich, weil zugehörige Objekte unveränderlich sind, also T- bzw. A-/B-/C-Werte aus ihnen nur gelesen, ihnen aber nicht hinzugefügt bzw. in sie geschrieben werden können.

  (Sehr aufmerksame Leserinnen und Leser werden nun einwenden, dass es ja die Collection-Methode contains(element:T) gibt, die einen Parameter des Typs T hat und, wenn man obiger Beschreibung folgt, ein T-Konsument ist. Dies ist im Prinzip richtig, aber im speziellen Fall von contains() unkritisch, da es der Collection keine neuen Elemente hinzufügt, sie also nicht in einen inkonsistenten Zustand bringt – Näheres dazu im folgenden Abschnitt. Damit der Compiler die Markierung von T mit out akzeptiert, ist contains() mit der Annotation @UnsafeVariance gekennzeichnet – siehe die Collection-Dokumentation und das Beispiel am Ende dieses Abschnitts.)

  Auch die erste Beispielklasse aus Abschnitt 7.5.1 kann entsprechend definiert werden:

  ```
  data class ZweiWerteEinTyp<out T> (val wert1 : T, val wert2 : T)
  ```

  Da ihre Properties als val gekennzeichnet sind, können sie nur gelesen, aber nicht überschrieben werden – es gibt also Getter als T-Produzenten, aber keinen Setter als T-Konsumenten. Man sagt auch, dass T nur in „out-Positionen“ dieser Klassendefinition auftritt.

Eingangs wurde gesagt, dass bei einer generischen Klasse mit Typparameter out T keine Funktionsparameter des Typs T auftreten dürfen. Betrifft das auch Konstruktorparameter (selbst wenn sie nicht mit @UnsafeVariance gekennzeichnet sind)?

- Das Kotlin-Interface für Objekte, die miteinander verglichen werden können, ist definiert als Comparable<in T> mit compareTo(other:T) als einziger Funktion. Sie nimmt ein anderes Objekt der Klasse T entgegen („konsumiert“ es also) und liefert das Vergleichsergebnis als Int-Wert.

Ein Beispiel für einen selbstdefinierten T-Konsumenten ist eine Klasse für Objekte, in der man T-Elemente „verstecken" kann. Man kann ihnen unbegrenzt neue Elemente hinzufügen, die Elemente aber anschließend nicht lesen, sondern lediglich prüfen, ob ein bestimmtes Element dort gespeichert ist:

```
class ObjektVersteck<in T> {
  private val objekte : MutableList<T> = mutableListOf()
  fun add(neuesElement : T) {
    objekte.add(neuesElement)
  }
  fun contains(gesuchtesElement : T) : Boolean
    = objekte.contains(gesuchtesElement)
}
```

Man sagt, dass T hier nur in „in-Positionen" auftritt.

- Beispiele für den dritten Fall (sowohl T-Produzent als auch T-Konsument) sind die vordefinierte Klasse `Array<T>`, alle veränderlichen Collections (siehe Abschnitt 6.1.1) und die selbstdefinierte Klasse `DreiWerteEinTyp<T>` (siehe Abschnitt 7.5.1). Hier ist der Typparameter mit keinem Schlüsselwort gekennzeichnet – und kann es (zumindest so ohne weiteres) auch nicht, da er sowohl in in- als auch in out-Positionen auftritt. Allerdings könnte man, wie bei `Collection`, den `contains()`-Parameter mit `@UnsafeVariance` markieren

```
fun contains(wert : @UnsafeVariance T) : Boolean
```

und dann T doch mit `out` kennzeichnen. Dies akzeptiert der Compiler; ohne die Markierung würde er in der `contains()`-Parameterliste bemängeln, dass T an einer in-Position verwendet wird.

7.5.4 Kovarianz und Kontravarianz

Für **T-Produzenten**, also für Klassen der Art `GenKlasse<out T>`, gilt nun Folgendes: Eine Zuweisung

```
val variable : GenKlasse<KlasseA>
             = Referenz auf Objekt mit Typ GenKlasse<KlasseB>
```

ist zulässig, wenn `KlasseB` von `KlasseA` abgeleitet ist. Man spricht hier von **Kovarianz**, da die Zuweisungskompatibilitäten von `GenKlasse<KlasseA>` und `GenKlasse<KlasseB>` im Einklang stehen mit den Kompatibilitäten von `KlasseB` und `KlasseA`: So, wie ein `KlasseB`-Objekt einer `KlasseA`-Variablen zugewiesen werden kann, kann ein `GenKlasse<KlasseB>`-Objekt einer `GenKlasse<KlasseA>`-Variablen zugewiesen werden.

Ein Beispiel verdeutlicht, dass diese Regel sinnvoll ist:

```
val intListe : List<Int> = listOf(1,2,3)
val zahlenListe : List<Number> = intListe
```

Anweisungen, die auf `zahlenListe` zugreifen, erwarten, dass ihnen `Number`-Werte geliefert werden, denn `zahlenListe` ist mit dem Typ `List<Number>` deklariert und `List<Number>` ist ein `Number`-Produzent (siehe Abschnitt 7.5.3). Aufgrund der Zuweisung referenziert `zahlenListe` ein `List<Int>`-Objekt, das `Int`-Werte liefert – und somit auch `Number`-Werte, da `Int` von `Number` abgeleitet ist (siehe Abschnitt 2.3.1). Damit sind also die Erwartungen erfüllt.

Der folgende Code, bei dem die Typen umgekehrt verwendet werden, ist dagegen nicht zulässig:

```
val nummernListe : List<Number> = listOf(1,2,3)
val intListe : List<Int> = nummernListe  // type mismatch
```

Der Compiler akzeptiert die erste Zuweisung (die im Einklang mit der Kovarianz-Regel steht), nicht jedoch die zweite. Dort berücksichtigt er nur, dass `nummernListe` mit dem Typ `List<Number>` deklariert ist, nicht jedoch, dass es aktuell auf eine `Int`-Liste verweist. Es ist aus Sicht des Compilers also nicht ausgeschlossen, dass `nummernListe` eine Liste mit einem anderen Elementtyp als `Int` referenziert. Eine Zuweisung dieser Referenz an `intListe` würde für ihn also die Gefahr eröffnen, dass ein späterer Lesezugriff auf `intListe`, der ja einen `Int`-Wert erwartet, einen Wert eines anderen Zahlentyps liefert. Um diese Gefahr auszuschließen, lässt der Compiler die Zuweisung nicht zu und meldet einen Type Mismatch.

Mit einem expliziten Type Cast wird die Zuweisung aber akzeptiert:

```
val intListe : List<Int> = nummernListe as List<Int>
```

Für **T-Konsumenten**, also für Klassen der Art `GenKlasse<in T>`, gilt die umgekehrte Regel: Eine Zuweisung

```
val variable : GenKlasse<KlasseA>
             = Referenz auf Objekt mit Typ GenKlasse<KlasseB>
```

ist zulässig, wenn `KlasseA` von `KlasseB` abgeleitet ist, also andersherum (!) als bei der Kovarianz-Regel. Man spricht hier von **Kontravarianz**, da die Zuweisungskompatibilitäten von `GenKlasse<KlasseA>` und `GenKlasse<KlasseB>` entgegengesetzt sind zu den Kompatibilitäten von `KlasseA` und `KlasseB`: Ein `KlasseA`-Objekt kann einer `KlasseB`-Variablen zugewiesen werden, ein `GenKlasse<KlasseB>`-Objekt einer `GenKlasse<KlasseA>`-Variablen.

Auch diese Regel soll durch ein Beispiel illustriert werden. Es basiert auf der Klasse `ObjektVersteck` aus dem vorigen Abschnitt, die ein T-Konsument ist:

```
val versteckteZahlen : ObjektVersteck<Number>
                             = ObjektVersteck<Number>()
versteckteZahlen.add(1)
versteckteZahlen.add(2.3)
versteckteZahlen.add(4.5f)
val versteckteInts : ObjektVersteck<Int> = versteckteZahlen
```

Die Argumentation, dass die Zuweisung von `versteckteZahlen` an `versteckteInts` zulässig ist, verläuft genau umgekehrt zu der im Kovarianz-Beispiel: Anweisungen, die auf `versteckteInts` zugreifen, erwarten, dass es `Int`-Werte entgegennimmt, insbesondere um sie zu speichern. Aufgrund der Zuweisung referenziert `versteckteInts` ein `ObjektVersteck<Number>`-Objekt, das `Number`-Werte entgegennimmt, und da `Number` eine Oberklasse von `Int` ist, sind die Erwartungen erfüllt. Ein Zugriff wie beispielsweise `versteckteInts.add(6)` ist damit möglich.

Löschen Sie in der Klassendefinition von `ObjektVersteck` die `in`-Markierung von `T`. Akzeptiert der Compiler die Zuweisung immer noch?

Die umgekehrte Zuweisung `versteckteZahlen = versteckteInts` führt jedoch zu einem Type Mismatch, mit einer Begründung analog zu der im Kovarianz-Beispiel.

Zu Kovarianz, Kontravarianz und auch Invarianz sind die folgenden Aussagen interessant und wichtig:

- Hat eine Klasse mehrere Typparameter, so kann sie in manchen Parametern kovariant und in anderen kontravariant sein – manche Parameter können mit `out` und andere mit `in` markiert sein.
- Im selben Typparameter schließen Kovarianz und Kontravarianz einander jedoch aus: Ist eine Klasse sowohl T-Produzent als auch T-Konsument, dann kann T weder mit `in` noch mit `out` gekennzeichnet werden. Für Zuweisungen gilt dann die **Invarianz** (siehe Abschnitt 7.5.2) – das Typargument muss auf der rechten und der linken Seite einer Zuweisung dasselbe sein. Dies ist beispielsweise bei Arrays (siehe Abschnitt 2.7) und veränderlichen Collections (siehe Abschnitt 6.1.1) der Fall.
- Was in diesem Abschnitt beschrieben wurde, ist die von Kotlin realisierte **Declaration-Site Variance**: Hier gibt man bei der Deklaration der Typparameter in der Klassendefinition an, ob sie Produzenten oder Konsumenten sind.

  Java dagegen implementiert eine **Use-Site Variance**: Hier macht man bei der Deklaration eines „Benutzers" einer Klasse die entsprechende Angaben. So deklariert `List<? extends Number> list` einen `Number`-Produzenten und `List<? super Integer> list` einen `Integer`-Konsumenten.

  Auch in Kotlin ist eine Use-Site Variance möglich, und zwar durch eine Type Projection, wie sie im nächsten Abschnitt besprochen wird.

7.5.5 Type Projection

Oftmals können Typparameter in einer Klassendefinition nicht mit `in` oder `out` markiert werden, da die Klasse sowohl T-Produzent als auch T-Konsument ist. Declaration-Site Variance ist damit für sie nicht möglich. In solchen Fällen kann man aber auch in Kotlin mit **Use-Site Variance** arbeiten, indem man bei der Deklaration einer Variablen oder eines Funktionsparameters das Typargument mit `in` oder `out` kennzeichnet. Man zeigt damit an, dass die Variable oder der Parameter nur als T-Konsument bzw. T-Produzent benutzt werden wird.

Ein Beispiel für diese Technik ist eine Funktion, die die `Number`-Elemente einer Liste `quelle` in eine andere Liste `ziel` kopiert. Bei der Parameterdeklaration wird angezeigt, dass `quelle` im Funktionskörper nur als `Number`-Produzent verwendet wird und `ziel` nur als `Number`-Konsument:

```
fun copy(quelle : MutableList<out Number>,
                           ziel : MutableList<in Number>) {
  ziel.addAll(quelle)
}
```

Der Compiler prüft die Anweisungen des Funktionskörpers entsprechend.

Durch diese Deklarationen können an die Funktion nicht nur Objekte des Typs `MutableList<Number>` übergeben werden (was der Invarianz entspräche), sondern es ist, mit der Argumentation aus Abschnitt 7.5.4, Folgendes möglich:

- An `quelle` kann jede Liste eines Typs `MutableList<A>` übergeben werden, bei der das Typargument `A` von `Number` abgeleitet ist. Das entspricht in Java einem Parameter des Typs `MutableList<? extends Number>`.
- An `ziel` kann jede Liste eines Typs `MutableList<B>` übergeben werden, bei der `Number` vom Typargument `B` abgeleitet ist. Das entspricht in Java einem Parameter des Typs `MutableList<? super Number>`.

Damit ist folgender Aufruf zulässig:

```
val quelle : MutableList<Int> = mutableListOf(4,5,6)
val ziel : MutableList<Any> = mutableListOf("StringA",true,1.23)
copy(quelle,ziel)
```

Man bezeichnet diese Technik als **Type Projection**: Die Parameter sind keine uneingeschränkt nutzbaren `MutableList`-Objekte, sondern sie werden auf einen Typ mit eingeschränkten Nutzungsmöglichkeiten „projiziert“.

In manchen Fällen benutzt man eine Variable oder einen Parameter, von dem man zwar weiß, dass er mit einem konkreten Typargument deklariert wurde, bei dem man aber diesen Typ nicht kennt und/oder ihn nicht verwendet, also nicht kennen muss. Hier kann man mit **Star Projection** arbeiten:

```
fun alleElementeGleich(liste : MutableList<*>) : Boolean {
  if (liste.isEmpty()) return true
  for (i in 1..liste.size-1)
    if (liste[i]!=liste[0])
      return false
  return true
}
```

Die Funktion prüft, ob alle Elemente einer Liste gleich sind. Sie kann davon ausgehen, dass für den Elementtyp der Operator `!=` definiert ist, und benötigt keine weiteren typspezifischen Operationen. Zudem greift sie auf die Liste nur lesend zu, sodass Typprobleme ausgeschlossen sind, die bei Schreiboperationen auftreten könnten. Der Funktion ist also der konkrete Elementtyp „egal“, was sie durch einen Stern * anzeigt.

Allgemein formuliert bedeutet die Notation `variable : GenKlasse<*>` Folgendes:

- Auf `variable` darf lesend zugegriffen werden, wobei aber keine Annahmen über den Typ der gelesenen Werte gemacht werden dürfen. Man muss also diese Werte als `Any?`-Werte behandeln.
- Auf `variable` darf nicht schreibend zugegriffen werden, da man nicht weiß, welche Anforderungen `variable` an die zu schreibenden Werte hat.

Man beachte den Unterschied zur Deklaration `variable : GenKlasse<Any?>`: Hier sind Schreibzugriffe uneingeschränkt möglich.

7.5.6 Type Erasure und Reified Types

Generische Typparameter werden in Variablendeklarationen durch Typargumente ersetzt, sodass Variablen mit einem konkreten Typ deklariert werden:

```
val intListe : List<Int> = listOf(1,2,3)
val charListe : List<Char> = listOf('a','b','c')
```

Dem Compiler ist dieser Typ bekannt. Er „weiß“ in diesem Beispiel also nicht nur, dass beide Variablen `List`-Objekte referenzieren, sondern er kennt auch den jeweiligen Elementtyp. Damit kann er Zuweisungen entsprechend prüfen:

```
val charListe2 : List<Char> = charListe  // zulässig
val intListe2 : List<Int> = charListe  // nicht zulässig
        // Type Mismatch - required: List<Int> found: List<Char>
```

Jedoch liegt diese Typinformation zur Laufzeit nicht mehr vor. Zwar ist auch dem Laufzeitsystem bekannt, dass die beiden Variablen `List<*>`-Objekte referenzieren (also `Lists` mit irgendeinem Elementtyp), nicht jedoch der Elementtyp selbst. Die Information ist gelöscht worden, was man als **Type Erasure** bezeichnet.

Die Type Erasure hat insbesondere Auswirkungen auf Funktionen, deren Parameter einen generischen Typ haben. Im Körper dieser Funktionen kann nicht geprüft werden, von welchem konkreten Typ die jeweils übergebenen Argumente sind:

```
fun <T> typTest(param : Collection<T>) {
  if (param is List) ...  // zulässig
  if (param is Collection<Int>) ...
    // Compiler-Fehler: Cannot check for instance of erased type }
```

Hier kann das Laufzeitsystem zwar feststellen, welcher Art von Collection das übergebene Objekt angehört (also den nicht-generischen Teil des Typs prüfen), nicht jedoch, welchen Elementtyp es hat (also den generischen Teil des Typs prüfen). Daher lässt bereits der Compiler entsprechende Operationen, wie insbesondere `is`-Prüfungen, nicht zu.

Im Gegensatz zu Typprüfungen erlaubt der Compiler jedoch Type Casts mit `as`, selbst wenn der Ausgangstyp zur Laufzeit nicht mehr vollständig bekannt ist. Er gibt dann aber eine **Unchecked Cast**-Warnung, um darauf hinzuweisen, dass es zur Laufzeit möglicherweise zu einer `ClassCastException` kommt:

```
fun <T> uncheckedCast(param : List<T>) {
  val liste : List<Int> = param as List<Int>
        // Meldung "Unchecked cast; List<T> to List<Int>":
        // keine Garantie, dass T Int ist
  try {
    val wert : Int = liste[0]
        // zur Laufzeit ClassCastException,
        // wenn liste[0] kein Int ist
    ...
  } catch (exc : ClassCastException) {
             println("Fehler: liste[0] ist kein Int") }
}
```

Zum Prinzip der Type Erasure gibt es eine Ausnahme, nämlich im Fall von Inline-Funktionen (siehe Abschnitt 5.2.3). Da hier Funktionsaufrufe durch die direkte Ausführung des Codes ersetzt werden, liegen Typinformationen zur Laufzeit vor und können benutzt werden. Man muss hierzu den Typparameter als reified kennzeichnen:

```
inline fun <reified T> typpruefung(a : Any) : Boolean {
  return a is T
}
```

Diese Funktion prüft, ob ein übergebener Wert `a` vom Typ `T` ist, wobei `T` ebenfalls als Parameter übergeben, also nicht aus einem anderen Parameter abgeleitet wird. Die Aufrufsyntax für diese Funktion sieht so aus:

```
typpruefung<Int>(x)
typpruefung<String>(y)
```

8 Klassen – Erweiterungen

Das vorangehende Kapitel 7 konzentrierte sich auf die Definition einzelner Klassen, ohne sie miteinander oder mit anderen Programmkomponenten in Beziehung zu setzen (wenn man einmal von den generischen Klassen mit ihren Typparametern absieht). In diesem Kapitel geht es nun darum, Systeme aus Klassen, Interfaces und eigenständigen Funktionen aufzubauen, um die Möglichkeiten vorhandener Klassen zu erweitern. Themen sind im Einzelnen

- Vererbung zur Bildung von Klassen- und Interface-Hierarchien,
- Interfaces und abstrakte Klassen als Bestandteile solcher Hierarchien,
- Extensions zur Ergänzung der Funktionalität von Klassen,
- Funktionen mit Receivern, die auf bestimmte Objekte direkt zugreifen können,
- Delegation von Funktionen und Properties an andere Objekte,
- überladene Operatoren als Kurzschreibweisen bestimmter Funktionen sowie
- Schachtelung mit inneren Klassen zur Beschränkung von deren Sichtbarkeit.

8.1 Vererbung

In Kotlin kann man, wie in Java, Eigenschaften von Klassen und Interfaces an davon abgeleitete **Klassen/Interfaces vererben** und somit **Hierarchien** aufbauen. Auch in Kotlin kann nur von einer einzigen Klasse direkt geerbt werden (es ist also keine Mehrfachvererbung erlaubt); eine Klasse kann aber mehrere Interfaces implementieren.

8.1.1 Basisklassen und abgeleitete Klassen

Damit von einer Kotlin-Klasse geerbt werden kann, muss sie explizit als **open** gekennzeichnet sein; im Defaultfall können also von einer Klasse keine weiteren Klassen abgeleitet werden. In Java ist es bekanntlich umgekehrt: Hier müssen Klassen explizit als `final` deklariert werden, um eine Vererbung auszuschließen.

Eine abgeleitete Klasse kann **Funktionen** der Basisklasse **überschreiben**, sofern diese Funktionen mit open markiert sind. Auch hier ist also der Defaultfall restriktiv – eine unmarkierte Funktion kann nicht überschrieben werden. Die überschreibende Funktion in der abgeleiteten Klasse muss mit **override** gekennzeichnet sein.

Properties können ebenfalls **überschrieben** werden. Sie sind ja, im Unterschied zu Java, keine reinen Wertspeicher, sondern umfassen Getter und Setter, gebenenfalls (bei Computed Properties) mit Berechnungsfunktionen, die in einer abgeleiteten Klasse neu definiert werden können. Zudem kann man eine Property, die in der Basisklasse als `val` deklariert ist, in der abgeleitetеten Klasse als `var` deklarieren, aber nicht umgekehrt. Die Logik dahinter ist, dass eine abgeleitete Klasse die Möglichkeiten der Basisklasse erweitern, aber nicht einschränken können soll.

Das folgende Beispiel definiert eine Klasse `Zaehler`, mit der ein Zählerwert im Prinzip unbegrenzt inkrementiert werden kann, und eine davon abgeleitete Klasse `ZaehlerZyklisch`, bei der der Zähler einen begrenzten Wertebereich zyklisch durchläuft. Das Beispiel konzentriert sich auf die Betrachtung von vererbten Funktionen und Properties, enthält keine expliziten Konstruktoren und Sichtbarkeitsmodifikatoren und ist daher nur als erste Annäherung an eine praktisch einsetzbare Lösung zu sehen. Der Code mit Konstruktoren wird im nächsten Abschnitt besprochen.

```
open class Zaehler {
  open var wert : UInt = 0u
  open fun inkrement() {
    wert++
  }
  fun reset() {
    wert = 0u
  }
}
class ZaehlerZyklisch : Zaehler() {
  val modulo = 5u
          // modulo ist hier fest vorgegeben,
          // Initialisierung durch Konstruktor im nächsten Abschnitt
  override var wert : UInt = 0u
    set(neuerWert) { field = neuerWert%modulo }
  override fun inkrement() {
       wert = (wert+1u) % modulo
  }
}
```

An diesem Beispiel sieht man Folgendes:

- Die Klasse `Zaehler` ist mit `open` markiert und kann daher als Basisklasse für Vererbungen dienen. Bei der Klasse `ZaehlerZyklisch` ist das nicht der Fall; von ihr kann also nicht weitervererbt werden.
- Eine Vererbung an eine abgeleitete Klasse wird durch `AbgeleiteteKlasse : Basisklasse()` spezifiziert. Die runden Klammern hinter dem Namen der Basisklasse zeigen an, dass der Primärkonstruktor der abgeleiteten Klasse den Primärkonstruktor der Basisklasse aufruft (siehe Abschnitt 8.1.2).
- Die Funktion `inkrement()` kann überschrieben werden (und wird es auch – Schlüsselwörter `open` und `override`), die Funktion `reset()` nicht.
- Auch die `open`-Property `wert` wird überschrieben. Hier wird der implizite Setter der Basisklasse ersetzt durch einen expliziten Setter der abgeleiteten Klasse, der den Wertebereich des Zählers einhält.

Weitere relevante Eigenschaften, die im Beispiel nicht gezeigt werden, sind:

- Ein Funktion, die mit `override` gekennzeichnet ist, ist implizit `open`, kann also ihrerseits in weiteren abgeleiteten Klassen überschrieben werden. Um das zu verhindern, markiert man sie mit **`final override`**.
- Mit **`super`** kann man auf Funktionen und Properties der Basisklasse zugreifen, die sonst von gleichnamigen Funktionen bzw. Properties der abgeleiteten Klasse verdeckt sind. Möchte man also, aus welchem Grund auch immer, den Zähler in `ZaehlerZyklisch` ohne die Modulo-Operation inkrementieren, so schreibt man:

```
fun inkrementOhneModulo() {
  super.inkrement()
}
```

- **Datenklassen** können von anderen Klassen erben, von Datenklassen selbst kann aber nicht geerbt werden.
- Wie bereits in Abschnitt 7.1.2 dargestellt, kann man Funktionen und Properties einer Klasse, neben `public` und `internal`, mit **`private`** oder **`protected`** markieren. Mit `private` sind sie nur in der Klasse selbst sichtbar, mit `protected` auch in davon abgeleiteten Klassen. Für Komponenten von Interfaces sind nur `public` und `private` möglich.

8.1.2 Konstruktoren

Primärkonstruktoren (siehe Abschnitt 7.2.2) vereinen Code zur Deklaration von Properties und zur Erzeugung und Initialisierung von Objekten. Diese Technik lässt sich auch in Klassenhierarchien anwenden, wobei jede Klasse ihren eigenen Primärkonstruktor definiert und eine abgeleitete Klasse den Primärkonstruktor ihrer Basisklasse aufruft. Damit kann das Zähler-Beispiel so formuliert werden:

```
open class Zaehler( open var wert : UInt = 0u,
                    val name : String = "")
  { ... wie in Abschnitt 8.1.1 ... }
class ZaehlerZyklisch( wertInit : UInt = 0u,
                       nameInit : String = "",
                       val modulo : UInt = UInt.MAX_VALUE)
    : Zaehler( name = nameInit ) {
  override var wert : UInt = wertInit % modulo
    set(neuerWert) { field = neuerWert%modulo }
  ... weiter wie in Abschnitt 8.1.1 ...
}
```

- Deklaration und Initialisierung der Property `wert` stehen nun im Primärkonstruktor der Klasse `Zaehler`. Hinzugekommen ist eine zweite Property `name`, die nicht überschrieben werden kann, da sie nicht mit `open` markiert ist.
- Der Primärkonstruktor der Klasse `ZaehlerZyklisch` hat zwei Parameter zur Initialisierung der Properties `wert` und `name` und definiert zudem die Property `modulo`. Die Property `wert` wird, wie zuvor, im Klassenkörper von `ZaehlerZyklisch` definiert und überschreibt damit die gleichnamige Property der Basisklasse `Zaehler`.

! Man muss darauf achten, nur neu hinzukommende Properties mit `val` oder `var` zu kennzeichnen, nicht jedoch die Initialisierungsparameter, um diese nicht versehentlich auch zu Properties zu machen.

- Die drei Properties der abgeleiteten Klasse `ZaehlerZyklisch` werden auf unterschiedliche Arten initialisiert:
  - `modulo` wird unmittelbar der Wert zugewiesen, der beim Konstruktoraufruf übergeben wurde (oder der angegebene Defaultwert).
  - Der Anfangswert `nameInit` für die `name`-Property wird durch den Aufruf `Zaehler(name=nameInit)` an den Primärkonstruktor der Basisklasse weitergegeben.
  - Der Anfangswert `wertInit` wird der überschreibenden `wert`-Property bei deren Deklaration im Körper von `ZaehlerZyklisch` zugewiesen (nach Modulo-Rechnung). Der Primärkonstruktor der Basisklasse `Zaehler` hat hier keinen Einfluss.

Generell gilt: Erzeugt man ein Objekt einer abgeleiteten Klasse, so wird zunächst der Initialisierungscode der Basisklasse ausgeführt (Primärkonstruktor, `init`-Blöcke und Wertzuweisungen bei den Propertydeklarationen, sofern jeweils vorhanden) und anschließend der Initialisierungscode der abgeleiteten Klasse. Damit kann die abgeleitete Klasse Initialisierungen, die durch die Basisklasse vorgenommen wurden, ändern.

> **!** Programmiert man eine Basisklasse mit open-Properties, so sollte man im Initialisierungscode der Basisklasse Werte dieser Properties nicht benutzen, um beispielsweise andere Properties zu initialisieren. Es könnte nämlich sein, dass sich die endgültigen Anfangswerte der open-Properties erst in der abgeleiteten Klasse ergeben, was zu unbeabsichtigten Effekten führen kann.

Das aus Java bekannte Schlüsselwort **super()**, mit dem man einen Konstruktor der Basisklasse aufruft, wird in Kotlin bei **Sekundärkonstruktoren** eingesetzt:

```
open class Basisklasse {
  constructor(text1: String) { ... }
}
class AbgeleiteteKlasse : Basisklasse {
  constructor(text1: String, text2: String) : super(text1) { ... }
}
```

8.1.3 Typprüfungen und -umwandlungen

Wie bereits in Abschnitt 2.2.4 beschrieben, nimmt man **Typprüfungen und -umwandlungen** in Klassenhierarchien mit den Operatoren **is** bzw. **as** vor:

```
val meinZaehler : Zaehler =     // statischer Typ von meinZaehler ist Zaehler
  if (Random.nextBoolean())
    Zaehler()                   // dynamischer Typ kann Zaehler
  else ZaehlerZyklisch()        // oder ZaehlerZyklisch sein
if (meinZaehler is Zaehler)  // Prüfung des dynamischen Typs
    println("dynamischer Typ: Zaehler")
  else
    println("dynamischer Typ: ZaehlerZyklisch")
try {
  val meinZyklischerZaehler : ZaehlerZyklisch
                              = meinZaehler as ZaehlerZyklisch
      // evtl. Exception, je nach dynamischem Typ von meinZaehler
} catch (exception : ClassCastException) { ... }
```

Mit dem **Safe Cast**-Operator as?, der im Fehlerfall den Wert null liefert, kann man eine Exception vermeiden.

Kann der Compiler den dynamischen Typ einer Variablen eindeutig erkennen, so ist (Stichwort **Smart Cast**) eine explizite Typumwandlung überflüssig:

```
val meinZaehler : Zaehler = ZaehlerZyklisch()
var meinZyklischerZaehler : ZaehlerZyklisch
if (meinZaehler is ZaehlerZyklisch)
  meinZyklischerZaehler = meinZaehler
```

8.1.4 Sealed Classes

Die **Ableitbarkeit** einer Kotlin-Klasse kann dadurch eingeschränkt werden, dass man sie mit `sealed` markiert. Klassen, die von einer Sealed Class direkt abgeleitet sind, müssen im selben Package und Modul (= Übersetzungseinheit gemäß IDE/Build-System) stehen; außerhalb sind direkte Ableitungen nicht möglich. Das bedeutet, dass die Menge der direkt abgeleiteten Klassen schon bei der Compilierung feststeht, also niemand später an einer anderen Stelle weitere Klassen ableiten kann.

Ein Beispiel für eine Sealed Class ist die folgende Klasse `Info` für Objekte, die mit einem Zeitstempel versehene Informationen speichern. Von `Info` sind drei Klassen für Informationen der Typen `String`, `Int` und `Boolean` abgeleitet:

```
sealed class Info(val timestamp : Long)
class StringInfo(val text : String, timestamp: Long) : Info(timestamp)
class IntInfo(val wert : Int, timestamp: Long) : Info(timestamp)
class BooleanInfo(val flag : Boolean, timestamp: Long) : Info(timestamp)
```

Zwar könnten an anderer Stelle des Packages und Moduls weitere Klassen von `Info` abgeleitet werden; unterbleibt dies aber (und das kann der Compiler prüfen), dann sind diese drei Klassen die einzigen Ableitungen. Dies kann beispielsweise in einem `when`-Ausdruck (siehe Abschnitt 3.1.2) ausgenutzt werden, der mit drei Zweigen alle möglichen Fälle abdeckt:

```
val info : Info = ...
val fehlerInfoLiegtVor : Boolean =
  when (info) {
    is StringInfo -> info.text.startsWith("Fehler")
    is IntInfo -> info.wert==0  // 0 zeigt Fehler an
    is BooleanInfo -> !info.flag  // false zeigt Fehler an
  }
```

Ein `else`-Zweig ist also überflüssig.

Generell sind Sealed Classes überall dort nützlich, wo man es mit einer kleinen bekannten Anzahl von Fällen zu tun hat (beispielsweise Zuständen, Ereignistypen oder Funktionsrückgaben) und sichergehen möchte, dass ein Programm sämtliche möglichen Fälle abdeckt.

Eine Sealed Class ist stets abstrakt (siehe Abschnitt 8.2.2); für sie selbst können also keine Objekte erzeugt werden, sondern nur für ihre abgeleiteten Klassen. Auch Interfaces (siehe Abschnitt 8.2.1) können sealed sein, Datenklassen aber nicht.

8.2 Interfaces und abstrakte Klassen

Möchte man eine Klasse nicht vollständig definieren, so kann man auch in Kotlin Interfaces oder abstrakte Klassen benutzen. Wie in Java dienen Interfaces primär zur Spezifikation von Schnittstellen, während abstrakte Klassen eher eine Grundfunktionalität bereitstellen, die in davon abgeleiteten Klassen konkretisiert und erweitert werden soll. In Kotlin gibt es allerdings mehr Überschneidungen zwischen den beiden Konzepten als in Java, beispielsweise die Möglichkeit, auch in Interfaces veränderliche Properties zu definieren.

8.2.1 Interfaces

Ein **Kotlin-Interface** kann abstrakte und konkrete **Funktionen** definieren – also Funktionen ohne Körper und Funktionen mit Defaultimplementationen, die in einer implementierenden Klasse überschrieben werden können, aber nicht müssen. Zudem können Interfaces **Properties** definieren. Eine solche Property hat aber kein Backing Field, kann also keinen Wert speichern; dies ist erst in einer Klasse möglich, die das Interface und damit die Property implementiert. Man kann zwar Standard-Getter und -Setter für diese Properties implementieren, aber deren Möglichkeiten sind stark eingeschränkt. So könnte ein Setter zwar eine Meldung auf den Bildschirm ausgeben, aber keinen Wert in der Property ablegen.

Das folgende Interface spezifiert eine Schnittstelle für `Int`-Zufallszahlengeneratoren mit einer Property, aus der man die aktuelle Zufallszahl lesen können soll, und einer Funktion, die die nächste Zahl ermitteln, speichern und liefern soll:

```
interface Zufallszahl {
  var aktuelleZahl : Int
  fun getNext() : Int
}
```

Property und Funktion müssen in implementierenden konkreten Klassen überschrieben werden. Die Syntax mit Angabe des Interfacenamens hinter dem Klassennamen und die Kennzeichnungen mit `override` entsprechen der Syntax bei der Vererbung zwischen Klassen (siehe Abschnitt 8.1.1). Allerdings stehen hinter dem Namen des Interfaces keine runden Klammern, da es keinen Konstruktor hat:

```
class Wuerfel : Zufallszahl {
  override var aktuelleZahl : Int = 0
  override fun getNext() : Int {
    aktuelleZahl = Random.nextInt(1,7)
    return aktuelleZahl
  }
}
class Lotto(override var aktuelleZahl : Int = 0) : Zufallszahl {
```

```
  override fun getNext() : Int {
    aktuelleZahl = Random.nextInt(1,50)
    return aktuelleZahl
  }
}
```

Beide Klassen (Generatoren für Zahlen von 1 bis 6 bzw. 1 bis 49) implementieren Funktion und Property des Interfaces. Bei der ersten Klasse wird die Property im Klassenkörper deklariert und initialisiert, bei der zweiten Klasse im Primärkonstruktor.

Kotlin-Interfaces können **nicht-abstrakte Funktionen** definieren, also Funktionen mit einem Körper. Dieser Körper ist die Standardimplementation der Funktion:

```
interface ZufallszahlMitDefaultFunktion {
  var aktuelleZahl : Int
  fun getNext() : Int {
    aktuelleZahl = Random.nextInt()
    return aktuelleZahl
  }
}
```

Anstatt dieses Interface vollständig neu zu definieren, könnte man es vom anfangs definierten Interface `Zufallszahl` ableiten. Die Property `aktuelleZahl` wird dabei vererbt:

```
interface ZufallszahlMitDefaultFunktion : Zufallszahl {
  override fun getNext() : Int {
    aktuelleZahl = Random.nextInt()
    return aktuelleZahl
  }
}
```

Eine implementierende Klasse kann die Standardimplementation der Funktion übernehmen oder sie überschreiben:

```
class ZufallBeliebigesInt : ZufallszahlMitDefaultFunktion {
  override var aktuelleZahl : Int = 0
}
class ZufallNullEins : ZufallszahlMitDefaultFunktion {
  override var aktuelleZahl : Int = 0
  override fun getNext() : Int {
    aktuelleZahl = Random.nextInt(0,2)
    return aktuelleZahl
  }
}
```

Eine Klasse kann nur von einer einzigen Basisklasse abgeleitet sein, aber **mehrere Interfaces implementieren**. Man schreibt dann die Namen der Basisklasse und der Interfaces hintereinander, durch Kommata voneinander getrennt. Wenn diese Interfaces jeweils eine Funktion mit derselben Signatur definieren, muss die Klasse diese Funktion überschreiben, selbst wenn es Defaultimplementationen dafür gibt. Dies ist erforderlich, um Eindeutigkeit zu erzielen:

```
interface Interface1 {
  fun ausgabe() { println("Dies ist Interface1")} }
interface Interface2 {
  fun ausgabe() { println("Dies ist Interface2")} }
class KlasseMitZweiInterfaces : Interface1, Interface2 {
  override fun ausgabe() {
    println("Dies ist KlasseMitZweiInterfaces")
    println("Die Ausgaben meiner Interfaces:")
    super<Interface1>.ausgabe()
    super<Interface2>.ausgabe()
  }
}
```

Wie das Beispiel zeigt, kann man die Funktion eines bestimmten Interfaces mit `super<Interfacename>.funktionsname()` aufrufen.

8.2.2 Abstrakte Klassen

Kotlin bietet, wie Java, die Möglichkeit, Klassen als **abstract** zu kennzeichnen und somit die Implementation bestimmter Funktionen offenzulassen. Diese Funktionen müssen ebenfalls mit dem Schlüsselwort `abstract` markiert sein. Abstrakte Klassen sind naturgemäß für die Vererbung offen, denn erst konkrete, davon abgeleitete Klassen können instanziiert werden. Eine zusätzliche Kennzeichnung als `open` ist daher überflüssig.

Eine abstrakte Klasse für `Int`-Zufallszahlen echt größer 0 könnte, analog zum entsprechenden Interface aus Abschnitt 8.2.1, wie folgt definiert werden:

```
abstract class Zufallszahl {
  var aktuelleZahl : Int = 1
    set(value) {
      field = if (value>1) value else 1 }
  abstract fun getNext() : Int
}
```

Im Unterschied zum Interface definiert diese Klasse eine vollwertige **Property** mit Backing Field, explizitem Setter und implizitem Getter. Eine abgeleitete konkrete Klasse kann diese Property unmittelbar nutzen, muss sie also nicht überschreiben:

```
class Wuerfel : Zufallszahl() {
  override fun getNext() : Int {
    aktuelleZahl = Random.nextInt(1,7)
    return aktuelleZahl
  }
}
```

Properties einer abstrakten Klasse können

- in deren Primärkonstruktor definiert werden:

  ```
  abstract class Zufallszahl(var aktuelleZahl: Int = 1) { ...
  ```

- ebenfalls abstrakt sein (haben dann kein Backing Field und müssen in abgeleiteten Klassen überschrieben werden):

```
abstract class EineAbstrakteKlasse {
  abstract var eineAbstrakteProperty : Int ...
```

Von einer konkreten Klasse kann wiederum eine abstrakte Klasse abgeleitet sein und deren konkrete Funktionen durch abstrakte Funktionen überschreiben.

8.2.3 Functional Interfaces

Eine spezielle Art von Interfaces sind **Functional Interfaces**. Sie sind mit `fun interface` markiert und enthalten genau eine abstrakte Funktion. Daher werden sie auch als **SAM Interfaces** (SAM = Single Abstract Method) bezeichnet. Neben der abstrakten Funktion kann das Interface beliebig viele konkrete Funktionen definieren, jedoch keine Properties:

```
fun interface Zufallszahl {
  fun getNext() : Int
  fun getNextBinaer() : Int = Random.nextInt(0,2)
  fun getNextZiffer() : Int = Random.nextInt(0,10)
}
```

Ein Functional Interface kann sehr kompakt durch ein Lambda implementiert werden, also durch eine sogenannte **SAM Conversion**:

```
val einWuerfel = Zufallszahl { Random.nextInt(1,7) }
print("gewuerfelt: ${einWuerfel.getNext()}
```

Benötigt man nur die eine abstrakte Funktion, nicht jedoch die zusätzlichen konkreten Funktionen, so kann man allerdings auf das Interface auch ganz verzichten und direkt mit Funktionsvariablen (siehe Abschnitt 5.3.2) arbeiten, was zudem den Aufruf vereinfacht:

```
val einWuerfel : ()->Int = { Random.nextInt(1,7) }
print("gewuerfelt: ${einWuerfel()}")
```

8.3 Extensions

8.3.1 Grundkonzept

Das **Extension**-Konzept von Kotlin bietet einen sehr einfachen Weg, einer Klasse weitere Funktionen und Computed Properties hinzuzufügen. Man definiert dazu jeweils eine eigenständige Funktion bzw. eine Property mit Getter und eventuell Setter (üblicherweise top-level, aber auch lokal möglich) und schreibt vor ihren Namen den

Namen der zu erweiternden Klasse. Auf Objekten eines entsprechenden Typs kann man dann die Funktion, den Getter oder den Setter so aufrufen, als wären sie durch die Klasse selbst definiert. Abstrakt sieht das so aus, konkrete Beispiele folgen im nächsten Abschnitt:

```
fun EineKlasse.eineExtensionFunction(...) {...}
...
val objekt = EineKlasse()
objekt.eineExtensionFunction()
```

Der Typ wird als **Receiver-Typ** der Funktion bezeichnet, das Objekt, auf dem die Funktion aufgerufen wird, als **Receiver-Objekt**. Extension Functions sind damit eine spezielle Art von „Funktionen mit Receivern", die in Abschnitt 8.4.2 besprochen werden.

Extensions werden benutzt, um

- eine Klasse ohne großen Aufwand, also ohne Ableitung einer neuen Klasse, um weitere Funktionen zu ergänzen,
- eine Klasse zu erweitern, obwohl sie nicht als `open` gekennzeichnet ist, und
- Klassen, die man von anderer Stelle übernommen hat („Third-Party Libraries"), Funktionen hinzuzufügen.

Insbesondere werden Java-Bibliotheken durch Extensions an Kotlin angepasst – und das in großem Stil. So ist die Mehrzahl der `Collection`-Funktionen, die in Kapitel 6 beschrieben wurden, den Java-Bibliotheken als Extensions hinzugefügt worden. Man kann auch Klassen anderer Programmiersprachen entsprechend erweitern; sie müssen lediglich für die Java Virtual Machine compiliert werden können.

8.3.2 Definition und Benutzung

Zwei Beispiele sollen den praktischen Umgang mit Extensions illustrieren. Das erste Beispiel zeigt eine **Extension Function** für eine Third-Party Class aus dem Collection Framework. Sie liefert den Median (also den mittleren Wert) einer Collection mit `Double`-Elementen:

```
fun Collection<Double>.median() : Double {
  if (isEmpty()) return Double.NaN
  val collSorted = sorted()
  if (size%2==1)  // ungerade Länge
      return collSorted[size/2]
    else  // gerade Länge
      return (collSorted[size/2-1]+collSorted[size/2])/2
}
val doubleCollection : Collection<Double> = ...
println("Median: ${doubleCollection.median()}")
```

Der Receiver-Typ der Funktion `median()` ist also `Collection<Double>`, das Receiver-Objekt bei ihrem Aufruf ist `doubleCollection`.

Die Aufrufe der `Collection`-Methoden `isEmpty()`, `sorted()` und `elementAt()` innerhalb des Funktionskörpers beziehen sich auf das jeweilige Receiver Object. Zur Verdeutlichung könnte man auch `this.isEmpty()` usw. schreiben.

Für einen nullfähigen Receiver-Typ programmiert man so:

```
fun Collection<Double>?.median() : Double? {
  if (isNullOrEmpty()) return null
  ... weiter wie oben ...
}
```

Hier liefert der Aufruf `obj.median()` die Rückgabe `null`, wenn `obj` die Nullreferenz enthält. Man könnte sogar `null.median()` schreiben und würde dieselbe Rückgabe erhalten.

Im **zweiten Beispiel** wird eine selbstgeschriebene Klasse `Zaehler` durch drei Extension Functions erweitert:

```
class Zaehler {
  var stand = 0
    private set
  fun inkr() { stand++ }
}
fun Zaehler.doppelInkr() {
  this.inkr()
  inkr() // this für das Receiver Object ist optional
}
fun Zaehler.inkr(inkrement : Int) {
  repeat (inkrement) { inkr() }
}
fun Zaehler.inkr() { ... wird nie ausgeführt ... }
```

- Die erste Funktion ruft die öffentliche `inkr()`-Memberfunktion zweimal auf und erweitert die Klasse damit um die Möglichkeit, den Zähler durch einen Funktionsaufruf zweimal zu inkrementieren.
- Die zweite Funktion erweitert entsprechend die Funktionalität um eine Erhöhung um n. Sie hat denselben Namen wie die Memberfunktion, überlädt sie also. Wie die erste Funktion nutzt sie die öffentliche Funktion `inkr()` und nicht den privaten `stand`-Setter. Dies wäre effizienter, ist aber aus implementationstechnischen Gründen nicht möglich, wie im nächsten Abschnitt erklärt wird.
- Die dritte Funktion hat dieselbe Signatur wie die Memberfunktion. Sie hat damit keine Bedeutung, denn bei einem Aufruf wird in einem solchen Fall immer die Memberfunktion ausgeführt.

Eine **Extension Property**, die für das Zähler-Beispiel den erreichten vollen Zehnerwert angibt, kann man so definieren und nutzen:

```
val Zaehler.volleZehner
  get() = stand/10*10
            // mit Zugriff auf den öffentlichen stand-Getter
val einZaehler = Zaehler()
println("volle Zehner: ${einZaehler.volleZehner}")
```

Auch für Companion Objects einer Klasse (siehe Abschnitt 7.3.2) können Extensions definiert werden:

```
fun EineKlasse.Companion.eineExtensionFunction(...) {...}
val EineKlasse.Companion.eineExtensionProperty ...
```

Der Aufruf erfolgt dann, wie bei Companion Objects üblich, über den Klassennamen:

```
EineKlasse.eineExtensionFunction(...)
```

Probieren Sie aus, ob man Extension Functions auch für Interfaces definieren und aufrufen kann. Wenn ja, stellen Sie fest, was passiert, wenn zwei Interfaces jeweils eine Extension Function mit derselben Signatur, aber unterschiedlichen Defaultimplementationen haben, eine Klasse beide Interfaces implementiert, ohne diese Defaultimplementationen zu überschreiben, und dann versucht wird, auf einem Objekt dieser Klasse die Funktion(en) aufzurufen.

8.3.3 Implementation und Konsequenzen daraus

Die Implementation einer Extension Function ist sehr leichtgewichtig, denn der Compiler übersetzt sie in eine statische Java-Methode, die das Receiver Object als Argument erhält. Für die Funktion `inkr(inkrement:Int)` aus dem vorigen Abschnitt sieht das beispielsweise so aus:

```
static void inkr(Zaehler receiver, int inkrement) {
  for (int i=0;i<n;i++) { receiver.inkr() }
}
```

Für eine Extension Property werden die `get()`- und gegebenenfalls die `set()`-Funktion entsprechend realisiert.

Durch diese Vorgehensweise lassen sich Extensions einer Klasse genauso effizient nutzen wie ihre Member. Allerdings ergeben sich hieraus einige Konsequenzen, die sich teilweise einschränkend auswirken:

- Der Code der Klasse selbst wird nicht erweitert. Es werden lediglich statische Funktionen hinzugefügt, die auf die Member der Klasse (Funktionen und Properties) zugreifen.
- Eine Extension kann nur von außen sichtbare Member der Klasse nutzen, nicht jedoch verborgene.

- Extensions werden nicht an abgeleitete Klassen vererbt.
- Eine Extension Property kann kein Backing Field zur Speicherung von Werten besitzen, muss also eine Computed Property sein.
- Extension Functions können auch dann auf einer Objektvariablen aufgerufen werden, wenn diese den Wert `null` hat. Man sollte daher im Funktionskörper für den Fall `this==null` entsprechende Vorsorge treffen (siehe Kapitel 4 „Nullsicherheit“).
- Es ist durchaus möglich, für eine Basisklasse und eine abgeleitete Klasse zwei Extensions mit derselben Signatur zu definieren. Da aber für ein Receiver Object bereits der Compiler die Extension Function durch die statische Methode ersetzt, hängt es zwingend vom statischen Typ des Objekts ab, welche der beiden Extensions verwendet wird. Eine Polymorphie, bei der der dynamische Typ entscheidend ist, gibt es hier also nicht.

8.4 Funktionen mit Receivern

8.4.1 Grundkonzept

Extension Functions werden auf Objekten bestimmter Typen aufgerufen. Sie können auf die öffentlichen Funktionen und Properties dieser Objekte unmittelbar zugreifen, ohne die Objekte explizit benennen oder referenzieren zu müssen. Funktionen dieser Art kann man allgemein als **Funktionen mit Receivern** bezeichnen. Die **Receiver (-Objekte)** sind die Objekte, auf denen eine solche Funktion arbeitet, und deren Typ ist der **Receiver-Typ**.

Extension Functions werden für einen bestimmten Typ / eine bestimmte Klasse definiert und haben den Zweck, deren Funktionalität zu erweitern. „Lambdas mit Receivern“ (siehe Abschnitt 8.4.2) sind dagegen primär darauf ausgerichtet, die Syntax für Objektzugriffe zu verkürzen. Auch „Scope Functions“ (siehe Abschnitt 8.4.3) verkürzen die Zugriffssyntax, indem sie mit Receivern arbeiten.

8.4.2 Funktionstypen und Lambdas mit Receivern

Funktionstypen, wie sie in Abschnitt 5.3.2 eingeführt wurden, haben die Form

```
(ParamTyp1,ParamTyp2,...)->Rückgabetyp
```

Man kann entsprechende Lambdas definieren und sie Funktionsvariablen zuweisen, wie beispielsweise zur Addition zweier `Int`-Zahlen:

```
val xMalY : (Int,Int)->Int = { x:Int, y:Int -> x*y }
```

Beide Werte (oder, allgemeiner gesprochen, Objekte), mit denen die Funktion arbeiten soll, werden als Argumente übergeben:

```
xMalY(2,4)  // Aufruf der Funktion xMalY mit zwei Argumenten
```

Die Kotlin-Syntax für Funktionstypen erlaubt es nun, einen Receiver-Typ hinzuzufügen:

```
ReceiverTyp.(ParamTyp1,ParamTyp2,...)->Rückgabetyp
```

Er zeigt an, dass diese Funktion nicht eigenständig aufgerufen werden kann, sondern nur auf Objekten eines bestimmten Typs. Dies mag als Einschränkung erscheinen, hat aber den Vorteil, dass der Funktionskörper auf das jeweilige Receiver-Objekt und seine öffentlichen Member direkt zugreifen kann.

Ein Lambda zur Addition zweier `Int`-Werte und die Deklaration einer entsprechenden Funktionsvariablen sehen nun beispielsweise so aus:

```
val malY : Int.(Int)->Int = { y:Int -> this*y }
```

Innerhalb des Lambdas ist das Receiver-Objekt bekannt und wird mit `this` bezeichnet; das Lambda muss also nicht mehr zwei Parameter, sondern nur noch einen definieren. Man bezeichnet ein solches Lambda als **Lambda mit Receiver**. Lambdas mit Receivern sind vielseitig einsetzbar, so zum Beispiel bei der Definition von Type-Safe Builders für Domain-Specific Languages (siehe Abschnitt 10.2).

Ein Aufruf einer Funktion mit Receiver erfolgt mit Punktnotation auf dem Receiver-Objekt, also mit derselben Syntax wie bei Member und Extension Functions:

```
2.malY(4)  // Aufruf der Funktion malY mit Receiver 2
```

Natürlich kann man auch für selbstgeschriebene Klassen Lambdas mit Receivern definieren, wie beispielsweise für die Klasse `Zaehler` aus Abschnitt 8.3.2:

```
val doppelInkr : Zaehler.()->Unit = { inkr(); inkr() }
```

Der Typ der Funktionsvariablen ist mit dem Receiver-Typ `Zaehler` qualifiziert. Daher kennt der Compiler innerhalb des Lambdas den Typ des Receiver-Objekts mit seinen Funktionen und akzeptiert zudem die Funktionsaufrufe ohne Referenzierung eines Objekts. Optional kann man die Funktionsaufrufe mit `this` qualifizieren (`this.inkr()`); in beiden Fällen beziehen sie sich auf das Receiver-Objekt, auf dem die Funktion aufgerufen wurde.

Würde der Receiver-Typ fehlen, so müsste man das Objekt als Lambda-Parameter übergeben und im Lambda explizit referenzieren:

```
val doppelInkrOhneReceiver : (Zaehler)->Unit
                            = { it.inkr(); it.inkr() }
```

Ein Lambda mit Receiver kann nicht nur die Member Functions des Receiver-Typs aufrufen, sondern auch zusätzlich definierte Extension Functions (siehe Abschnitt 8.3.2):

```
val doppelInkr : Zaehler.()->Unit = { inkr(2) }
```

Übrigens kann man einer Funktionsvariablen, die mit einem Receiver-Typ deklariert wurde, nicht nur Lambdas zuweisen, sondern auch Member Functions und Extension Functions einer Klasse:

```
val inkrOhneParam : Zaehler.()->Unit = Zaehler::inkr
val inkrMitParam : Zaehler.(Int)->Unit = Zaehler::inkr
```

Man beachte in diesen beiden Zeilen den Umgang mit überladenen Funktionen: Aus den Typen der Funktionsvariablen (`Zaehler.()`... bzw. `Zaehler.(Int)`...) wird abgeleitet, welche `inkr()`-Funktion jeweils gemeint ist – oben das parameterlose Member, unten die Extension mit `Int`-Parameter.

Aufgerufen werden diese Funktionen wiederum mit Punktnotation auf einem Receiver:

```
val zaehler = Zaehler()
zaehler.doppelInkr()
zaehler.inkrOhneParam()
zaehler.inkrMitParam(3)
```

8.4.3 Scope Functions

Doku *https://kotlinlang.org/api/core/kotlin-stdlib/kotlin/*

Mit einer **Scope Function** kann man einen Block für Code definieren, der auf ein Objekt mit seinen öffentlichen Membern zugreift, ohne es dabei explizit über einen Namen ansprechen zu müssen. Eine Scope Function bietet also eine verkürzte Syntax für Zugriffe auf ein sogenanntes **Context Object**. Das Context Object dient als Receiver für die Funktion (oder die Funktion erhält es über einen Parameter) und der Code Block wird als Lambda-Argument übergeben. In den meisten Fällen sieht der Aufruf einer Scope Function also so aus:

```
contextObject.scopeFunction {
  Lambda mit Operationen auf dem Context Object
}
```

In Kotlin gibt es fünf Scope Functions. Sie unterscheiden sich darin, wie das Objekt im Lambda angesprochen wird und welchen Wert sie zurückgeben. Zudem sind vier dieser Funktionen als Extension Functions definiert, die (wie oben gezeigt) per Punktnotation auf dem Context Object aufgerufen werden; eine fünfte ist dagegen eine Top-Level Function, die das Context Object über einen Parameter erhält. Tabelle 8.1 nennt die Funktionsnamen und zeigt die Unterschiede:

Tabelle 8.1 Scope Functions

Name	Art	Zugriff mit	Rückgabe
`with`	Top-Level	`this`	Rückgabewert des Lambdas
`run`	Extension	`this`	Rückgabewert des Lambdas
`let`	Extension	`it`	Rückgabewert des Lambdas
`apply`	Extension	`this`	das Context Object
`also`	Extension	`it`	das Context Object

Die unterschiedlichen Rückgabewerte decken zwei Anwendungsfälle ab: Möchte man Operationen auf dem Context Object in eine Kette von weiteren Funktionsaufrufen darauf eingliedern („Daisy Chaining", siehe Abschnitt 5.5.2 und Abschnitt 6.6.2), dann verwendet man `apply()` oder `also()`. Wenn das Lambda aber irgendwelche Operationen auf dem Context Object ausführen und (optional) irgendeinen Wert berechnen soll, verwendet man `let()`, `run()` oder `with()`.

Die folgenden Beispiele zeigen den Einsatz der Funktionen in typischen Anwendungsfällen:

- **`with()`** zur Gruppierung einer Folge von Operationen auf einem Objekt:

```
with ("Guten Morgen") {
  println("Der String $this:")
  println(" Laenge: $length")
  println(" in Kleinschrift: ${lowercase()}")
  println(" Anfangsstueck: ${substring(0..2)}")
}
```

  `this` wurde bei der `String`-Property und den `String`-Funktionen jeweils weggelassen; jedoch bezieht sich alles auf das Context Object `"Guten Morgen"`. Das Lambda gibt hier keinen Wert zurück, könnte es aber durchaus tun.

  Den Funktionsnamen `with` kann man somit lesen als „Mache mit diesem Objekt Folgendes".

- **`run()`** (meist) zur Initialisierung eines Objekts und Rückgabe eines Werts:

```
val booleanList : MutableList<Boolean> = mutableListOf()
val anzahlTrue =
  booleanList.run {
    repeat(10) { this.add(Random.nextBoolean()) }
    filter{it==true}.size
  }
println("10 Booleans erzeugt, davon $anzahlTrue true")
```

  Das Lambda füllt das Context Object mit zehn Zufallswerten des Typs `Boolean`. Der anschließende `filter`-Aufruf bezieht sich ebenfalls auf das Context Object, wobei das optionale `this` wieder weggelassen wurde. Er liefert, zusammen mit dem nachgeschalteten `size`, den Rückgabewert des Lambdas.

`run` besagt also „Führe den Block aus (und liefere das Ergebnis)".

`run {Anweisungen; Rückgabewert}` kann auch ohne Context Object aufgerufen werden. Es dient dann dazu, eine Folge von Anweisungen an einer Stelle auszuführen, an der ein Ausdruck erwartet wird.

- **`let()`** (häufig) für Operationen auf einem Objekt, sofern es nicht `null` ist (siehe Abschnitt 4.2):

```
val str : String? = ...
str?.let {
  println("String: $it")
}
```

oder auch als letzte Aktion einer Funktionskette:

```
val doubleList : List<Double> = listOf(4.7,-1.3,9.5,0.5,-5.5,-.4)
doubleList.map { Math.abs(it) }.filter { it>1 }
        .let { println("Absolutwerte>1: ${it.joinToString()}") }
```

Das abschließende `let()` gibt hier das Resultat einer Folge von `List`-Operationen aus.

Man beachte, dass `it` in den `map()`- und `filter()`-Aufrufen die Elemente der jeweiligen Liste bezeichnet, während `it` im `let()`-Aufruf die gesamte resultierende Liste selbst ist – und vielleicht ist dies daher auch ein gutes Beispiel dafür, dass man es mit der Verwendung von Lambdas nicht übertreiben sollte.

- **`apply()`** für Konfigurations- und Änderungsoperationen in einer Funktionskette und

- **`also()`** für zusätzliche, meist nicht-verändernde Operationen in einer solchen Kette:

```
val intList : MutableList<Int> = mutableListOf()
intList.apply { repeat(10) { add( Random.nextInt()) } }
       .sorted()
       .also { println("Liste: ${it.joinToString()}") }
       .filter { it>0 }
       .also { println("groesser 0: ${it.joinToString()}") }
```

In dieser Funktionskette wird zunächst eine Liste mit zehn Zufallszahlen initialisiert. Anschließend wird daraus eine sortierte Liste erzeugt und ausgegeben. Schließlich wird nach positiven Elementen gefiltert und das Ergebnis ebenfalls ausgegeben.

`apply` bedeutet also „Wende die folgenden Zuweisungen auf das Objekt an" und `also` „Mache mit dem Objekt auch Folgendes".

Die hier gezeigten Fälle illustrieren Konventionen, wie die Funktionen angewendet werden sollten. Offensichtlich gibt es aber Überschneidungen in den Anwendungsmöglichkeiten der Scope Functions, sodass man flexibel agieren kann.

8.5 Delegation

8.5.1 Vererbung versus Delegation

Wenn man eine Klasse definiert, dann möchte man möglichst viel Code nutzen, der bereits vorhanden ist. Hierzu kann man mit Vererbung (siehe Abschnitt 8.1.1) arbeiten, also die neue Klasse von einer vorhandenen ableiten und damit deren Code übernehmen. Ein Objekt der neuen Klasse fasst dann den Code beider Klassen zu einer Einheit zusammen.

Alternativ kann man die neue Klasse so definieren, dass ihre Objekte mit einem Objekt einer bestimmten anderen Klasse verknüpft sind – entweder alle Objekte, also die gesamte Klasse, mit einem einzigen solchen Objekt oder jedes Objekt mit einem individuell zugeordneten anderen Objekt. Aufrufe bestimmter Funktionen oder Zugriffe auf bestimmte Properties werden an dieses Objekt weitergeleitet, das sie dann bearbeitet. Man spricht hier von der **Delegation** der Bearbeitung an das andere Objekt und nennt dieses Objekt den **Delegate**.

Vererbung und Delegation sind offensichtlich zwei verschiedene Prinzipien des Softwaredesigns: Vererbung betrifft die Organisation von Klassen in Hierarchien, Delegation die Komposition und Kooperation von Objekten. Welche der beiden Techniken man wählt, hängt von grundlegenden Entwurfsentscheidungen und vom jeweiligen Anwendungsfall ab, aber auch von den technischen Anforderungen und Möglichkeiten:

- Von einer Kotlin-Klasse kann man nur erben, wenn sie als `open` deklariert ist. An ein Objekt lässt sich auch delegieren, wenn es von einer nicht-offenen Klasse ist, da seine öffentlichen Funktionen aufgerufen werden.
- Aus einer abgeleiteten Klasse kann man auch auf nicht-öffentliche Member der Basisklasse zugreifen (in Kotlin: auf Member, die mit `protected` markiert sind). Ein delegierendes Objekt kann dagegen nur die öffentlichen Member des Delegates nutzen und, zumindest in Kotlin, auch umgekehrt.
- Mehrere delegierende Objekte können denselben Delegate besitzen und sich somit seine Funktionen und insbesondere Daten teilen. Objekte einer abgeleiteten Klasse sind dagegen voneinander getrennt.

8.5.2 Delegation von Funktionen

Ein Objekt delegiert Funktionen an ein anderes Objekt, indem es Funktionsaufrufe dorthin „weiterreicht“. Technische Grundlage dafür ist, dass beide Objekte dasselbe Interface implementieren, also denselben Satz von Funktionen nach außen anbieten. Dies kann an ihren Typen erkannt werden.

Die folgende Beispielklasse `StringLongMap` implementiert das Interface `MutableMap<String,Long>` (siehe Abschnitt 6.5). Jedoch definiert sie die Interface-Funktionen nicht selbst, wie es die Vorgehensweise gemäß Abschnitt 8.2.1 wäre. Vielmehr delegiert sie sie mit dem Schlüsselwort **by** an ein Delegate-Objekt `speicher`, das dann die Funktionen vollständig implementiert:

```
class StringLongMap(...) : MutableMap<String,Long> by speicher
   { ... Klassenkörper ... }
```

Der Delegate `speicher` realisiert, so deutet es sein Name an, den Speicher zur Aufnahme der Map-Einträge. Er muss dazu den geforderten Typ `MutableMap<String,Long>` haben und er muss dem delegierenden Objekt bekannt sein. Daher wird er im Primärkonstruktor als entsprechende Property deklariert:

```
class StringLongMap(val speicher : MutableMap<String,Long>)
                         : MutableMap<String,Long> by speicher { ... }
```

Die delegierende Klasse kann nun zusätzliche, spezifische Funktionen definieren – zum Beispiel eine Funktion, die eine `MutableMap` mit allen Einträgen liefert, deren Key einen bestimmten Teilstring enthält:

```
class StringLongMap(val speicher : MutableMap<String,Long>)
                       : MutableMap<String,Long> by speicher {
  fun eintraegeMitTeilstring(ts : String) : Map<String,Long> {
    return speicher.filter {
                 (key,_) -> key.lowercase().contains(ts) }
  }
}
```

Die Beispielklasse `StringLongMap` kann beispielsweise dazu benutzt werden, um die Namen von Farben auf die entsprechenden RGB-Codes (RGB = Red Green Blue) abzubilden:

```
// Erzeugung des Delegates als MutableMap-Objekt,
// das die eigentliche Speicherung übernimmt:
val speicher = mutableMapOf<String,Long>()
// Erzeugung eines Objekt, das Farbnamen auf Farbcodes abbildet
// Dabei Verknüpfung mit dem Delegate:
val farben = StringLongMap(speicher)
// Füllen der Map mit Werten (intern: Weiterleitung an Delegate):
farben.put("Gruen",0x0000FF00)
farben.put("Rot",0x00FF0000)
farben.put("Hellrot",0x00FF6666)
farben.put("Dunkelrot",0x008B0000)
```

```
...
// Abfrage einer Farbe (intern: Weiterleitung an Delegate):
farben.get("Rot")
// Abfrage aller Rottöne
// (intern: Bearbeitung durch die StringLongMap selbst):
farben.eintraegeMitTeilstring("rot")
```

Die delegierende Klasse kann Funktionen des Interfaces und damit die Implementationen des Delegates überschreiben. Möchte man beispielsweise nicht die Standardimplementation von `put()` verwenden, die einen bestehenden Eintrag durch einen neuen ersetzt, so implementiert man `put()` explizit in der delegierenden Klasse:

```
override fun put(key : String, value : Long) : Long {
  if (speicher.containsKey(key)) return -1
  speicher.put(key,value)
  return 0
}
```

Solche Überschreibungen bergen die Gefahr, dass man bei der Programmierung fälschlicherweise annimmt, mit der „Originalfunktion" des Delegates zu arbeiten. Sie sollten daher gut dokumentiert und nur sparsam verwendet werden.

Die Überschreibung gilt nur für Objekte der delegierenden Klasse; der Delegate selbst bietet und nutzt weiterhin die von ihm definierte Funktion. Generell haben in Kotlin die Funktionen eines Delegates keinen Zugriff auf die nicht-öffentlichen Properties und Funktionen des delegierenden Objekts. Damit bezeichnet der Begriff „Delegation" in Kotlin etwas anderes, als vielfach allgemein darunter verstanden wird, nämlich die Delegate-Ausführung im Kontext des delegierenden Objekts. Konkret bedeutet das, dass in Kotlin `this` im Delegate den Delegate selbst bezeichnet, nicht das delegierende Objekt. Zudem kennt der Delegate das delegierende Objekt nicht automatisch, sondern nur, wenn ihm explizit eine Referenz darauf übergeben wird.

Eine Klasse kann bekanntlich mehrere Interfaces implementieren. Probieren Sie aus, ob man zwei Interfaces dadurch implementieren kann, dass man sie an zwei verschiedene Objekte delegiert – mit der auf der Hand liegenden Schreibweise `class C (...) : Interface1 by object1, Interface2 by object2`.

8.5.3 Delegation von Properties

Man kann in Kotlin nicht nur eine Sammlung von Funktionen delegieren, wie sie durch ein Interface definiert wird, sondern auch einzelne Properties (und vielfach sogar Variablen). Allgemein gesprochen werden dabei `get()`- und `set()`-Aufrufe der delegierten Property an `get()` und `set()` (oder äquivalente Funktionen) des Delegates weitergeleitet.

Delegation an einfache Properties

Im einfachsten Fall delegiert man eine Property an eine andere Property:

```
class EineKlasse(init : String) {
   var delegateProperty : String = init
   var delegierteProperty : String by this::delegateProperty
}
val einObjekt = EineKlasse("Hello")
```

In `einObjekt` wird `delegierteProperty` an `delegateProperty` delegiert, sodass hier die Anweisungen

```
println(einObjekt.delegateProperty)
println(einObjekt.delegierteProperty)
```

beide `Hallo` ausgeben. Die Zuweisung

```
einObjekt.delegierteProperty = "World"
```

ändert auch den Wert von `einObjekt.delegateProperty` und umgekehrt.

Ist der Delegate eine Property desselben Objekt, so wird er mit `this::delegateProperty` referenziert; das `this` ist verpflichtend. Eine Property in einem anderen Objekt wird mit `objektname::delegateProperty` angesprochen, eine Top-Level Property mit `::delegateProperty`.

Mit dieser Technik kann man insbesondere einen neuen Propertynamen einführen und zugleich den alten beibehalten, was für eine Rückwärtskompatibilität wichtig ist.

Delegation einer Property an ein Objekt

Properties und einzelne Variablen können auch an Objekte delegiert werden, sofern diese die Funktionen `getValue()` und, nur für eine `var`-Property erforderlich, `setValue()` anbieten:

- `operator fun <T> getValue`
  `(thisRef :` *PropOwnerClass*`, property : KProperty<*>) : T`
  - `operator` besagt, dass die Funktion einen Operator überladen soll (siehe Abschnitt 8.6.1). Hier ist es der Punktoperator, der bei Lesezugriffen auf Objekt-Properties verwendet wird.
  - Der Typparameter `T` entspricht dem Typ der delegierten Property. Er ist der Rückgabetyp der Funktion, die somit einen Wert des geforderten Typs liefert.
  - `PropOwnerClass` ist die Klasse des „Property Owners", also des Objekts, das die delegierte Property enthält. Alternativ könnte man hier `Any?` angeben, um Property Owner mit beliebigen Typen zu unterstützen.

  - KProperty stellt Metainformationen über die delegierte Property bereit, insbesondere ihren Namen und ihren Typ (siehe Abschnitt 10.1.4).
- operator fun <T> setValue
    (thisRef : *PropOwnerClass*, property : KProperty<*>, value : T)
  - value ist der Wert, der der Property zugewiesen werden soll.
  - Die übrigen Bestandteile erklären sich wie bei setValue().

Vor diesem Hintergrund kann man eine Klasse Wertnutzer, die eine Property property an ein Objekt der Klasse Wertspeicher delegiert, folgendermaßen definieren:

```
// Klasse mit der delegierten Property:
class Wertnutzer(val nutzername : String,
                 wertspeicher : Wertspeicher) // Delegate
 { var property : String by wertspeicher } // delegierte Property
// Klasse mit der Delegate-Property:
class Wertspeicher(var wert : String) { // Delegate-Property
  operator fun getValue(thisRef : Wertnutzer,
                        property : KProperty<*>): String {
    println("getValue() aufgerufen
             durch ${thisRef.nutzername}
             fuer Property '${property.name}'")
    return wert
  }
  operator fun setValue(thisRef : Wertnutzer,
                        property : KProperty<*>, value : String) {
    println("setValue() aufgerufen
             durch ${thisRef.nutzername}
             fuer Property '${property.name}',
             neuer Wert \"$value\"")
    wert = value
  }
}
```

Ruft man also get() oder set() auf der Property property eines Wertnutzer-Objekts auf oder greift man mit Punktnotation darauf zu, so wird dies umgesetzt in einen getValue()- bzw. setValue()-Aufruf auf dem Wertspeicher-Objekt, das dem Wertnutzer-Konstruktor übergeben wurde. getValue() und setValue() erhalten dabei, wie im Beispiel gezeigt, Informationen über das rufende Objekt und seine Property.

Lazy Delegation zur Initialisierung einer Property

In manchen Fällen möchte man eine Property oder Variable nicht schon bei ihrer Erzeugung initialisieren, sondern ihr soll der Anfangswert erst beim ersten Lesezugriff zugewiesen werden – bespielsweise durch eine aktuelle Benutzereingabe oder mit einem aktuell berechneten Wert. Bei den nachfolgenden Lesezugriffen soll die Eingabe aber nicht noch einmal angefordert bzw. die Berechnung nicht noch einmal durchgeführt werden, sondern es soll der zuvor gespeicherte Wert verwendet werden. Für solche Fälle bietet Kotlin die lazy()-Funktion.

Die Funktion **lazy()** liefert ein Objekt, das als Delegate für eine Property oder Variable verwendet werden kann (wie im vorherigen Abschnitt dargestellt). Als Parameter erhält sie ein Lambda, das beim ersten `getValue()`-Aufruf auf dem Delegate ausgeführt wird und den Anfangswert ermittelt. Dieser Wert wird gespeichert und auch bei den folgenden `getValue()`-Aufrufen zurückgeliefert. Da ein solches Delegate keine Schreibzugriffe erlaubt (es hat keine `setValue()`-Funktion), können nur `val`-Properties/Variablen delegiert werden, aber keine `var`-Properties/Variablen.

Üblicherweise wird ein mit `lazy()` erzeugtes Delegate nicht in einer gesonderten Variablen gespeichert, sondern bei der Deklaration einer Property oder Variablen direkt mit dieser verknüpft. So wird beispielsweise eine Property oder Variable, für die einmalig ein Benutzername von der Tastatur eingelesen werden soll, folgendermaßen definiert:

```
val benutzername : String by lazy {
  print("Dein Name? ")
  readln()
}
```

Damit haben die beiden aufeinanderfolgenden Codezeilen

```
println("Hallo $benutzername!")
println("Hallo $benutzername!")
```

diesen Effekt: Für die erste Zeile wird das Lambda des Delegates ausgeführt, also der Benutzername zur Eingabe über die Tastatur angefordert und im Delegate gespeichert. Der Delegate und damit die delegierte Property/Variable `benutzername` sind somit initialisiert und ihr Anfangswert wird durch `println` ausgegeben. Für die zweite Zeile liefert der Delegate dann den gespeicherten Wert, fordert also die Eingabe nicht nochmals an.

Observable Delegation zur Beobachtung einer Property

Manche Properties oder Variablen möchte man auf Wertänderungen „beobachten“, um mit bestimmten Aktionen zu reagieren, wenn sich ihre Werte ändern. Hierfür bietet Kotlin die Funktion **Delegates.observable()**. Sie liefert ein Objekt, das als Delegate für eine Property oder eine Variable verwendet werden kann und das einen **Handler** bereitstellt, der bei einer Wertzuweisung ausgeführt wird. Solche Handler werden bisweilen auch als **Listener** bezeichnet, da sie gewissermaßen auf Wertzuweisungen „lauschen“.

Die Funktion `observable()` erwartet zwei Parameter:

- Den Anfangswert für die Property.
- Ein Lambda (oder eine Referenz auf eine entspechende Funktion), das als Handler dienen soll und drei Parameter hat:
  - `property : KProperty`: Informationen über die Property (siehe Abschnitt 10.1.4)

- `oldValue : T`: Der Wert vor der Wertänderung (`T` ist der Typ der Property)
- `newValue : T`: Der Wert nach der Wertänderung

Das so definierte Lambda wird dann bei jeder Wertzuweisung automatisch aufgerufen, erhält die entsprechenden Werte übergeben und kann sie für seine Reaktion nutzen.

Eine `Int`-Property oder -Variable kann beispielsweise wie folgt mit 0 initialisiert und anschließend beobachtet werden:

```
var beobachteterInt : Int
     by Delegates.observable(0) {
       property, alt, neu ->
         println("${property.name} geaendert von $alt zu $neu")
       }
```

Die Operationen

```
beobachteterInt++
beobachteterInt += 2
```

führen dann zu den Ausgaben

```
beobachteterInt geaendert von 0 zu 1
beobachteterInt geaendert von 1 zu 3
```

Delegation von Properties und Variablen an eine Map

Properties können an eine Map (siehe Abschnitt 6.5) delegiert werden, in der die Einträge Propertynamen als Schlüssel und die zugehörigen Propertywerte als Werte enthalten:

```
class EineKlasse(val propertiesMap : MutableMap<String, Any?>) {
  var intProperty: Int by propertiesMap
  var doubleProperty: Double by propertiesMap
  var stringProperty: String by propertiesMap
}
val map : MutableMap<String,Any?> =
   mutableMapOf("intProperty" to 1,
         "doubleProperty" to 2.34,"stringProperty" to "Hello World")
val einObjekt = EineKlasse(map)
```

Die Properties von `einObjekt` sind mit der Propertymap `map` verknüpft und durch die Initialisierung von `map` ebenfalls initialisiert. Daher liefern

```
println(einObjekt.stringProperty)
println(map.get("stringProperty"))
```

dieselbe Ausgabe `Hello World` und die Zuweisungen

```
einObjekt.intProperty = 4711
map.put("intProperty",4711)
```

sind äquivalent.

Lokale Variablen kann man auf dieselbe Weise mit einer Map verbinden:

```
val lokVar1 : Int by map  // map wie oben
val lokVar2 : Double by map
map.put("lokVar1",1234)
map.put("lokVar2",5.678)
```

8.6 Operatoren

Operatoren dienen dazu, Werte oder Objekte bestimmter Typen miteinander zu verknüpfen und somit Ausdrücke aufzubauen. Kotlin bietet für seine grundlegenden Typen eine Vielzahl vordefinierter Operatoren (siehe Kapitel 2). Diese Operatoren kann man überladen, ihnen also selbstdefinierte Funktionen zuordnen. Zudem kann man weitere Operatoren definieren, nämlich Funktionen schreiben, die in Infix-Schreibweise aufgerufen werden.

8.6.1 Überladen von Operatoren

Einen Operator zu **überladen** bedeutet, eine Funktion zu definieren, die bei der Anwendung dieses Operators ausgeführt werden soll. Wie solche Funktionen heißen und welchen Operatoren sie zugeordnet sind, ist durch Kotlin vorgegeben. Möchte man beispielsweise den Operator ++ überladen, so muss man dazu eine Funktion namens `inc()` schreiben. Überladende Funktionen müssen als Member oder Extensions einer bestimmten Klasse definiert sein, sodass eine Überladung jeweils nur für Objekte bestimmter Typen gilt.

Das folgende Anwendungsbeispiel implementiert eine modulare Arithmetik (**Restklassenarithmetik**), bei der die arithmetischen Operationen mit einer Modulorechnung stattfinden. Zunächst muss eine Klasse dafür definiert werden:

```
class UInt_Mod(wertInit : UInt) {
  val wert = wertInit%modulo
  ...
  companion object { val modulo = 5u }
}
```

Jedes Objekt dieser Klasse hat also einen nichtnegativen Ganzzahlwert. Zudem gibt es einen grundlegenden Modulo-Wert, der bei allen Operationen dieser Klasse angewendet werden soll und den Wertebereich beschränkt.

Den Operator ++ kann man nun durch eine **Member Function** `inc()` überladen. Diese Funktion muss man mit dem Schlüsselwort **`operator`** kennzeichnen:

```
class UInt_Mod(var wert : UInt) {
  operator fun inc() : UInt_Mod {
    return UInt_Mod((wert+1u)%modulo)
  }
  companion object { val modulo = 5u }
}
```

Mit dieser Überladung hat eine Variable a anschließend den Wert 0:

```
var a = UInt_Mod(4u)
a++
```

Die `UInt_Mod`-Property `val  wert` wird als unveränderlich implementiert, aus denselben Gründen, die für die Unveränderlichkeit von Collections (siehe Abschnitt 6.1.1) und von Properties in Datenklassen (siehe Abschnitt 7.4.1) angeführt wurden. `inc()` und `dec()` erzeugen also jeweils neue Objekte. `a++` funktioniert wie gewünscht, da durch die Kotlin-Implementation die Variable a anschließend das neue Objekt mit dem neuen Wert referenziert.

Der Standardname einer Funktion zur Überladung des ++-Operators ist `inc()`. Hieraus ergibt sich eine Diskrepanz zur gleichnamigen `Int`-Funktion (siehe Abschnitt 2.3.2): Die `Int-inc()`-Funktion liefert den Wert einer `Int`-Variablen plus 1, ändert den Wert der Variablen selbst aber nicht.

Operatoren kann man auch durch **Extension Functions** überladen, so beispielsweise die Operatoren + und -:

```
operator fun UInt_Mod.plus(b : UInt_Mod)
       = UInt_Mod((wert+b.wert)%UInt_Mod.modulo) // oder this.wert
operator fun UInt_Mod.minus(b : UInt_Mod)
       = UInt_Mod((wert-b.wert+UInt_Mod.modulo)%UInt_Mod.modulo)
```

Aus

```
var x = UInt_Mod(2u)
var y = UInt_Mod(4u)
val add = x+y
val sub = x-y
```

resultieren dann `UInt_Mod`-Objekte `add` und `sub` mit den Werten 1 und 3.

Die folgende Tabellen zeigen, welche Operatoren überladen werden können und wie die zugehörigen **Funktionsnamen** lauten:

Tabelle 8.2 Unäre Operatoren

+a	a.unaryPlus()
a++, ++a	a.inc()
-a	a.unaryMinus()
a--, --a	a.dec()
!a	a.not()

Tabelle 8.3 Arithmetische Operatoren

a+b	a.plus(b)
a+=b	a.plusAssign(b)
a-b	a.minus(b)
a-=b	a.minusAssign(b)
a*b	a.times(b)
a*=b	a.timesAssign(b)
a/b	a.div(b)
a/=b	a.divAssign(b)
a%b	a.rem(b)
a%=b	a.remAssign(b)

Tabelle 8.4 Range- und In-Operatoren

a..b	a.rangeTo(b)
a..<b	a.rangeUntil(b)
a in b	b.contains(a)
a !in b	!b.contains(a)

Tabelle 8.5 Operatoren zum indizierten Zugriff

a[i]	a.get(i)
a[i,j]	a.get(i,j)
a[i_1,..,i_n]	a.get(i_1,..,i_n)
a[i] = b	a.set(i,b)
a[i,j] = b	a.set(i,j,b)
a[i_1,..,i_n] = b	a.set(i_1,..,i_n,b)

Tabelle 8.6 Funktionsaufrufe

`a()`	`a.invoke()`
`a(i)`	`a.invoke(i)`
`a(i,j)`	`a.invoke(i,j)`
`a(i_1,..,i_n)`	`a.invoke(i_1,..,i_n)`

Tabelle 8.7 Vergleichsoperatoren

`a==b`	`a?.equals(b) ?: (b === null)`
`a!=b`	`!(a?.equals(b) ?: (b === null))`
`a<b, a<=b`	`a.compareTo(b)<0` bzw. `a.compareTo(b)<=0`
`a>b, a>=b`	`a.compareTo(b)>0` bzw. `a.compareTo(b)>=0`

Man kann Operatoren durchaus so überladen, dass die Operanden unterschiedliche Typen haben. Beispielsweise überlädt die folgende Funktion den +-Operator so, dass er nun auch einen `UInt_Mod`- und einen `UInt`-Wert addieren kann:

```
operator fun UInt_Mod.plus(b : UInt)
                          = UInt_Mod((wert+b)%UInt_Mod.modulo)
val x = UInt_Mod(3u)
val sum = x+6u
```

Es resultiert hier ein `UInt_Mod`-Objekt mit dem Wert 4.

Ebenso kann eine überladende Funktion und damit auch der Operator einen Wert liefern, der einen anderen Typ als die Operanden hat.

Probieren Sie, ob man auch einen Operator für eine bestehende Typkombination überladen kann, also beispielsweise den +-Operator für zwei `Int`-Werte.

8.6.2 Infix-Funktionen

Infix-Funktionen sind Funktionen, die auf zwei Werten/Argumenten arbeiten und deren Name bei einem Aufruf zwischen die Argumente platziert wird („Infix-Notation"). Sie entsprechen damit binären Operatoren. Beispielsweise definiert man eine Funktion namens `mal`, die dasselbe tun soll wie der `Int`-Multiplikationsoperator `*`, durch

```
infix fun Int.mal(b : Int) = this*b
```

also als Extension Function. Der Aufruf mit Infix-Notation `2 mal 3` liefert dann den Wert 6.

Natürlich kann man Infix-Funktionen auch für selbstdefinierte Klassen schreiben und auch dann, wenn kein entsprechender Operator existiert. Solche Funktionen kann man als Extension oder als Member Functions definieren:

```
infix fun UInt_Mod.mal(b : UInt_Mod)
                    = (wert*b.wert)%UInt_Mod.modulo
class UInt_Mod(...) { ...
  infix fun mal(b : UInt_Mod) = (wert*b.wert)%modulo
}
```

für die Klasse `UInt_Mod` aus dem vorigen Abschnitt. In beiden Fällen berechnet der Code

```
val zweiMod = UInt_Mod(2u)
val dreiMod = UInt_Mod(3u)
val zweiMalDreiMod = zweiMod mal dreiMod
```

den Wert 1.

Für Infix-Funktionen in Kotlin gilt:

- Sie werden als Member oder Extension Functions einer Klasse definiert.
- Sie müssen einen einzigen Parameter haben, der kein `vararg`-Parameter sein darf.
- Ihr Parameter darf keinen Defaultwert haben.
- Sie binden in Ausdrücken schwächer als arithmetische Operatoren, Type Casts und `rangeTo`, aber stärker als boolesche Operatoren, Vergleichsoperatoren, `is`- und `in`-Prüfungen.

8.7 Geschachtelte Klassen und Interfaces

Klassen und Interfaces können **geschachtelt** werden: Man kann innerhalb einer Klasse oder eines Interfaces eine weitere Klasse oder ein Interface definieren. Dabei sind alle vier Kombinationen (Klasse in Klasse oder Interface, Interface in Klasse oder Interface) möglich.

Ein Anwendungsbeispiel hierfür sind Bücher, die Indizes, also Stichwortverzeichnisse enthalten. Da Stichwortverzeichnisse im Allgemeinen nicht eigenständig existieren, sondern sich jeweils auf ein bestimmtes Buch beziehen, ist es sinnvoll, eine Klasse für sie innerhalb einer Klasse für Bücher zu definieren:

```
class Buch(val titel : String, val autor : String) {
  val indexListe = mutableListOf<IndexEintrag>()
  fun addIndexEintrag(stichwort : String, seite: Int) {
    indexListe.addLast(IndexEintrag(stichwort,seite))
```

```
    }
    class IndexEintrag(val stichwort : String, val seite : Int) {
      fun printInfo() {
        println("$stichwort auf S. $seite")
      }
    }
}
```

Die Definition der Klasse `IndexEintrag` steht innerhalb der Klammerung der Klasse `Buch`. Sie ist damit insbesondere innerhalb von `Buch` bekannt und kann dort benutzt werden – im Beispiel als Elementtyp der Liste `indexListe` mit den Indexeinträgen und im Körper der Funktion `addIndexEintrag()`.

Da die Klasse `IndexEintrag` nicht als `private` gekennzeichnet ist, ist sie auch außerhalb von `Buch` bekannt, sodass entsprechende Objekte erzeugt und an ein Buch übergeben werden können:

```
val einBuch = Buch("Von Java zu Kotlin","Vogt")
val einEintrag = Buch.IndexEintrag("Typinferenz",15)
einBuch.indexListe.addLast(einEintrag)
```

Der Aufruf des `IndexEintrag`-Konstruktors wird mit `Buch` qualifiziert, also mit dem Namen der äußeren Klasse (!), jedoch nicht mit dem Namen eines `Buch`-Objekts. Daraus folgt, dass ein `IndexEintrag`-Objekt keinen Bezug zu einem bestimmten `Buch`-Objekt hat und damit die `IndexEintrag`-Funktionen auf die Properties der äußeren Klasse nicht zugreifen können.

```
fun printInfo() {
  println("$stichwort gehoert zu Buch $titel")  // Fehler!
}
```

ist also als `IndexEintrag`-Funktion nicht zulässig: `titel` ist in `IndexEintrag` nicht bekannt oder, anders formuliert, es gibt kein konkretes `Buch`-Objekt mit einem `titel`-Wert, der hier ausgegeben werden könnte.

Um die Member der äußeren Klasse für die innere Klasse zugreifbar zu machen, muss man die innere Klasse mit dem Schlüsselwort **`inner`** kennzeichnen:

```
class Buch(val titel : String, val autor : String) {
  val kapitelListe = mutableListOf<Kapitel>()
  inner class Kapitel(val titel : String) {
    fun printInfo() {
      println("Autor: $autor")
      println("Titel des Buchs: ${this@Buch.titel}")
      println("Titel des Kapitels: ${this@Kapitel.titel}")
    }
  }
}
```

Die so definierte Klasse `Kapitel` „kennt“ die `Buch`-Properties `titel` und `autor` und kann sie daher in ihrer `printInfo()`-Funktion ausgeben. Der Namenskonflikt bezüglich der `titel`-Property wird durch das **Qualified This** `this@Klassenname` aufgelöst.

Daraus, dass die innere Klasse Zugriff auf die (objektbezogenen) Member der äußeren Klasse hat, folgt zwingend, dass ein Objekt der inneren Klasse Bezug zu einem bestimmten Objekt der äußeren Klasse haben muss. Dieser Bezug wird dadurch hergestellt, dass ein Aufruf des Konstruktors der inneren Klasse mit einem Objekt (!) der äußeren Klasse qualifiziert wird, also nicht mit dem Namen dieser Klasse:

```
val einBuch = Buch("Von Java zu Kotlin","Vogt")
val erstesKapitel = einBuch.Kapitel("Einführung")
```

Dies betrifft den Fall, dass der Konstruktor außerhalb der äußeren Klasse verwendet wird. Wird er innerhalb aufgerufen, so bezieht er sich auf das Objekt der äußeren Klasse, in dem der Aufruf stattfindet.

9 Nebenläufigkeit

Software arbeitet in vielen Anwendungsfeldern nebenläufig, was traditionell durch Threading realisiert wird. Beispielsweise kann ein Server jedem Auftrag einen eigenen Thread zuordnen, der nebenläufig zu den Threads anderer Aufträge ausgeführt wird. In interaktiven Programmen ist häufig ein Thread für die Steuerung der Benutzeroberfläche zuständig und andere Threads für zeitaufwendige oder blockierende Aktionen im Hintergrund.

Es ist daher wichtig, dass eine Programmiersprache Nebenläufigkeit unterstützt. Dazu muss sie ausdrucksstark sein, also Sprachmittel zur einfachen Programmierung nebenläufiger Strukturen bereitstellen, und sie muss mit den vorhandenen Ressourcen effizient ausgeführt werden können. Java-Threads erfüllen diese Kriterien nur bis zu einem gewissen Grade. Daher wurden in Kotlin **Coroutinen** eingeführt, die in beiderlei Hinsicht leichtgewichtig sind: Mit ihnen lässt sich nebenläufiger Code übersichtlich gestalten und sie können auch in großer Zahl auf der Hardware- und Betriebssystemplattform ausgeführt werden.

9.1 Grundlagen

9.1.1 Techniken der Nebenläufigkeit

Auf unterster Ebene wird **Nebenläufigkeit** durch die „parallel" arbeitende Hardware des Computersystems realisiert, also durch die CPU(s) mit ihren Kernen und zusätzlichen Spezialprozessoren. Auf dieser Basis implementiert ein Betriebssystem sein Prozess- und Thread-Konzept: An seiner Programmierschnittstelle stellt es Funktionen bereit, mit denen man Prozesse und Threads erzeugen und steuern kann, und es bringt diese Prozesse und Threads auf der Hardware zur Ausführung. Threads des Betriebssystemkerns bezeichnet man als **Kernel Threads**.

Nebenläufige **Threads in Anwendungsprogrammen** werden durch das Laufzeitsystem auf Kernel Threads abgebildet und dadurch mithilfe des Betriebssystems ausgeführt. Je nach verfügbaren Prozessorressourcen ist die Ausführung parallel, also echt gleichzeitig, oder quasi-parallel, indem die CPU(s) und ihre Kerne zwischen den Kernel Threads umgeschaltet werden.

Das Laufzeitsystem zur Ausführung von Java- und Kotlin-Programmen ist die Java Virtual Machine (JVM). Ihre traditionelle Technik war und ist, Java-/Kotlin-Threads (also `Thread`-Objekte) eins zu eins auf Kernel Threads abzubilden, das heißt jedem dieser Threads einen eigenen Kernel Thread zuzuordnen. Man spricht bei diesem Ansatz von **Platform Threads**. Platform Threads sind recht einfach zu implementieren, stoßen aber an ihre Grenzen, wenn die Anwendung viele Threads benötigt und wenn zwischen diesen Threads häufig umgeschaltet werden soll: Der Speicherbedarf für die Kernel Threads, insbesondere ihre Stacks, ist hoch und die Umschaltungen verursachen einen beträchtlichen Verwaltungsaufwand.

Aufgrund dieser Probleme wurden mit Java 21 **Virtual Threads** eingeführt. Auch Virtual Threads sind `Thread`-Objekte, also nebenläufige Einheiten von Java-Anwendungssoftware. Allerdings können jetzt einem Kernel Thread mehrere Virtual Threads zugeordnet werden, wodurch insgesamt weniger Kernel Threads und somit weniger Systemressourcen benötigt werden. Zudem wird ein Kernel Thread mit seinen Ressourcen nicht blockiert, wenn der von ihm ausgeführte Virtual Thread blockiert ist. In diesem Fall wird die Kopplung zum Virtual Thread gelöst und der Kernel Thread kann einen anderen Virtual Thread ausführen. Wird der blockierte Virtual Thread wieder ausführungsbereit, so ordnet ihn die JVM einem beliebigen geeigneten Kernel Thread zu, nicht unbedingt dem vorherigen. Die Zuordnung von Virtual Threads zu Kernel Threads ist also nicht statisch und damit flexibel.

Vor der Einführung von Virtual Threads, und somit unabhängig davon, etablierte Kotlin sein **Coroutinen**-Konzept. Es unterscheidet sich zwar syntaktisch von Virtual Threads, verfolgt aber denselben Lösungsansatz wie sie: Mehrere Coroutinen, die nebenläufigen Einheiten eines Programms entsprechen, können demselben Kernel Thread zugeordnet werden. Blockiert eine Coroutine, so wird der Kernel Thread zu einer anderen Coroutine umgeschaltet, also selbst nicht blockiert. Die Zuordnung von Coroutinen zu Kernel Threads ist ebenfalls nicht statisch. Kotlin-Coroutinen sind damit sehr leichtgewichtig und können in sehr großer Anzahl und in rascher Folge erzeugt werden. Sie unterstützen damit eine feingranulare Programmierung von Nebenläufigkeit.

Coroutinen haben also, wie auch im weiteren Verlauf zu sehen sein wird, deutliche Vorteile gegenüber den traditionellen Threads und sind daher die präferierte Kotlin-Technik zur Programmierung von Nebenläufigkeit. Da man aber auch in Kotlin mit Java-Threads arbeiten kann (und dies in bestimmten Fällen, wie CPU-intensiven Berechnungen mit wenigen Blockierungen, auch sollte), werden zunächst kurz sie angesprochen.

9.1.2 Threads

In Kotlin können Threads wie in Java mit der Klasse `java.lang.Thread` und dem Interface `java.lang.Runnable` programmiert werden. Zudem gibt es die Kotlin-Funktion `thread()`, die ein Lambda übergeben bekommt und dieses als Java-Thread ausführt.

- Thread als Unterklasse von **`Thread`**:

  ```
  class ThreadSubclass : Thread() {
    override fun run() {
      Aktionen des Threads
    }
  }
  val einThread = ThreadSubclass()
  einThread.start()
  ```

  oder

  ```
  val einThread = Thread {
    Aktionen des Threads
  }
  einThread.start()
  ```

  oder

  ```
  (Thread { Aktionen des Threads }).start()
  ```

- Thread auf Basis des Interfaces **`Runnable`**:

  ```
  class RunnableImplementation : Runnable {
    override fun run() {
      Aktionen des Threads
    }
  }
  val einThread = Thread(RunnableImplementation())
  einThread.start()
  ```

- Thread mit der Kotlin-Funktion **`thread()`**:

  ```
  thread(start = true,
         name = "EinThread",
         block = { Aktionen des Threads }
  )
  ```

  Das Argument `start = true` gibt an, dass der Thread nach seiner Erzeugung gestartet werden soll. Man könnte es hier ganz weglassen, da `true` sein Defaultwert ist.

Doku *https://kotlinlang.org/api/core/kotlin-stdlib/kotlin.concurrent/thread.html*

Auf Threads, die so erzeugt und gestartet werden, können Java-Methoden wie `join()` oder `interrupt()` angewendet werden.

9.1.3 Coroutinen mit Suspending Functions

Ein Haupteinsatzgebiet für **Coroutinen** sind Fälle, in denen auf bestimmte Ereignisse gewartet werden muss und dabei möglichst wenige Ressourcen blockiert werden sowie die Reaktionsfähigkeit des Programms erhalten bleiben sollen. Beispielsweise soll eine interaktive Anwendung auch dann auf Eingaben an ihrer grafischen Oberfläche reagieren können, wenn sie auf die Rückmeldung einer Datenbankabfrage oder auf einen Serverzugriff im Netz wartet. Das Programm soll, so sagt man in solchen Fällen, **asynchron** arbeiten. Dies wird von Coroutinen unterstützt (siehe Abschnitt 9.1.1).

Die Grundlage für die Programmierung mit Coroutinen sind **Suspending Functions**, also Funktionen, die ihre Ausführung unterbrechen („suspendieren") und zu einem späteren Zeitpunkt fortsetzen können. Ein Beispiel für eine vorgegebene Suspending Function ist **`delay(t)`**. Sie ist im Paket `kotlinx.coroutines` definiert (siehe hierzu die Bemerkung am Ende dieses Abschnitts) und suspendiert die ausführende Coroutine für die Dauer von `t` Millisekunden. Eine eigene Suspending Function kann man wie eine normale Funktion schreiben und muss dafür nur das Schlüsselwort `suspend` vor `fun` hinzufügen:

```
suspend fun ausgabeVerzoegert(text : String, wartezeit : Long) {
  delay(wartezeit)
  println(text)
}
```

Der `delay()`-Aufruf im Funktionskörper ist ein **Suspension Point**, an dem die Funktion ihren ausführenden Thread freigibt und dieser dann anderen Coroutinen zugeordnet werden kann, wie in Abschnitt 9.1.1 beschrieben. Der Aufruf von `delay()` in `ausgabeVerzoegert()` ist nur deshalb erlaubt, weil `ausgabeVerzoegert()` selbst suspending ist: Generell dürfen Suspending Functions nur in Suspending Functions oder in Coroutine Buildern (Funktionen, die Coroutinen erzeugen, Abschnitt 9.2) gerufen werden.

Das folgende Codestück umfasst drei Coroutinen, die jeweils, nach einer Verzögerung, Informationen über sich ausgeben:

```
println("Thread THREADID vor runBlocking")
runBlocking {
  launch {
    delay(2000)
    println("Thread THREADID, COROUTINENAME")
  }
  launch {
    ausgabeVerzoegert("Thread THREADID, COROUTINENAME", 1000)
  }
  delay(3000)
  println("Thread THREADID, COROUTINENAME")
}
println("Thread THREADID nach runBlocking")
```

wobei *`THREADID`* für `${Thread.currentThread().threadId()}` und

COROUTINENAME für `${coroutineName(this)}` steht (und die etwas komplizierte Funktion coroutineName() im online verfügbaren Beispielprojekt definiert ist).

Der **Coroutine Builder `runBlocking()`** erzeugt eine Coroutine, deren Aktionen durch das Lambda festgelegt sind: Mit Aufrufen von **`launch()`**, das ebenfalls ein Coroutine Builder ist, werden dort zwei weitere Coroutinen erzeugt. Eine davon ruft die Suspending Function `ausgabeVerzoegert()` von oben und damit `delay()` auf, die andere `delay()` direkt. Anschließend ruft die `runBlocking()`-Coroutine selbst `delay()` auf. Die drei Coroutinen werden also für unterschiedliche Zeiten suspendiert und zeigen anschließend jeweils die Nummer des Threads, der sie ausführt, und ihren eigenen Namen an. Die Ausführung nach `runBlocking()` wird erst dann fortgesetzt, wenn alle Coroutinen beendet sind – daher der Name dieser Funktion.

Die Ausgabe dieses Codestücks sieht so (oder so ähnlich) aus:

```
Thread 1 vor runBlocking
Thread 1, coroutine#3
Thread 1, coroutine#2
Thread 1, coroutine#1
Thread 1 nach runBlocking
```

Man sieht also, in Einklang mit Abschnitt 9.1.1, dass ein einziger Java-Thread alle Coroutinen und, in diesem Fall, zudem das umgebende Programmstück ausführt (man beachte hierzu aber die Diskussion zu `runBlocking()` in Abschnitt 9.2.1 und zu Dispatchern in Abschnitt 9.2.3!).

Am Beispiel fällt zudem die klare Codestruktur ins Auge: Man muss nicht `Thread`-Objekte wie in Java erzeugen und starten, sondern man schreibt einfach Code, der wie ein sequenzielles Programmstück aussieht, aber nebenläufig ausgeführt wird.

Versuchen Sie, die Suspending Function `ausgabeVerzoegert()` außerhalb von `runBlocking()` aufzurufen. Was meldet der Compiler?

Für die praktische Programmierung ist zu beachten, dass man in ein Kotlin-Projekt die Coroutinen-Bibliothek explizit einbinden muss. Zudem muss man eine hinreichend aktuelle Kotlin-Version wählen. Für ein Gradle-basiertes Projekt muss man die folgenden Einträge in die Datei `build.gradle.kts` aufnehmen und anschließend einen Gradle Sync ausführen:

```
plugins {
  kotlin("jvm") version "x.y.z"
}
...
dependencies {
  implementation(
     "org.jetbrains.kotlinx:kotlinx-coroutines-core:x.y.z")
},
```

wobei `x.y.z` jeweils für die aktuelle Versionsnummer steht. Als dieses Buch geschrieben wurde, waren es `2.1.20` für die Kotlin-Version und `1.10.2` für die Coroutinen.

9.2 Coroutinen: Erzeugung und Organisation

Doku *https://kotlinlang.org/api/core/kotlin-stdlib/kotlin.coroutines/*

Coroutinen erzeugt man durch Aufruf eines **Coroutine Builders**. Die drei wesentlichen Coroutine Builder in Kotlin sind die Funktionen `runBlocking()` und `launch()`, die im vorigen Abschnitt kurz eingeführt wurden, sowie die Funktion `async()`. Coroutinen sind **Coroutine Scopes** zugeordnet, mit denen man hierarchische Coroutine-Strukturen und somit eine **Structured Concurrency** realisieren kann.

9.2.1 Coroutine Builder

Ein Aufruf von **`runBlocking()`** markiert einen Übergang von „normalem", also nicht-suspendierendem synchronem Programmcode zu suspendierendem Code, also in die „Welt der Coroutinen". Er bietet somit den Rahmen für ein Programmstück, in dem Coroutinen asynchron ausgeführt werden können. Dieses Programmstück wird an `runBlocking()` als Lambda übergeben. Innerhalb des Lambdas sollte `runBlocking()` dann nicht nochmals aufgerufen werden; `runBlocking()`-Aufrufe sollten also nicht geschachtelt sein.

Die allgemeine Codestruktur sieht damit so aus:

```
synchroner Code
runBlocking() {
  Code mit Aufruf von Suspending Functions
  und von Coroutine Buildern (außer runBlocking)
}
synchroner Code
```

Ein konkretes Beispiel wurde bereits besprochen (siehe Abschnitt 9.1.3). Es hatte die geschachtelte Struktur

```
runBlocking {
  launch { Aktionen, u.a. Suspending Function delay() }
  launch { Aktionen, u.a. ebenfalls delay() }
  Aktionen, u.a. ebenfalls delay()
}
```

Eine solche Schachtelung kann man beliebig ausweiten, also in den Lambdas der Coroutine Builder weitere Builder aufrufen, und somit eine Hierarchie von asynchronen Ausführungen erzeugen. Diese Technik wird als Structured Concurrency bezeichnet (siehe Abschnitt 9.2.2).

Die Programmausführung wird nach `runBlocking()` erst dann fortgesetzt, wenn die Ausführung des Lambdas mit allen seinen Coroutinen abgeschlossen ist. In der Kotlin-Dokumentation und anderen Quellen heißt es dazu, dass der ausführende Thread bis zur Terminierung des Lambdas blockiert wird. Diese Formulierung ist zumindest missverständlich, denn der Thread bleibt in dieser Zeit nicht in jedem Fall untätig, sondern er kann durchaus die Coroutinen innerhalb des Lambdas ausführen – siehe die Programmausgabe in Abschnitt 9.1.3 und zudem Abschnitt 9.2.3.

Stellen Sie fest, wie das auf Ihrem System aussieht, indem Sie im Beispielprojekt zu diesem Kapitel den Punkt „Coroutinen Grundlagen" ausführen und mit der Programmausgabe in Abschnitt 9.2.3 vergleichen.

Mit **launch()** startet man Coroutinen, die kein Resultat zurückliefern sollen (siehe Beispiel in Abschnitt 9.1.3). Im Defaultfall beginnt die Ausführung der Coroutine sofort; man kann aber ihren Start auch auf einen späteren Zeitpunkt verschieben:

```
val lazyJob = launch (start = CoroutineStart.LAZY) {
  Aktionen der Coroutine
}
...
lazyJob.start()  // Start der Coroutine
```

async() dient zur Programmierung von Coroutinen, die ein Resultat zurückliefern sollen. Das Resultat wird asynchron zum aufrufenden Code berechnet und dieser kann es zu einem selbstgewählten Zeitpunkt übernehmen. Ein Programmstück, in dem eine Coroutine einen `Int`-Wert berechnet, sieht schematisch so aus:

```
val resultat : Deferred<Int> =
  async {
    val res : Int = Aktionen zur Berechnung des Resultats
    res  // Rückgabe des Resultats
  }
Aktionen in der rufenden Coroutine
val a = resultat.await()  // Entgegennahme des Resultats
```

Der `async()`-Aufruf liefert der rufenden Coroutine ein Objekt des Typs **`Deferred<Int>`** zurück – ein **Future**, über das sie später das Ergebnis abfragen kann. Dies geschieht mit der Funktion `await()`. Sollte das Ergebnis beim Aufruf von `await()` noch nicht vorliegen, wird die rufende Coroutine dort suspendiert.

Wie `launch()` hat auch `async()` einen `start`-Parameter, über den mit `CoroutineStart.LAZY` die Ausführung verzögert gestartet werden kann. Das geschieht durch Aufruf von `start()` auf dem zugehörigen Job (siehe Abschnitt 9.2.2) oder `await()` auf dem `Deferred`-Objekt.

Offensichtlich ist die Anwendung von `async()` nur dann sinnvoll, wenn mehrere suspendierende Aufgaben nebenläufig zu bearbeiten sind. Die `async()`- und zugehörigen `await()`-Aufrufe können dann jeweils in beliebiger Reihenfolge geschehen.

Zu beachten ist, um es nochmals explizit zu sagen, dass `launch()` und `async()` nur innerhalb einer Coroutinen-Umgebung, also innerhalb eines Coroutine Builders ausgeführt werden können.

9.2.2 Structured Concurrency

Die Coroutinen, die durch einen `runBlocking()`-Aufruf und die darin geschachtelten Aufrufe von Coroutine Buildern erzeugt werden, sind hierarchisch angeordnet, stehen also in Eltern-Kind-Beziehungen zueinander. Man bezeichnet dies als **Structured Concurrency**. Zweck der Structured Concurrency ist eine geordnete Ausführung der Coroutinen:

- Eine Eltern-Coroutine terminiert im Normalfall erst dann, wenn alle ihre Kind-Coroutinen terminiert sind.
- Wird eine Eltern-Coroutine von außen abgebrochen (siehe Abschnitt 9.2.5), dann werden damit auch alle ihre Kind-Coroutinen abgebrochen und geben ihre Ressourcen frei. Dies verhindert, dass Coroutinen versehentlich „übrigbleiben".
- Terminiert eine Coroutine durch ein Fehlerereignis, dann werden dadurch auch sämtliche anderen Coroutinen in derselben `runBlocking`-Hierarchie terminiert (sofern man es nicht durch einen sogenannten `SupervisorJob` explizit verhindert).

Bei der Structured Concurrency spielen die folgenden Begriffe eine Rolle:

- Jede Coroutine gehört zu einem **Coroutine Scope**, der innerhalb ihres Codes, also ihres Lambdas, durch `this` zugreifbar ist und das Interface `CoroutineScope` implementiert. Insbesondere sind `launch()` und `async()` Extension Functions (siehe Abschnitt 8.3) dieses Interfaces. Ihr Aufruf lautet also vollständig `this.launch()` bzw. `this.async()` und nimmt damit Bezug auf den Scope der Coroutine, in der sie gestartet werden. Beim Aufruf eines solchen Coroutine Builders wird für die neue Coroutine ein eigener Scope erzeugt, was die einführend geschilderte Eltern-Kind-Hierarchie realisiert.
- Jede Coroutine besitzt einen **Coroutine Context**, auf den sie über ihren Scope per `this.coroutineContext` oder einfach `coroutineContext` zugreift. Dieser Kontext ist eine Sammlung von Informationen über die Coroutine, insbesondere über den zugehörigen Job (siehe nächster Punkt) und zudem über ihren Dispatcher (siehe Abschnitt 9.2.3) sowie optional ihren Exception Handler und ihren Namen.

  Eine neu erzeugte Coroutine übernimmt den Context der erzeugenden Coroutine und kann dort ausgewählte Elemente für sich überschreiben. Dies geschieht automatisch durch Überschreiben mit einem neuen Job (siehe wiederum nächster Punkt) oder durch explizite Angaben beim Aufruf:

```
runBlocking(CoroutineName("EinName")) { ... }
launch(Dispatchers.Default) { ... }  // siehe Abschnitt9.2.3
launch(CoroutineName("EinName") + Dispatchers.Default) { ... }
val handler = CoroutineExceptionHandler { context, exception -> .... }
asyc(handler) { ... }
```

- Zum Context einer Coroutine gehört ihr **Job**. Er wird zusammen mit der Coroutine erzeugt, wird dabei zum Kind des Jobs der aufrufenden Coroutine und ist ab dann für die Steuerung des Lebenszyklus der neuen Coroutine zuständig. Innerhalb einer Coroutine erhält man eine Referenz auf ihren Job durch `coroutineContext.job`, außerhalb über den Rückgabewert des Coroutine Builders (`launch()` gibt ein `Job`-Objekt zurück, `async()` ein `Deferred`-Objekt, wobei `Deferred` von `Job` abgeleitet ist).

  Eine Coroutine mit einem Job `job` kann von außen durch `job.cancel()` abgebrochen werden (siehe Abschnitt 9.2.4), man kann auf ihre Terminierung per `job.join()` warten (siehe Abschnitt 9.2.4) und man kann den aktuellen Zustand abfragen (`job.isActive()`, `job.isCancelled()`, `job.isCompleted()`). Eltern-Kind-Beziehungen lassen sich mit `job.parent` und `job.children` ermitteln.

Coroutinen lassen sich nicht nur durch Schachtelung von Coroutine Buildern gruppieren, sondern auch mithilfe der Funktion **`coroutineScope()`**. Wie die Coroutine Builder hat `coroutineScope()` einen Lambda-Block, in dem Coroutinen gestartet werden können, und wie bei den Buildern wird die Ausführung erst dann fortgesetzt, wenn alle Coroutinen terminiert sind. Im Unterschied zu den Buildern erzeugt `coroutineScope()` aber nur einen Scope zur Gruppierung der Coroutinen, jedoch keine übergeordnete Coroutine:

```
coroutineScope() {
  lauch { ... }
  async { ... }
  ...
}
// Fortsetzung, wenn alle Coroutinen beendet sind
```

Coroutine Scopes kann man nicht nur implizit durch die Coroutine Builder oder `coroutineScope()` erzeugen, sondern auch explizit: Man definiert dazu eine Klasse, die das Interface `CoroutineScope` implementiert, erzeugt ein entsprechendes Objekt und ruft darauf `lauch()` oder `async()` auf. Zudem gibt es einen vorgegebenen Scope namens `GlobalScope`. Beides sollte man aber nur in besonderen Fällen benutzen.

Verifizieren Sie durch geeigneten Code, dass bei einem Fehler, der eine Coroutine terminiert, auch die Eltern-Coroutine und alle Schwester-Coroutinen terminiert werden.

9.2.3 Dispatcher

Doku *https://kotlinlang.org/api/kotlinx.coroutines/kotlinx-coroutines-core/kotlinx.coroutines/-dispatchers/*

Coroutine Dispatcher bestimmen, durch welche Threads Coroutinen ausgeführt werden sollen. Ein Eintrag im Coroutine Context (siehe Abschnitt 9.2.2) gibt den zu verwendenden Dispatcher an, wobei es folgende Optionen gibt:

- `Dispatchers.Default`:

  Auswahl eines Threads aus einem Pool, dessen Größe durch die Anzahl der CPU-Kerne bestimmt wird. Die Coroutinen werden dann auf diese Threads verteilt. Geeignet für Coroutinen allgemeiner Art.

> **!** Gibt man bei `runBlocking()` keinen expliziten Dispatcher an, so kann es sein, dass alle Coroutinen durch denselben Thread ausgeführt werden (siehe Abschnitt 9.1.3). Möchte man sicherstellen, dass mit mehreren Threads gearbeitet wird, sollte man den Dispatcher explizit spezifizieren, also insbesondere `runBlocking(Dispatchers.Default)`.

- `Dispatchers.Default.limitedParallelism(n)`:

  Auswahl eines Threads aus einem Pool mit `n` Threads.

- `Dispatchers.Main`:

  Der Main Thread (= UI Thread = User Interface Thread), also ein dedizierter, nur einmal vorhandener Thread. Geeignet für Coroutinen mit speziellen Operationen, wie zum Beispiel die Aktualisierung der grafischen Oberfläche (GUI).

- `Dispatchers.IO`:

  Auswahl eines Threads aus einem Pool, dessen Größe durch eine Systemkonstante bestimmt wird (Defaultwert: 64 oder, falls größer, die Anzahl der CPU-Kerne). Für Coroutinen, die hauptsächlich auf das Ende einer Ein-/Ausgabeoperation warten und damit nicht CPU-intensiv sind.

- `Dispatchers.Unconfined`:

  Auswahl eines (im wesentlichen) beliebigen Threads.

Den Dispatcher kann man beim Aufruf eines Coroutine Builders festlegen:

```
runBlocking(Dispatchers.Default) { ... }
```

Fehlt diese Angabe, so wird der Dispatcher der aufrufenden Coroutine übernommen, also nicht (!) `Dispatchers.Default`, wie man annehmen könnte. Mit

```
withContext(Dispatchers.Main) { ... }
```

kann man innerhalb einer Coroutine den Dispatcher wechseln, beispielsweise um eine GUI-Operation auszuführen.

9.2.4 Wechselseitiger Ausschluss und Reihenfolge

In nebenläufigen Programmstrukturen muss sichergestellt werden, dass Schreibzugriffe auf gemeinsam benutzten Variablen nicht zu Inkonsistenzen führen. Zudem muss man bestimmte Ausführungsreihenfolgen erzwingen können. Kotlin bietet hierfür verschiedene Techniken.

Den **wechselseitigen Ausschluss** bei Schreibzugriffen kann man durchsetzen

- mit den **atomaren Datentypen** von Java, also beispielsweise

  ```
  var x = AtomicInteger(0)
  ...
  x.incrementAndGet()
  ```

  zum nichtunterbrechbaren Inkrementieren einer Ganzzahlvariablen,

- mit einem **`Mutex`**-Objekt

  ```
  var x = 0
  val mutex = Mutex()
  ...
  mutex.withLock { x++ }
  ```

  oder

  ```
  mutex.lock()
  x++
  mutex.unlock()
  ```

- mit einem **`SingleThreadContext`**, in dem sämtliche Coroutinen durch denselben Thread ausgeführt werden

  ```
  var x = 0
  val context = newSingleThreadContext("ContextName")
  ...
  withContext(context) { x++ }
  ```

> **!** Wie in Abschnitt 9.2.3 gesagt, führt möglicherweise ein einziger Thread sämtliche Coroutinen aus. In diesem Fall kommt es zu keinen Konsistenzproblemen, selbst wenn man nicht mit den genannten Techniken arbeitet. Man sollte sich aber hierdurch nicht in Sicherheit wiegen, sondern den wechselseitigen Ausschluss stets explizit durchsetzen.

Eine Coroutine kann sich bis **zur Terminierung** einer anderen Coroutine **suspendieren**, indem sie auf deren Job (siehe Abschnitt 9.2.2) die Funktion **join()** aufruft:

```
val job = launch {...}          val deferred = async {...}
...                             ...
job.join()                      deferred.join()
```

Mit **joinAll**(job1,job2,job3) wartet man auf die Terminierung mehrerer Jobs.

Reihenfolgen werden zudem bei der Übergabe von Daten durchgesetzt: await(), aufgerufen auf einem Deferred-Objekt, suspendiert die Coroutine, bis die Daten vorliegen (siehe Abschnitt 9.2.1). Dasselbe geschieht beim Datentransfer über Flows (siehe Abschnitt 9.3)

9.2.5 Abbruch

Um die Ausführung einer Coroutine von außen abzubrechen, ruft man auf ihrem Job die Funktion **cancel()** auf:

```
val job = launch {
  try {
    while(true) {
      delay(1000)
      println("Ich bin noch da")
    }
  } catch (exception : CancellationException) {
                                  println("Ich wurde abgebrochen") }
}
...
job.cancel()
job.join()
```

Die hier mit launch() erzeugte Coroutine führt eine Endlosschleife aus, in der sie sich jeweils für eine bestimmte Zeit suspendiert und dann eine Meldung ausgibt. Die rufende Coroutine unterbricht diese Coroutine zu einem späteren Zeitpunkt durch cancel() und wartet auf ihre tatsächliche Terminierung mit join() (die Erklärung hierzu folgt weiter unten). Bei der unterbrochenen Coroutine löst die Unterbrechung eine CancellationException aus, die sie mit catch abfängt.

Diese Unterbrechung ist nur möglich, weil sich die Coroutine kooperativ verhält: Sie ruft wiederholt die Suspending Function delay() auf und erreicht damit jeweils einen Suspension Point. Nur in solchen Suspension Points können Coroutinen von außen unterbrochen werden. Bei einer Coroutine, die keinen Suspension Point hat und nicht selbst prüft, ob sie unterbrochen wurde (siehe die Aufzählung im Anschluss), hat cancel() keine Wirkung. So wird in

```
val job = launch(Dispatchers.Default) {
  for (i in 1..grenze)
    println("$i-te Runde")
```

```
}
...
job.cancel()
```

die Schleife in jedem Fall bis zum Ende durchlaufen, da sie nicht kooperativ ist (zur Verwendung von `Dispatchers.DEFAULT` siehe die Anmerkung in Abschnitt 9.2.3).

Generell kann sich eine Coroutine auf drei Arten kooperativ verhalten:

- Sie ruft in regelmäßigen Abständen eine Suspending Function auf. Geeignet ist hierfür insbesondere die Funktion **`yield()`**, mit der die Coroutine ihren Thread für andere Coroutinen freigibt.
- Sie prüft, ob sie unterbrochen wurde, indem sie die Property **`isActive`** ihres `CoroutineScopes` abfragt:

```
if (!isActive) throw CancellationException()
```

- Sie ruft die Funktion **`ensureActive()`** auf. `ensureActive()` löst eine `Cancellation Exception` aus, wenn die Coroutine unterbrochen wurde.

Ein (optionaler) `catch`- oder `finally`-Block kann dann „Aufräumarbeiten" zum sauberen Beenden der Coroutine durchführen.

Ein `cancel()`-Aufruf bricht eine Coroutine also nicht unbedingt sofort ab. Zudem muss die Coroutine möglicherweise noch abschließende Aktionen durchführen, bevor sie endgültig terminiert. Daher ruft man üblicherweise nach `cancel()` `join()` auf, um ihre Beendigung abzuwarten. Die beiden Aufrufe kann man zu einem Aufruf von **`cancelAndJoin()`** zusammenfassen.

Wie schon gesagt, führt der Abbruch einer Coroutine dazu, dass auch alle von ihr direkt oder indirekt erzeugten Coroutinen abgebrochen werden.

Mit den Funktionen **`withTimeout`**`(t) {...}` und **`withTimeoutOrNull`**`(t) {...}` kann eine Coroutine die Ausführungszeit eines Blocks begrenzen: Wird der Block innerhalb von t Millisekunden nicht regulär beendet, so wird seine Ausführung mit einer `TimeoutCancellationException` bzw. mit Rückgabe des Werts `null` abgebrochen.

9.3 Flows

Doku *https://kotlinlang.org/api/kotlinx.coroutines/kotlinx-coroutines-core/kotlinx.coroutines.flow/*

In Abschnitt 6.6 wurden Sequences eingeführt – Datenstrukturen, die die Werte einer Folge jeweils auf Anforderung erzeugen und liefern. Es liegt nahe, dieses Prinzip auf asynchron arbeitende Programme zu übertragen. Wie man einzelne Werte asynchron berechnet und liefert, wurde im Zusammenhang mit `async()` (siehe Abschnitt 9.2.1) besprochen. Für asynchron generierte Folgen von Werten bietet Kotlin das **Flow**-Konzept an. Flows gibt es in zwei Ausprägungen:

- **Cold Flows** liefern Werte nur auf Anforderung, entsprechen in dieser Hinsicht also Sequences.
- **Hot Flows** liefern Werte unabhängig davon, ob eine Programmkomponente sie entgegennimmt.

Flows sind damit eine Abstraktion, die in vielen Szenarien eingesetzt werden kann – beispielsweise beim progressiven Laden von Daten, bei der Beobachtung von Sensoren oder generell zur Reaktion auf Datenänderungen und andere Ereignisse.

9.3.1 Cold Flows

Ein **Cold Flow** liefert seine Werte nur, wenn sie explizit verlangt werden. Es gibt hier also einen **Collector**, der die Werte anfordert und konsumiert, und einen **Emitter**, der die Werte ermittelt und liefert. Cold Flows können mit der Funktion **`flow()`** erzeugt werden:

```
val einEndlicherFlow =
  flow {
    for (i in 1..5)
      emit(i)
  }
```

Der hier gezeigte Flow erzeugt eine begrenzte Folge von Zahlen und liefert sie, jeweils einzeln, per **`emit()`**, wenn sie angefordert werden. Solche Anforderungen geschehen mit der Funktion **`collect()`**, die auf dem Flow aufgerufen wird:

```
runBlocking {
  einEndlicherFlow.collect {
    println("collect: $it empfangen")
    delay(2000) }
}
```

`collect()` ruft in Zwei-Sekunden-Abständen die Werte des Flows iterativ ab und wird verlassen, wenn der Flow seinen letzten Wert geliefert hat. Der technische Hintergrund von `collect()` wird in Abschnitt 9.3.3 erläutert.

Zur Rolle der Funktionen und ihrer Arbeitsweise ist es wichtig, Folgendes zu wissen:

- `flow()` ist ein Flow Builder, der festlegt, wie die Werte des Flows berechnet werden, und der sie durch `emit()` bereitstellt. `flow()` ist aber kein Coroutine Builder, begründet also selbst keine Nebenläufigkeit. Zudem ist `flow()` keine Suspending Function und kann daher außerhalb aller Coroutine Scopes aufgerufen werden.
- `collect()` ist eine Suspending Function und muss daher in einem Coroutine Scope aufgerufen werden – im Beispiel `runBlocking()`. Es bezieht sich auf einen bestimm-

ten Flow, dessen Werte es entgegennehmen soll. Sein Lambda greift über den Parameter `it` auf den jeweils nächsten Wert zu, den der Flow liefert.

- Die Aktionen von `flow()` einschließlich `emit()` werden durch dieselbe Coroutine wie `collect()` ausgeführt. Um in `collect()` einen Wert entgegennehmen zu können, wechselt die Coroutine in den Code von `flow()` und führt dort insbesondere das `emit()` selbst aus. Die Werte eines Cold Flows werden also im Standardfall nicht nebenläufig zum Konsumenten dieser Werte berechnet.
- Da `flow()` von einer Coroutine ausgeführt wird, können dort Suspending Functions aufgerufen werden, obwohl `flow()` selbst keine solche Funktion ist.

Ein Flow kann durchaus einen unendlichen Strom von Werten liefern. Möchte man hier keine weiteren Werte mehr empfangen, so unterbricht man die Coroutine des Collectors:

```
val einUnendlicherFlow =
  flow {
    var i = 0
    while(true) {
      emit(i)
      i = (i+1)%5
    }
  }
val collector = launch {
  einUnendlicherFlow.collect {
    print("$it ")
    yield()
  }
}
...
collector.cancelAndJoin()
```

Der `yield()`-Aufruf im Collector ist wichtig, damit die Coroutine von außen unterbrochen werden kann (siehe Abschnitt 9.2.5). Alternativ kann sich die Coroutine selbst unterbrechen: `if (...) cancel()`.

Mit einem Channel Flow lassen sich die Berechnungen der Werte auf mehrere Coroutinen aufteilen, die Werte also nebenläufig ermitteln. Man erzeugt ihn mit der Funktion **`channelFlow()`**:

```
val einChannelFlow =
  channelFlow {
    for (i in 1..5)
      launch {
        delay(3000)  // emuliert die Dauer einer Berechung
        send(i)
      }
  }
einChannelFlow.collect {
  println("$it empfangen")
}
```

Im Beispiel liefern fünf Coroutinen nach drei Sekunden per **send()** jeweils einen Wert. Der Collector erhält diese Werte nach Ablauf dieser drei Sekunden unmittelbar hintereinander.

Wie `flow()` kann `channelFlow()` außerhalb von Coroutine Scopes aufgerufen werden.

9.3.2 Hot Flows

Ein **Hot Flow** liefert seine Werte unabhängig davon, ob sie von einem Collector entgegengenommen werden oder nicht. Im Unterschied zu einem Cold Flow veranlasst ein Collector einen Hot Flow nicht aktiv, ihm den nächsten Wert zu liefern, sondern der Collector erhält die Werte, indem er den Datenstrom des Flows beobachtet. Man nennt einen Collector daher auch einen **Subscriber** des Flows. Ein Hot Flow kann eine beliebige Anzahl von Subscribern haben.

Für Hot Flows gibt es zwei Haupt-Anwendungsszenarien:

- Die Datenkommunikation zwischen Coroutinen als Broadcasts von Wertfolgen, wobei ein Broadcast mehrere Empfänger und sogar mehrere Sender haben kann.
- Eine Folge von Zustandsänderungen in einem Programm, die von Coroutinen beobachtet wird.

Entsprechend unterstützt Kotlin zwei Arten von Hot Flows direkt: **Shared Flows** und (als Spezialfall von Shared Flows) **State Flows**.

Die folgende Beispielklasse `Ticker` spezifiziert Emitter von **Shared Flows**, die in festgelegten Zeitabständen Zähler inkrementieren und deren Werte liefern:

```
class Ticker(val zeitabstand : Long, replay : Int = 0) {
  private val _ticks = MutableSharedFlow<Int>(replay)
  val tickFlow = _ticks.asSharedFlow()
  var cancelled = false
  fun beginTicking(scope : CoroutineScope) {
    scope.launch {
      var zaehler = 0
      while (true) {
        delay(zeitabstand)
        if (cancelled) break
        _ticks.emit(zaehler++)
      }
    }
  }
}
```

`Ticker` definiert die beiden Properties `_ticks` und `tickFlow`:

- Auf der privaten Property `_ticks` ruft der Ticker `emit()` auf und versendet damit seine Werte. `_ticks` hat den Typ `MutableSharedFlow`. Es realisiert damit nicht nur einen Strom von Werten, sondern auch einen Cache, in dem die zuletzt emittierten Werte gespeichert werden. Wie viele das sind, wird durch den Parameter `replay` festgelegt.

- Auf der öffentlichen Property `tickFlow` rufen die Collectors `collect()` auf (siehe übernächstes Listing) und nehmen damit die Werte entgegen. `tickFlow` ist an `_ticks` gekoppelt, erlaubt aber im Gegensatz zu `_ticks` nur Lesezugriffe.

Im Unterschied zu einem Cold Flow erzeugt und liefert der Emitter eines Hot Flows seine Werte unabhängig von einem Collector. Er muss daher nebenläufig ausgeführt werden, was mit einer explizit programmierten Coroutine geschieht – oder auch mit mehreren Coroutinen, die ihre Werte in denselben Flow schreiben.

Für einen Ticker der hier definierten Klasse wird die Coroutine mit der Funktion `beginTicking()` aktiviert. `beginTicking()` wird in einem Coroutine Scope aufgerufen, erhält diesen Scope mit dem Argument `this` übergeben und startet darin die Coroutine:

```
runBlocking {
  val einTicker = Ticker(300,3)
  einTicker.beginTicking(this)
  ...
}
```

Nachdem der Ticker gestartet wurde, können beliebig viele Coroutinen seine Werte empfangen:

```
val collector1 = launch {
    einTicker.tickFlow.collect {
      println("Collector 1 empfaengt $it")
    }
  }
val collector2 = launch { ... analog ... }
```

Wenn eine Coroutine, wie hier gezeigt, `collect()` aufruft, dann erhält sie unmittelbar die letzten Werte, die auf dem Flow versendet wurden – in diesem Beispiel drei Werte, da `replay` in `einTicker` mit diesem Wert initialisiert wurde. Ab dann bekommt sie alle weiteren emittierten Werte, bis sie und/oder der Emitter gestoppt werden:

```
collector1.cancel()
collector2.cancel()
einTicker.cancelled = true
```

Einem Shared Flow liegt also die Vorstellung zugrunde, dass eine aktive Programmkomponente einen Strom von Werten generiert und emittiert und dass andere Komponenten, die Subscriber, diesen Strom beobachten und, in begrenztem Umfang, auch frühere Werte abrufen können. Bei einem **State Flow** dagegen liegt der Fokus auf einem Wert oder Zustand, der sich im Lauf der Zeit ändert, was dann seinen Subscribern mitgeteilt wird. Technisch gesehen wird auch hier eine Wertfolge emittiert, sodass man State Flows als Spezialfälle von Shared Flows ansieht. Aspekte wie der Replay-Mechanismus werden aber nicht unterstützt.

Ein Beispiel für einen State Flow ist der Wert eines Sensors, der sich durch nicht näher spezifizierte Ereignisse ändert:

```
class Sensor() {
  private val _wert = MutableStateFlow(0.0)
  val wert = _wert.asStateFlow()
  fun aktualisiere(neuerWert : Double) {
    _wert.update { neuerWert }
  }
}
```

Wie `Ticker` definiert auch die Klasse `Sensor` ein Paar zusammengehöriger Properties:

- Die private Property `_wert` repräsentiert den Zustand, der beobachtet werden soll. Dieser Zustand kann von außen nicht direkt, sondern nur durch Aufruf der Funktion `aktualisiere()` geändert werden. Innerhalb der Funktion wird dazu `_wert.update()` aufgerufen – Erklärung folgt im Anschluss.
- Auf der öffentlichen Property `wert` rufen die Collectors `collect()` auf und nehmen damit die Werte entgegen (siehe nächstes Listing). `wert` ist an `_wert` gekoppelt.

Bei einem State Flow wird also statt der Funktion `emit()` die Funktion **`update()`** verwendet. Diese Funktion weist der Zustands-Property einen Wert zu und benachrichtigt, wie bei einem Shared Flow, die Subscriber – allerdings nur, wenn sich der Wert durch die Zuweisung tatsächlich geändert hat; ist er gleich geblieben, unterbleibt die Benachrichtigung. Man bezeichnet das als **Equality-Based Conflation**.

Coroutinen können einen State Flow wie einen Shared Flow per `collect()` subskribieren:

```
val sensorCollector = launch {
    sensor.wert.collect {
      println("Sensor-Collector empfängt $it")
    }
  }
```

9.3.3 Operationen auf Flows

Aus dem, was bisher gezeigt wurde, wird die grundlegende Gemeinsamkeit von Sequences und Flows deutlich: Beide generieren Folgen von Werten und tun dies (zumindest im Fall von Cold Flows) nur auf Anforderung. Sequences bieten eine Fülle von Funktionen, mit denen man sie und ihre Elemente bearbeiten kann (siehe Abschnitt 6.6.2).

Viele Sequence-Funktionen, wie zum Beispiel `map()`, `filter()` und `fold()`, sind auch für Flows verfügbar und können ebenfalls verkettet werden. Dabei gilt dasselbe Operationsprinzip wie bei Sequences: **Intermediate Operations** in einer Kette erzeugen zwar den Flow selbst, generieren aber noch keine Werte. Erst eine **Terminal Opera-**

tion führt dazu, dass sämtliche Flows in der Kette ihre Werte liefern – Wert für Wert nach dem Pipeline-Prinzip, wie in Abschnitt 6.6.2 dargestellt.

```
val zufallsnamen =
  flow {
    val strings = listOf("Barcelona","Berlin","Bremen",
                         "Budapest","Hamburg","Hannover","Helsinki")
    while (true)
      emit(strings[Random.nextInt(strings.size)])
  }
val zufallsnamenFilteredMapped =
  zufallsnamen.filter { it.startsWith('B') }
                          .map { it.substring(0,3).uppercase() }
val collector =
  launch {
    zufallsnamenFilteredMapped.collect {
      println("$it")
    }
  }
```

Der Cold Flow `zufallsnamen` emittiert eine unendliche Folge zufällig ausgewählter Städtenamen. Er dient anschließend, in `zufallsnamenFilteredMapped`, als Anfangspunkt einer Verkettung von Intermediate Operations. Sie erzeugen weitere Flows, die die Namen anhand des Anfangsbuchstabens `B` filtern und dann auf ihre Abkürzungen mit drei Großbuchstaben abbilden. Der Collector ruft die Werte ab, indem er `collect()` auf der Verkettung der Flows aufruft. `collect()` ist eine Terminal Operation, die die tatsächliche Erzeugung der Werte auslöst.

Schaltet man dem `collect()`-Aufruf ein **`take(n)`** vor, so wird der Collector beendet, nachdem er `n` Werte empfangen hat:

```
zufallsnamen.take(5).collect { ... }
```

Neben den Funktionen, die von Sequences her bekannt sind, gibt es unter anderem diese Flow-spezifischen Funktionen:

- Mit **`transform()`** kann man für jeden Wert, der vom vorgeschalteten Flow kommt, mehrere Werte emittieren. So gibt der Flow

  ```
  zufallsnamen.transform {
    emit(it)
    emit(it.substring(0,3).uppercase())
  }
  ```

  für jeden Namen, den er von `zufallsnamen` erhält, sowohl diesen Namen als auch dessen Drei-Buchstaben-Abkürzung weiter.

- Mit **`buffer(n)`** können bis zu `n` Werte „vorproduziert" werden, wenn der Collector zwischenzeitlich langsamer als der Emitter läuft. Wird der Collector später wieder schneller, kann er diese Werte unabhängig von der Geschwindigkeit des Emitters abrufen. Collector und Emitter werden also zeitlich voneinander entkoppelt:

  ```
  einFlow.buffer(4).collect() { ... }
  ```

- Mit **conflate()** übernimmt ein Collector jeweils nur den neuesten Wert des Emitters. Ein langsamer Collector kann damit Werte überspringen:

```
einFlow.conflate().collect() { ... }
```

- Mit **debounce(t)** ignoriert der Collector alle Werte des Emitters, die dieser in einem kürzeren Zeitabstand als t Millisekunden sendet. Er kann damit beispielsweise abwarten, bis eine Folge von Eingabeereignissen abgeschlossen ist:

```
einFlow.debounce(250).collect() { ... }
```

10 Weitere Themen

Das letzte Kapitel dieses Buchs spricht einige weitere Aspekte von Kotlin an, die nicht unmittelbar mit den bisher behandelten Themen zusammenhängen und/oder über eine erste Einführung in die Programmiersprache hinausgehen. Sie werden relativ kurz dargestellt und es wird auf Literatur und Online-Quellen hingewiesen, mit denen man sich ausführlicher informieren kann. Im Einzelnen sind dies

- **Reflection** zur Abfrage und Nutzung von Informationen über den Programmcode,
- **Type-Safe Builders** für Domain-Specific Languages (DSLs) zur Erzeugung von Datenstrukturen, die bestimmten Bildungsregeln gehorchen,
- **reguläre Ausdrücke** zur Prüfung, Suche und Veränderung von/in Strings sowie
- **Kotlin Multiplatform** zur Programmierung von Anwendungen, die auf verschiedenen Plattformen ausgeführt werden können.

Themen, über die man sich online informieren kann, sind beispielsweise

- **Annotationen** der Form `@Annotation`, um Quellcode Metainformationen hinzuzufügen [KtAnno],
- **Serialisierung**, um Datenstrukturen in eine Form zu bringen, die allgemeinverständlich übertragen und gespeichert werden kann (z. B. **JSON**) [KtSeri], sowie
- verschiedene Bibliotheken, wie beispielsweise **Ktor** [Ktor] zur Programmierung von asynchronen Client-Server-Anwendungen.

10.1 Reflection

10.1.1 Grundlagen

Doku *https://kotlinlang.org/api/core/kotlin-stdlib/kotlin.reflect/*

Durch **Reflection** kann ein Kotlin-Programm Informationen über sich selbst, also über seine Klassen, Interfaces, Objekte, Properties und Funktionen abfragen. Hierdurch kann es auch auf Programmelemente zugreifen, deren Namen zur Übersetzungszeit nicht bekannt sind. Reflection für Kotlin-Programme basiert vornehmlich auf dem Paket `kotlin.reflect`; daneben kann man aber auch `java.lang.reflect` von Java verwenden.

Das Paket `kotlin.reflect` ist in der Kotlin-Standardbibliothek nicht enthalten und muss explizit hinzugebunden werden. Für ein Gradle-basiertes Projekt trägt man dazu die folgende Dependency in die Datei `build.gradle.kts` ein und führt anschließend einen Gradle Sync aus:

```
dependencies {
  implementation(kotlin("reflect"))
  ...
}
```

Die wichtigsten Interfaces im Kotlin-Reflection-Paket sind `KClass`, `KProperty` und `KFunction` zur Repräsentation von Klassen, Properties bzw. Funktionen. `KProperty` und `KFunction` erben vom Interface `KCallable`.

10.1.2 Klassen

Doku *https://kotlinlang.org/api/core/kotlin-stdlib/kotlin.reflect/-k-class/*

Durch `EineKlasse::class` erhält man ein **`KClass`**-Objekt mit Informationen über die Klasse `EineKlasse`; mit `EineKlasse::class.java` bekommt man ein entsprechendes Objekt der Java-Klasse `Class`.

Für die Klasse `String` ergeben sich beispielsweise diese Informationen:

- `val stringKlasse = String::class`

  liefert und speichert eine Referenz auf ein Objekt des Typs `KClass<String>`. `KClass` ist also eine generische Klasse, deren jeweiliges Typargument die abgefragte Klasse ist.

- `stringKlasse.simpleName`, `stringKlasse.qualifiedName`

  liefern den Namen der Klasse (als `String`): hier `String` bzw. `kotlin.String`

- `stringKlasse.memberProperties`

  liefert die Properties der Klasse (als `Collection` von `KProperty`-Objekten, ohne Extension Properties): `length`
- `stringKlasse.memberFunctions`

  liefert die Funktionen der Klasse (als `Collection` von `KFunction`-Objekten, ohne Extension Functions): u. a. `compareTo`, `equals`, `indexOf`, `hashCode` und viele weitere
- `stringKlasse.members`

  liefert die Member, also Properties und Funktionen der Klasse (als `Collection` von `KCallable`-Objekten, ohne Extensions)
- `stringKlasse.constructors`

  liefert die Konstruktoren der Klasse (als `Collection` von `KFunction`-Objekten):

  `<init>`
- `stringKlasse.allSuperclasses`

  liefert die direkten und indirekten Basisklassen und -Interfaces (als `Collection` von `KClass`-Objekten):

  `kotlin.Comparable`, `kotlin.Any`, `kotlin.CharSequence`, `java.io.Serializable`
- `stringKlasse.isOpen` / `isFinal` / `isData` / `isAbstract` / `isInner` / ...:

  liefert Informationen über Eigenschaften der Klasse (als `Boolean`)

Zudem gibt es die Funktionen **`createInstance()`**, um ein Objekt der Klasse zu erzeugen, und **`cast()`** für einen Type Cast.

`KClass`-Objekte für Interfaces und selbstdefinierte Klassen lassen sich auf dieselbe Weise beschaffen und nutzen:

```
val einInterface = Collection::class
val eineEigeneKlasse = Zaehler::class
```

10.1.3 Objekte und Ausdrücke

Informationen über die Klasse bzw. den Typ eines Objekts erhält man ebenfalls mit `::class`:

```
val einObjekt = Pair(1,"Eins")
val klasse = einObjekt::class
```

Für dieses Beispiel ergeben sich folgende Informationen:

- `klasse.simpleName`: `Pair`
- `klasse.qualifiedName`: `kotlin.Pair`
- `klasse.memberProperties`: `first second`
- `klasse.memberFunctions`:

  `component1 component2 copy equals hashCode toString`
- `klasse.members`:

  `first second component1 component2 copy equals hashCode toString`
- `klasse.constructors`: `<init>`
- `klasse.allSuperclasses`: `java.io.Serializable kotlin.Any`

Deklarieren und initialisieren Sie eine Variable des Typs `Triple<Double,Int,String>`. Fragen Sie dann mit `::class` die Klasse ab. Welche Information erhalten Sie, welche nicht? Erinnern Sie sich an das, was in Abschnitt 7.5.6 gesagt wurde.

`einObjekt::class` liefert die aktuelle Klasse (also den dynamischen Typ), auch wenn der statische Typ von `einObjekt` ein Basisklassentyp ist:

```
var einNumberObjekt : Number  // statischer Typ: Number
einNumberObjekt = 10
println("${einNumberObjekt::class}")
                              // kotlin.Int (dynamischer Typ)
einNumberObjekt = 1.234
println("${einNumberObjekt::class}")
                              // kotlin.Double
```

Wiederholen Sie die Aufgabe aus Abschnitt 2.7.2, bei der die automatisch abgeleiteten Typen von Arrayvariablen festgestellt werden sollten. Benutzen Sie nun aber `::class.qualifiedName` statt `.javaClass`.

Mit einem `KClass`-Objekt für ein bestimmtes Objekt kann man auf dessen Properties zugreifen, ohne deren Namen zu kennen:

```
val einObjekt = Pair(1,"Eins")
val klasse = einObjekt::class
val memberProperty0 = klasse.memberProperties.toList()[0]
println("${memberProperty0.getter.call(einObjekt)}")
                                             // Ausgabe: 1
val memberProperty1 = klasse.memberProperties.toList()[1]
println("${memberProperty1.getter.call(einObjekt)}")
                                             // Ausgabe: Eins
```

Am Beispiel wird deutlich, warum `KProperty` von `KCallable` erbt: Der Getter (und auch der Setter) werden über die `KCallable`-Funktion `call()` aufgerufen.

Auch den Typ eines Ausdrucks kann man durch Reflection feststellen:

```
val ausdruck = 1 + 2L - 4.5f/6.3
println(ausdruck::class)  // kotlin.Double
println(ausdruck::class.java)  // double
```

Wie in früheren Kapiteln gesehen, kann man den Java-Typ auch ohne das Kotlin-Reflection-Paket ermitteln:

```
println(ausdruck.javaClass.name)  // double
```

10.1.4 Properties und Funktionen

Doku *https://kotlinlang.org/api/core/kotlin-stdlib/kotlin.reflect/-k-property/*

Doku *https://kotlinlang.org/api/core/kotlin-stdlib/kotlin.reflect/-k-function/*

Properties und Funktionen werden durch die Interfaces **`KProperty`** (und dem davon abgeleiteten Interface **`KMutableProperty`**) bzw. **`KFunction`** repräsentiert. Dies können Top-Level Properties und Top-Level Functions sowie Properties und Funktionen von Klassen, Interfaces und Objekten sein. Auch lokale Funktionen sind möglich, lokale Variablen oder Funktionsparameter jedoch nicht. `KProperty` und `KFunction` sind generische Interfaces; die vollständige Bezeichnung lautet `KProperty<out V>`, wobei `V` der Typ der Property ist, bzw. `KFunction<out R>`, wobei `R` der Rückgabetyp der Funktion ist.

Beide Interfaces sind vom Interface **`KCallable`** abgeleitet. Unterhalb von `KProperty` und `KFunction` wird weiter differenziert:

- Die Interfaces `KProperty0` und `KProperty1` (sowie die entsprechenden `Mutable`-Varianten) unterscheiden Properties ohne und mit Receivern. Insbesondere Top-Level Properties sind Properties ohne Receiver. Member Properties sind dagegen Properties mit Receivern, da sie in einer Klasse oder einem Interface definiert sind.

  Auch diese Interfaces sind generisch: `KProperty0<out V>` mit dem Typ `V` der Property und `KProperty1<T,out V>` zusätzlich mit dem Typ `T` des Receivers. Für eine Member Property ist `T` der Typ der Klasse, in die sie eingebettet ist.

- Die Interfaces `KFunction0`, `KFunction1` usw. unterscheiden Funktionen nach der Anzahl ihrer Parameter. Sie sind generisch, wobei das Interface `KFunction_n` n+1 Typparameter hat, also beispielsweise `KFunction2` als `KFunction2<P1,P2,R>` definiert ist: `R` ist, wie bereits gesagt, der Rückgabetyp der Funktion, `P1` und `P2` stehen für die Parametertypen der Funktion.

  Diese Interfaces sind nicht vorgegeben, sondern sie werden durch den Compiler bei der Übersetzung generiert. Die Kotlin-Dokumentation enthält daher nur eine Beschreibung von `KFunction`, aber nicht von `KFunction0`, `KFunction1`, ...

Ein **KProperty**-Objekt erhält man durch ein :: von dem Propertynamen, also für eine Member Property einer Klasse durch

```
val kProperty = Klassenname::Propertyname
```

für eine Member Property eines Objekts durch

```
val kProperty = Objektname::Propertyname
```

und für eine Top-Level Property durch

```
val kProperty = ::Propertyname
```

Für kProperty = String::length beispielsweise bekommt man unter anderem diese Informationen:

- kProperty.name: length
- kProperty.returnType: kotlin.Int
- kProperty.isConst: false
- kProperty.isFinal: false
- kProperty.isOpen: true

Es fällt auf, dass der Typ der Property mit returnType und nicht einfach mit type abgefragt wird. returnType bezieht sich auf den Rückgabetyp des Getters der Property, der hierdurch festgestellt wird. Diesen Getter kann man über das KProperty-Objekt aufrufen – siehe dazu das Beispiel in Abschnitt 10.1.3, wo memberProperties eine Collection von KProperty-Objekten lieferte.

Prüfen Sie anhand einer Top-Level Property und einer Member Property, die jeweils den Typ Int haben, dass die zugehörigen KProperty-Typen so sind wie eingangs geschildert – also KProperty0<Int> bzw. KProperty1<*Klassenname*, Int>.

(Anmerkung: Sie müssen hierzu die Interfaces explizit importieren

import kotlin.reflect.KProperty0

import kotlin.reflect.KProperty1)

Ein **KFunction**-Objekt für eine Funktion erhält man ebenfalls durch ein ::, das man vor den Funktionsnamen setzt. Hierdurch kann man, wie oben für Objekte gezeigt, auf Member Functions von Klassen und Objekten sowie auf Top-Level Functions zugreifen. Beispielsweise gelangt man über

```
val kFunction = ::pow
```

an Informationen über die Top-Level Function Math.pow():

- kFunction.name: pow

- `kFunction.parameters`:

  `parameter #0 arg0 of fun pow(kotlin.Double, kotlin.Double) : kotlin.Double`

  `parameter #1 arg1 of fun pow(kotlin.Double, kotlin.Double) : kotlin.Double`
- `kFunction.returnType`: `kotlin.Double`
- `kFunction.isInfix`: `false`
- `kFunction.isInline`: `false`
- `kFunction.isOperator`: `false`
- `kFunction.isSuspend`: `false`

Über `KFunction`-Objekte kann man Funktionen auf drei verschiedene Arten aufrufen – beispielsweise `Math.pow()` über die `kFunction`-Variable von oben:

- `kFunction(2.0,3.0)` (siehe Abschnitt 5.3.2)
- `kFunction.invoke(2.0,3.0)` (siehe Abschnitt 5.3.2)
- `kFunction.`**`call`**`(2.0,3.0)`

Der wesentliche Unterschied zwischen `invoke()` und `call()` liegt darin, dass `call()` einen `varargs`-Parameter hat und damit flexibel zum Aufruf verschiedener Funktionen mit unterschiedlichen Anzahlen von Parametern eingesetzt werden kann. Die Anzahl der Parameter von `invoke()` ist dagegen fest (entsprechend dem Typ `KFunction0`, `KFunction1` usw.), was `invoke()` weniger flexibel macht, aber präzisere Prüfungen ermöglicht.

10.2 Type-Safe Builder

Klassen definieren Objekttypen und damit die Struktur von Objekten. Bei der Erzeugung eines Objekts muss sichergestellt werden, dass dessen Struktur die Anforderungen des Typs erfüllt. Dies kann durch **Type-Safe Builder** geschehen – Funktionen, die Objekte anhand der Typregeln erzeugen und initialisieren. Ein Anwendungsgebiet für Type-Safe Builder sind **Domain-Specific Languages (DSL)**, also Sprachen zur Strukturierung von Daten für bestimmten Anwendungszwecke (siehe Abschnitt 10.2.4).

10.2.1 Problem und Lösungsansatz

Wie ein Type-Safe Builder definiert und angewendet wird, lässt sich am besten anhand eines einfachen Beispiels erklären. In diesem Beispiel soll eine Sammlung von WWW-Links realisiert werden, die aus einem Titel und beliebig vielen Paaren mit URLs und zugehörigen textuellen Bezeichnungen besteht. Hierzu benötigt man zunächst zwei Klassen:

```
class Linksammlung(
  var titel : String = "Eine Linksammlung",
  val links : MutableList<Link> = mutableListOf()) {}
class Link(
  var bezeichnung : String = "Ein Link",
  var url : String = "https://dummy.xyz") {}
```

Warum Properties mit `var` markiert sind, wird in Abschnitt 10.2.2 erklärt.

Man könnte nun eine Sammlung von Links dadurch aufbauen, dass man `Link`-Objekte durch Konstruktoraufrufe erzeugt und sie per `add()` einem `Linksammlung`-Objekt hinzufügt, das zuvor ebenfalls erzeugt wurde:

```
val eineLinksammlung = Linksammlung("Links zu Kotlin")
eineLinksammlung.links.add(
  Link("Hauptseite",
       "https://kotlinlang.org"))
eineLinksammlung.links.add(
  Link("Kotlin docs",
       "https://kotlinlang.org/docs/home.html"))
eineLinksammlung.links.add(
  Link("Standardbibliothek",
       "https://kotlinlang.org/api/core/kotlin-stdlib/"))
```

Diese Vorgehensweise hat aber zwei Nachteile, insbesondere für komplexere Datenstrukturen:

- Der Code wird recht unübersichtlich – entweder, wie hier zu sehen, durch die Schachtelung von `add()`- und Konstruktor-Aufrufen oder, wenn man diese Schachtelung vermeiden möchte, durch die Verwendung zusätzlicher Hilfsvariablen.
- Es ist nicht offensichtlich, ob alle erforderlichen Bestandteile erzeugt und korrekt zusammengefügt wurden – ob die Erzeugung also „type-safe" ist.

Übersichtlicher und leichter zu prüfen ist eine Schreibweise in einer Art, wie man sie beispielsweise bei JSON findet:

```
linksammlung {
  titel = "Links zu Kotlin"
  link {
    bezeichnung = "Hauptseite"
    url = "https://kotlinlang.org"
  }
  link {
    bezeichnung = "Kotlin docs"
```

```
    url = "https://kotlinlang.org/docs/home.html"
  }
  link {
    bezeichnung = "Standardbibliothek"
    url = "https://kotlinlang.org/api/core/kotlin-stdlib/"
  }
}
```

Eine solche Schreibweise wird von Kotlin unmittelbar unterstützt. Es handelt sich nämlich um geschachtelte Aufrufe von Funktionen (hier `linksammlung` und `link`), die jeweils einen Trailing-Lambda-Parameter (siehe Abschnitt 5.5.2) erhalten. Diese Lambdas legen die Schritte zur Erzeugung und Initialisierung von (Teil-)Objekten fest.

Der Code erfüllt damit eine deklarative und eine operative Aufgabe:

- Er spezifiziert den typkonformen Aufbau von hierarchischen Datenstrukturen.
- Er erzeugt bei seiner Ausführung ein entsprechendes typkonformes Objekt.

Beides setzt natürlich voraus, dass die beteiligten Funktionen korrekt implementiert sind. Dies geschieht im folgenden Abschnitt.

10.2.2 Vorgehensweise

Realisiert wird der Lösungsansatz durch Lambdas mit Receivern (siehe Abschnitt 8.4.2). Für die Beispielklasse `Linksammlung` sieht das so aus:

```
class Linksammlung(
  var titel : String = "Eine Linksammlung",
  val links : MutableList<Link> = mutableListOf()) {
  fun link(init: Link.() -> Unit) {
    val neuerLink = Link()
    neuerLink.init()
    links.add(neuerLink)
  }
}
```

Da ein `Linksammlung`-Objekt Objekte der Klasse `Link` enthalten soll, wird eine Hilfsfunktion `link()` bereitgestellt, mit der solche `Link`-Objekte erzeugt, initialisiert und der `MutableList` im `Linksammlung`-Objekt hinzugefügt werden. Die Erzeugung und das Hinzufügen geschehen durch `link()` selbst, nämlich in der ersten und dritten Zeile des Körpers. Initialisiert wird das neu erzeugte `Link`-Objekt durch das Lambda, das über den `init`-Parameter übergeben wird. Es ist ein Lambda mit dem Receiver-Typ `Link`, kann also auf einem `Link`-Objekt aufgerufen werden (was in der zweiten Zeile geschieht) und auf dessen Properties mit `this` (oder auch ohne `this`) zugreifen.

Zusätzlich wird eine Top-Level Function zur Erzeugung des `Linksammlung`-Objekts selbst bereitgestellt. Auch sie erhält ein Lambda mit Receiver übergeben:

```
fun linksammlung(init: Linksammlung.() -> Unit): Linksammlung {
  val linksammlung = Linksammlung()
  linksammlung.init()
  return linksammlung
}
```

Damit erklärt sich der Code am Ende des vorigen Abschnitts:

```
linksammlung {
  titel = "Links zu Kotlin"
  link {
    bezeichnung = "Hauptseite"
    url = "https://kotlinlang.org"
  }
  ... }
```

- Die Funktion `linksammlung()` wird aufgerufen mit Übergabe des Trailing Lambdas, das durch den Block in geschweiften Klammern hinter `linksammlung` definiert wird. Dieser Block ist also das Argument für den `init`-Parameter.
- Im Körper von `linksammlung()` wird als Erstes ein `Linksammlung`-Objekt erzeugt. Auf dieses Objekt wird dann das übergebene Lambda angewendet. Da es als Lambda mit Receiver typisiert ist, kann es auf die Properties des neuen Objekts unmittelbar zugreifen.
- Das Lambda initialisiert zuerst die `titel`-Property des neuen `Linksammlung`-Objekts. Anschließend erzeugt es, durch Aufrufe der Funktion `link()` des neuen Objekts, `Link`-Objekte und fügt sie in seine `MutableList` ein.
- Den `link()`-Aufrufen werden wiederum Lambdas übergeben, die die Properties `bezeichnung` und `url` initialisieren.

Drei Anmerkungen zum Code:

- Da die Objekte zunächst erzeugt und erst in einem zweiten Schritt initialisiert werden, müssen die betreffenden Properties mit `var` deklariert werden. Wollte man sie mit `val` deklarieren, wie in Kotlin empfohlen, dann müsste man mit Hilfsobjekten arbeiten. Dies würde allerdings den Code aufblähen.
- `linksammlung()` liefert eine Referenz auf das neu erzeugte Objekt zurück, sodass damit weitergearbeitet werden kann:

  ```
  val eineLinksammlung = linksammlung { ... }
  ```

  Bei der Funktion `link()` geschieht das nicht, da die erzeugten `Link`-Objekte unmittelbar in die `MutableList` eingefügt werden und dann nur über sie zugreifbar sein sollen.
- Mit der Scope Function `apply()` (siehe Abschnitt 8.4.3) lässt sich der Code einer Erzeugungsfunktion verkürzen:

  ```
  fun linksammlung(init: Linksammlung.() -> Unit): Linksammlung {
    return Linksammlung().apply(init)
  }
  ```

Funktionen zur Ausgabe der erzeugten Datenstruktur und zur Erzeugung von HTML-Code kann man wie gewohnt ergänzen:

```
class Linksammlung(...)(
  ...
  fun ausgabe() {
    println("$titel")
    for (link in links)
      link.ausgabe()
  }
  fun htmlCode() : String {
    var htmlCode = "<HTML>\n<H2>$titel</H2>\n"
    for (link in links)
        htmlCode += "<BR>\n${link.htmlCode()}\n"
    htmlCode += "</HTML>\n"
    return htmlCode
  }
}
class Link(...) {
  ...
  fun ausgabe() {
    println("$bezeichnung: $url")
  }
  fun htmlCode() = "<A HREF=\"$url\">$bezeichnung</A>"
}
```

Die Ausgabe sieht so aus:

```
Links zu Kotlin
Hauptseite: https://kotlinlang.org
Kotlin docs: https://kotlinlang.org/docs/home.html
Standardbibliothek: https://kotlinlang.org/api/core/kotlin-stdlib/
```

und der erzeugte HTML-Code so:

```
<HTML>
<H2>Links zu Kotlin</H2>
<BR>
<A HREF="https://kotlinlang.org">Hauptseite</A>
<BR>
<A HREF="https://kotlinlang.org/docs/home.html">Kotlin docs</A>
<BR>
<A HREF="https://kotlinlang.org/api/core/kotlin-stdlib/">Standardbibliothek</A>
</HTML>
```

Übrigens kann man mit der Bibliothek *kotlinx.html* [KtHtml] HTML-Code durch geschachtelte Lambdas erzeugen, also mit derselben Technik wie hier dargestellt.

10.2.3 Rekursive Strukturen

Type-Safe Builder eignen sich insbesondere auch zur Definition und Erzeugung von rekursiven Datenstrukturen mit beliebiger Schachtelungstiefe, also von **Baumstrukturen**. Entsprechend der Vorgehensweise aus dem vorigen Abschnitt sieht der Code hierfür so aus:

```
class Baumknoten(var name : String = "",
    val kinder : MutableList<Baumknoten> = mutableListOf()) {
  fun baumknoten(init: Baumknoten.() -> Unit) {
    val knoten = Baumknoten()
    knoten.init()
    kinder.add(knoten)
  }
}
fun wurzel(init: Baumknoten.() -> Unit): Baumknoten {
  return Baumknoten().apply(init)
}
```

Einen Baum erzeugt man, indem man `wurzel()` aufruft und dabei ein Lambda übergibt, das eine Schachtelung von `baumknoten()`-Aufrufen enthält:

```
val einBaum = wurzel {
  name = "Wurzel"
  baumknoten {
    name="Kind 1"
    baumknoten { name="Enkel 11" }
    baumknoten { name="Enkel 12" }
  }
  baumknoten {
    name="Kind 2"
    baumknoten { name="Enkel 21" }
    baumknoten { name="Enkel 22" }
    baumknoten { name="Enkel 23" }
   }
}
```

10.2.4 Anwendungsgebiete

Type-Safe Builder werden vornehmlich eingesetzt, um hierarchische Datenstrukturen zu definieren und zu erzeugen, die eine beschränkte Größe haben und relativ statisch, also schon zur Übersetzungszeit bekannt sind. Sie stehen oft im Zusammenhang mit einer **Domain-Specific Language (DSL)**, die die Strukturierung von Daten für bestimmte Anwendungszwecke spezifiziert. Anwendungsbeispiele sind grafische Oberflächen (wie mit dem Kotlin-basierten Jetpack Compose für Android-Applikationen), die Steuerung von Übersetzungsvorgängen (wie bei Gradle-Build-Dateien im KTS-Format, das ebenfalls auf Kotlin basiert und in den Beispielprojekten dieses Buchs verwendet wird) oder Webseiten (wie oben gezeigt).

Sie sind weniger geeignet für große Strukturen, die möglicherweise nicht hierarchisch aufgebaut sind und die sich dynamisch ändern. Ein Beispiel hierfür sind die Resultate von Datenbankabfragen.

Natürlich sind Mischformen möglich: Man kann zunächst mithilfe von Type-Safe Buildern eine Grundstruktur erzeugen und sie später modifizieren. So könnte man im einführenden Beispiel zunächst eine initiale Linksammlung mit den geschachtelten Lambdas erzeugen und sie anschließend durch `add()`-Aufrufe erweitern.

10.3 Reguläre Ausdrücke

Doku *https://kotlinlang.org/api/core/kotlin-stdlib/kotlin.text/-regex/*

Reguläre Ausdrücke definieren Muster für Zeichenfolgen. Mit einem regulären Ausdruck prüft man, ob eine Folge von Zeichen nach einem bestimmten Muster aufgebaut ist, und man sucht in einer Zeichenfolge nach diesem Muster, um Teile daraus zu extrahieren oder sie zu ändern. In Java gibt es zwei getrennte Klassen zur Definition und Anwendung von regulären Ausdrücken, nämlich `Pattern` und `Matcher`. Kotlin vereinigt die Funktionalitäten beider Klassen in einer einzigen, nämlich in der Klasse **`Regex`**.

10.3.1 Erzeugung

Reguläre Ausdrücke werden in Kotlin auf dieselbe Weise wie in Java formuliert, nämlich mit der **Java Pattern Syntax** [Pattern]:

Tabelle 10.1 Java Pattern Syntax (auszugsweise)

Muster	Bedeutung
`XY`	X gefolgt von Y
`X|Y`	X oder Y
`[xyz]`	Zeichen x oder y oder z
`[^xyz]`	weder Zeichen x noch y noch z
`[a-z0-9]`	ein Zeichen aus den Bereichen a-z oder 0-9
`(X)`	Gruppenbildung innerhalb des Ausdrucks
`X?`	X kein- oder einmal
`X*`	X beliebig oft, auch keinmal

Tabelle 10.1 Java Pattern Syntax (auszugsweise) *(Fortsetzung)*

Muster	Bedeutung
`X+`	X beliebig oft, mindestens einmal
`X{n}`	X genau n-mal
`X{n,}`	X mindestens n-mal
`X{n,m}`	X mindestens n-mal, höchstens m-mal
`\d`	Ziffer
`\b`	Wortende

Ein `Regex`-Objekt erzeugt man, indem man dem **Regex-Konstruktor** einen String übergibt, der nach dieser Syntax gebildet ist:

```
val hexzahlRx = Regex("\\b0[xX][0-9A-Fa-f]+[lL]?\\b")
```

Alternativ kann man auf einem solchen String die Funktion **`toRegex()`** aufrufen:

```
val hexzahlRx = "\\b0[xX]...".toRegex()
```

Beide Beispiele erzeugen einen regulären Ausdruck, der die Syntax von Literalen für Hexadezimalzahlen spezifiziert (siehe Abschnitt 2.3.1). Die doppelten Backslashes `\\` erklären sich dadurch, dass `\b` eine Wortgrenze bezeichnet und das davorstehende `\` als `String`-Escape für das zweite `\` benötigt wird. Man kann mit einem einfachen Backslash auskommen und damit den String lesbarer gestalten, indem man mit Raw Strings (siehe Abschnitt 2.4.2) arbeitet:

```
val hexzahlRx = Regex("""\b0[xX][0-9A-Fa-f]+[lL]?\b""")
```

Bei seiner Erzeugung wird der reguläre Ausdruck compiliert und kann anschließend beliebig oft angewendet werden.

Ein `Regex`-Objekt kann mit der Funktion **`toPattern()`** in ein Java-`Pattern`-Objekt umgewandelt werden, sodass dann sämtliche Java-Funktionalität zur Verfügung steht. Die Property **`pattern`** liefert den String, der dem `Regex`-Objekt zugrunde liegt.

10.3.2 Anwendung

Im einfachsten Fall prüft man mit einem regulären Ausdruck, ob ein String nach einem bestimmten Muster strukturiert ist. Hierzu stellen die Klassen `Regex` und `CharSequence`, die Basisklasse von `String`, die Funktion **`matches()`** bereit, die einen entsprechenden `Boolean`-Wert liefert. Man kann `matches` in Funktions- oder in Infix-Schreibweise anwenden:

```
hexzahlRx.matches("0x12aBl")  // true
"1234".matches(hexzahlRx)  // false
hexzahlRx matches "0x1A"  // true
"Eine Hexzahl: 0x1A" matches hexzahlRx  // false
```

Die Regex-Funktion **containsMatchIn()** stellt fest, ob ein Teilstring den regulären Ausdruck erfüllt. Dasselbe tut die CharSequence-Funktion **contains()**:

```
hexzahlRx.containsMatchIn("Eine Hexzahl: 0x1A")  // true
"Keine Hexzahl: 1234".contains(hexzahlRx)  // false
```

match() und containsMathIn() nehmen lediglich Prüfungen vor und liefern ihre Ergebnisse als einfache Boolean-Werte. Zwei weitere Regex-Funktionen, nämlich find() und find-All(), suchen nach Mustern in Strings und liefern Informationen über die passenden Teilstrings:

```
val fundstelle : MatchResult? = hexzahlRx.find("Hexzahl: 0x1A")
```

Das Resultat von **find()** ist ein **MatchResult**-Objekt oder null, wenn kein Teilstring den regulären Ausdruck erfüllt. Dieses Objekt enthält Informationen über den ersten passenden Teilstring, nämlich den Teilstring selbst

```
fundstelle?.value  // 0x1A
```

sowie seine Position im Gesamtstring (als IntRange):

```
fundstelle?.range  // 9..12
```

Mit der MatchResult-Funktion next() kann man zum nächsten passenden Teilstring übergehen:

```
val text = "Drei Hexzahlen: 0x1A, 0XFF, 0x100L"
hexzahlRx.find(text)?.value  // 0x1A
hexzahlRx.find(text)?.next()?.next()?.value  // 0x100L
```

find-All() liefert entsprechend ein Sequence<MatchResult>-Objekt mit Informationen über alle Fundstellen:

```
val alleHexzahlen : Sequence<MatchResult>
                                  = hexzahlRx.findAll(text)
for (fundstelle in alleHexzahlen)
  print("${fundstelle.value} [Pos. ${fundstelle.range}]  ")
```

Die Ausgabe dieses Programmstücks lautet:

```
0x1A [Pos. 16..19]  0XFF [Pos. 22..25]  0x100L [Pos. 28..33]
```

Interessanterweise ist das Ergebnis vom Typ Sequence und nicht vom Typ List. Wie in Abschnitt 6.6 dargestellt, werden die Elemente einer Sequence erst bei Bedarf ermittelt. Das ist hier vorteilhaft, da die Mustersuche mit regulären Ausdrücken aufwendig sein kann.

Man kann auch nach einer Kombination von Mustern suchen und das Ergebnis auf mehrere Variablen verteilen. Das folgende Beispiel durchsucht einen Text nach Hexadezimalzahlen, denen jeweils eine Dezimalzahl folgt:

- Zunächst wird ein regulärer Ausdruck definiert, der aus drei Gruppen besteht – nämlich einer Gruppe für Hexadezimalzahlen gefolgt von einer Gruppe für beliebige Zeichenfolgen gefolgt von einer Gruppe für Dezimalzahlen. Die drei Gruppen sind jeweils in runde Klammern eingeschlossen:

```
val dezzahlRx = Regex("\\b\\d+[lL]?\\b")
val kombiRx = "(${hexzahlRx.pattern})(.*?)(${dezzahlRx.pattern})".toRegex()
```

- Die Suche mit `findAll()` liefert `MatchResult`-Objekte, die nicht nur die Fundstellen selbst enthalten, sondern auch Informationen darüber, welcher Teil einer Fundstelle zu welcher Gruppe des regulären Ausdrucks gehört:

```
val text = "Die Hexzahl 0x1A hat den Dezimalwert 26,
                         0XFF den Wert 255 und 0x100L ist 256."
val allePaareHexDez = kombiRx.findAll(text)
```

- Man kann nun ein `MatchResult`-Objekt nach den Gruppen destrukturieren (siehe Abschnitt 7.4.1) und die Teile verschiedenen Variablen zuweisen:

```
for (fundstelle in allePaareHexDez) {
  val (hex,_,dez) = fundstelle.destructured
  println("Hex: $hex  Dez: $dez")
}
```

  mit der Ausgabe:

```
Hex: 0x1A  Dez: 26
Hex: 0XFF  Dez: 255
Hex: 0x100L  Dez: 256
```

Die Funktion **`replace()`** ersetzt alle Teilstrings, die einen regulären Ausdruck erfüllen, durch neue Teilstrings. Wie diese Teilstrings erzeugt werden, wird durch ein Lambda spezifiziert:

```
val text = "Hexadezimalzahlen: 0xAbcD, 0XffFf, 0x11Dd"
val text_Gross = hexzahlRx.replace(text)
                   { match -> match.value.uppercase() }
```

mit dem Resultat:

```
Hexadezimalzahlen: 0XABCD, 0XFFFF, 0X11DD
```

Schließlich ist noch die Funktion **`split()`** zu erwähnen, mit der man einen String aufspalten kann, wobei die Trennstellen durch einen regulären Ausdruck beschrieben werden.

Die Klasse `CharSequence` definiert ebenfalls die Funktionen `replace()` und `split()`.

10.4 Kotlin Multiplatform

Kotlin Multiplatform bezeichnet die Fähigkeit, Kotlin-Programme für verschiedene Plattformen zu übersetzen und dort auszuführen. Welche Plattformen das aktuell sind, kann man unter [KtMulti] nachlesen. Als dieses Buch fertiggestellt wurde, wurden dort die Übersetzung in Bytecode für die Java Virtual Machine, nach JavaScript zur Ausführung in Browsern und mit Node.js sowie in nativen Code für Betriebssysteme wie Linux, Windows, macOS und iOS genannt.

Auf Quellcode-Ebene wird Kotlin Multiplatform unterstützt durch die Unterscheidung zwischen dem **Common Source Set** und **plattformspezifischen Source Sets**. Der Common Source Set spezifiziert, allgemein gesprochen, Programmierschnittstellen (APIs), die man auf allen Plattformen (= „Targets“) nutzen kann, plattformspezifische Source Sets spezifizieren APIs nur für ein bestimmtes Target. Diese Unterscheidung wird in der Dokumentation der Standardbibliothek sichtbar, wie beispielsweise für das Interface `Collection`:

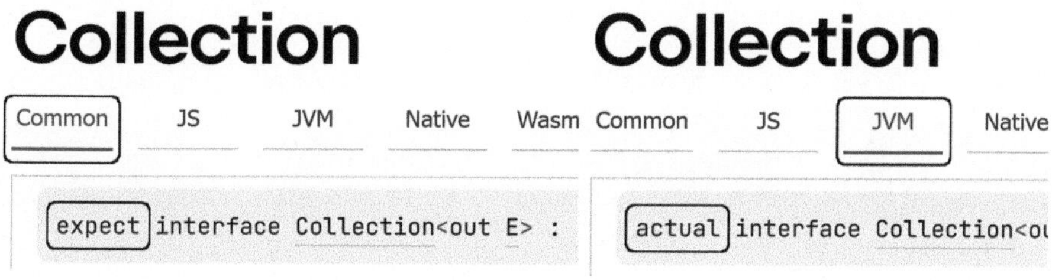

Bild 10.1 Kotlin-Dokumentation – Source Sets

Unter „Common“ findet man die Dokumentation für das Common Source Set, unter JVM die Dokumentation für das JVM-spezifische Set und so weiter. Im Fall von `Collection` (und in vielen anderen Fällen) liegt der einzige Unterschied in den Schlüsselwörtern **`expect`** und **`actual`**: `expect` besagt, dass diese API-Komponente im Common Source Set selbst nicht definiert ist, dass aber von jedem plattformspezifischen Set erwartet wird, dass es eine konforme Implementation der Komponente enthält. Im plattformspezifischen Set wird diese Implementation dann mit `actual` gekennzeichnet.

Detaillierte Informationen zu Kotlin Multiplatform, insbesondere zur Strukturierung von Kotlin-Projekten für mehrere Plattformen und ihre Übersetzung, findet man online unter [KtMulti].

Quellen und Dokumentationen

Literatur und Online-Quellen

[AStudio] Android Studio
https://developer.android.com/studio

[Eclipse] Kotlin Plug-in for Eclipse
https://marketplace.eclipse.org/content/kotlin-plugin-eclipse
https://eclipseide.org/

[IntelliJ] IntelliJ IDEA – The Leading Java and Kotlin IDE.
https://www.jetbrains.com/idea/

[Jeme11] *Jemerov, D.*: Why JetBrains needs Kotlin.
https://blog.jetbrains.com/kotlin/2011/08/why-jetbrains-needs-kotlin/

[JavKt21] *McGregor, D.; Pryce, N.*: Java to Kotlin – A Refactoring Guidebook. O'Reilly 2021.

[KtAct24] *Aigner, S.; Elizarov, R.; Isakova, S.; Jemerov, D.*: Kotlin in Action. 2nd ed. Manning 2024.

[KtAnno] Annotations.
https://kotlinlang.org/docs/annotations.html

[KtDisc] Kotlin Discussions.
https://discuss.kotlinlang.org

[KtDocs] Kotlin Docs.
https://kotlinlang.org/docs/home.html

[KtEduc] Teach Computer Science with Kotlin.
https://kotlinlang.org/education/

[KtExamp] Learn Kotlin by Example.
https://play.kotlinlang.org/byExample/

[KtHome] Kotlin.
https://kotlinlang.org/

[KtHtml] kotlinx.html.
https://github.com/Kotlin/kotlinx.html

[KtIDEs] IDEs for Kotlin development.
https://kotlinlang.org/docs/kotlin-ide.html

[KtKoans] Kotlin Koans.
https://kotlinlang.org/docs/koans.html

[KtLib] Kotlin Standard Library.
https://kotlinlang.org/api/core/kotlin-stdlib/

[KtLink] Links.
https://kotlin.link

[KtMulti] Introduction to Kotlin Multiplatform.
https://kotlinlang.org/docs/multiplatform-intro.html

[Ktor] Ktor.
https://ktor.io/

[KtPlay] Kotlin Playground.
https://play.kotlinlang.org/

[KtSeri] Serialization
https://kotlinlang.org/docs/serialization.html

[KtSpec] *M. Akhin, M. Belyaev*: Kotlin Language Specification.
https://kotlinlang.org/spec/

[KtThis] Implicit this.
https://kotlinlang.org/docs/this-expressions.html#implicit-this/

[KtTSB] Type-safe builders.
https://kotlinlang.org/docs/type-safe-builders.html

[Pattern] Java Class Pattern.
https://docs.oracle.com/javase/8/docs/api/java/util/regex/Pattern.html

[StackOfl] Cast Any to Array in Kotlin.
https://stackoverflow.com/questions/45086786/cast-any-to-array-in-kotlin

Dokumentationen

Hauptseite:	*https://kotlinlang.org/api/core/kotlin-stdlib/*
Any:	*https://kotlinlang.org/api/core/kotlin-stdlib/kotlin/-any/*
Array:	*https://kotlinlang.org/api/core/kotlin-stdlib/kotlin/-array/*
ArrayDeque:	*https://kotlinlang.org/api/core/kotlin-stdlib/kotlin.collections/-array-deque/*
ByteArray etc.:	*https://kotlinlang.org/api/core/kotlin-stdlib/kotlin/-byte-array/* usw.
Char:	*https://kotlinlang.org/api/core/kotlin-stdlib/kotlin/-char/*
CharSequence:	*https://kotlinlang.org/api/core/kotlin-stdlib/kotlin/-char-sequence/*
Collection:	*https://kotlinlang.org/api/core/kotlin-stdlib/kotlin.collections/*
Coroutine:	*https://kotlinlang.org/api/core/kotlin-stdlib/kotlin.coroutines/*
Dispatcher:	*https://kotlinlang.org/api/kotlinx.coroutines/kotlinx-coroutines-core/kotlinx.coroutines/-dispatchers/*
Exception:	*https://kotlinlang.org/api/core/kotlin-stdlib/kotlin/-runtime-exception/*
Flow:	*https://kotlinlang.org/api/kotlinx.coroutines/kotlinx-coroutines-core/kotlinx.coroutines.flow/*
KClass:	*https://kotlinlang.org/api/core/kotlin-stdlib/kotlin.reflect/-k-class/*
KFunction:	*https://kotlinlang.org/api/core/kotlin-stdlib/kotlin.reflect/-k-function/*
KProperty:	*https://kotlinlang.org/api/core/kotlin-stdlib/kotlin.reflect/-k-property/*

List:	*https://kotlinlang.org/api/core/kotlin-stdlib/kotlin.collections/-list/*
Map:	*https://kotlinlang.org/api/core/kotlin-stdlib/kotlin.collections/-map/*
Math:	*https://kotlinlang.org/api/latest/jvm/stdlib/kotlin.math/*
Number:	*https://kotlinlang.org/api/core/kotlin-stdlib/kotlin/-number/*
Progressions:	*https://kotlinlang.org/api/core/kotlin-stdlib/kotlin.ranges/-int-progression/*
	https://kotlinlang.org/api/core/kotlin-stdlib/kotlin.ranges/-long-progression/
	https://kotlinlang.org/api/core/kotlin-stdlib/kotlin.ranges/-char-progression/
Range:	*https://kotlinlang.org/api/core/kotlin-stdlib/kotlin.ranges/*
Reg. Ausdrücke:	*https://kotlinlang.org/api/core/kotlin-stdlib/kotlin.text/-regex/*
Reflection:	*https://kotlinlang.org/api/core/kotlin-stdlib/kotlin.reflect/*
Repeat:	*https://kotlinlang.org/api/core/kotlin-stdlib/kotlin/repeat.html*
Scope Functions:	*https://kotlinlang.org/docs/scope-functions.html*
Sequence:	*https://kotlinlang.org/api/core/kotlin-stdlib/kotlin.sequences/*
Set:	*https://kotlinlang.org/api/core/kotlin-stdlib/kotlin.collections/-set/*
String:	*https://kotlinlang.org/api/core/kotlin-stdlib/kotlin.text/-string.html*
StringBuilder:	*https://kotlinlang.org/api/core/kotlin-stdlib/kotlin.text/-string-builder/*
Text:	*https://kotlinlang.org/api/core/kotlin-stdlib/kotlin.text/*
Thread:	*https://kotlinlang.org/api/core/kotlin-stdlib/kotlin.concurrent/thread.html*
Time:	*https://kotlinlang.org/api/core/kotlin-stdlib/kotlin.time/*

Um sämtliche Properties und Funktionen einer Klasse oder eines Interfaces zu sehen, muss man jeweils „Members & Extensions" auswählen:

Lösungen der Hands-On-Aufgaben

Kapitel 2 Datenorganisation

2.2.1 Basis: Klassen und Interfaces

```
val a : Int = 0
val b : Int? = 0
println("Java-Typ von a:Int  : ${a.javaClass}")
```

Ausgabe: `int`

```
println("Java-Typ von b:Int? : ${b!!.javaClass}")
```

Ausgabe: `class java.lang.Integer`

2.2.4 is und as: Typprüfung und -umwandlung

Typprüfung bei nullfähigen und nicht-nullfähigen Variablen:

```
var x : Int = 0
if (x is Int) println("x is Int: true")
if (x is Int?) println("x is Int?: true")
var y : Int? = 0
if (y is Int) println("y is Int: true")
if (y is Int?) println("y is Int?: true")
var z : Int? = null
if (z is Int) println("z is Int: true")
if (z is Int?) println("z is Int?: true")
```

Ausgabe:

x is Int: true

x is Int?: true

y is Int: true

y is Int?: true

z is Int?: true

Erkenntnis: Eine Unterscheidung findet offensichtlich nicht allgemein statt – mit Ausnahme von Variablen, die mit einem nullfähigen Typ deklariert wurden und den Wert `null` haben.

Typprüfung bei Variablen, die mit bzw. ohne Any deklariert werden:

```
var x : Any = 0
if (x is String)
    println("Typ von x ist String")
  else println("Typ von x ist nicht String")
```

Ausgabe: Typ von `x` ist nicht `String`

Ohne die Typangabe `: Any`: Compilerfehler – Incompatible Types: `String` and `Int`

2.4.1 Der Typ Char

`val charVar1 = 'A'`

`val charVar2 = charVar1+1`

nicht zulässig: `val charVar3 = 1+charVar1`

nicht zulässig: `val charVar3 = charVar1+charVar2`

nicht zulässig: `val charVar3 = (charVar1+1)%26`

2.5.1 Ranges

```
repeat(20) { print(" ${(1..3).random()}") }
```

Ausgabe z. B.: 2 3 3 3 2 1 2 2 3 1 3 2 3 2 1 3 2 2 2 1

```
repeat(20) { print(" ${Random.nextInt(1,3)}")}
```

Ausgabe z. B.: 2 1 2 2 2 1 2 1 1 1 2 2 2 2 2 2 2 2 2 1

Erkenntnis: Bei `(1..3).random()` werden Zufallszahlen zwischen 1 und einschließlich 3 erzeugt, bei `Random.nextInt(1,3)` Zufallszahlen zwischen 1 und ausschließlich 3 (also nur 1 und 2).

Auf Intervalle mit Gleitkommazahlen kann `random()` nicht angewendet werden.

2.5.2 Progressions

```
for (i in 12..5 step -1) ...
```

Laufzeitfehler: `IllegalArgumentException` Step must be positive.

2.7.2 Arrays: Erzeugung und Initialisierung

Typinferenz bei Arraytypen:

`val booleanArrayPrimitive = booleanArrayOf(true,false)`

`booleanArrayPrimitive.javaClass: class [Z` (Z = JVM-Typ für `boolean`)

`intArrayPrimitive = intArrayOf(1,2,3,4)`

`intArrayPrimitive.javaClass: class [I` (I = JVM-Typ für `int`)

`doubleArrayPrimitive = doubleArrayOf(1.1,2.2,3.3,4.4)`

`doubleArrayPrimitive.javaClass: class [D` (D = JVM-Typ für `double`)

`charArrayPrimitive = charArrayOf('a','b','c')`

`charArrayPrimitive.javaClass: class [C` (C = JVM-Typ für `char`)

Erkenntnis für die Primitive-Type Arrays: Die Typen werden korrekt abgeleitet und können zur Laufzeit abgefragt werden.

`val intArray = arrayOf(1,2,3,4)`

`intArray.javaClass: class [Ljava.lang.Integer` (L = JVM-Referenz)

`val doubleArray = arrayOf(1.1,2.2,3.3,4.4)`

`doubleArray.javaClass: class [Ljava.lang.Double`

`val zahlenArray = arrayOf(1,2.2,3u,4.4f)`

`zahlenArray.javaClass: class [Ljava.lang.Comparable`

`val charArray = arrayOf('a','b','c')`

`charArray.javaClass: class [Ljava.lang.Character`

`val stringArray = arrayOf("AAA","BBB","CCC")`

`stringArray.javaClass: class [Ljava.lang.String`

`val anyArray = arrayOf(1,2.2,3u,4.4f,"String")`

`anyArray.javaClass: class [Ljava.lang.Comparable`

Erkenntnis für die Object-Type Arrays: Die Typen werden bei homogenen Array-inhalten zu den passenden Java-Typen abgeleitet und können zur Laufzeit abgefragt werden. Bei Arrays mit gemischten Inhalten (`zahlenArray`, `anyArray`) wird `Comparable` verwendet, da hiervon die Typen sämtlicher Werte abgeleitet werden.

Konstruktoren für Primitive-Type Arrays und Object-Type Arrays:

```
val primTypeArray = IntArray(5)
println(primTypeArray.contentToString())
```

Ausgabe: [0, 0, 0, 0, 0], also Vorbesetzung mit Nullen, wenn kein Lambda vorhanden.

nicht zulässig (Lambda erforderlich): `val objTypeArray = Array<Int>(5)`

2.7.3 Operationen auf Arrays

```
val primitiveDoubleArray: DoubleArray
val zeitErzeugungPrimitive = measureTime {
  primitiveDoubleArray = doubleArrayOf(0.5, 1.0, 1.5, 2.0, 2.5,
                                        3.0, 3.5, 4.0, 4.5, 5.0)
}
val objectDoubleArray: Array<Double>
val zeitErzeugungDouble = measureTime {
  objectDoubleArray = arrayOf(0.5, 1.0, 1.5, 2.0, 2.5,
                                        3.0, 3.5, 4.0, 4.5, 5.0)
}
val zeitZugriffPrimitive = measureTime {
  val a = primitiveDoubleArray[9]
}
val zeitZugriffObject = measureTime {
  val a = objectDoubleArray[9]
}
```

Die folgenden Zeiten resultieren aus Messungen mit einem Echtzeitprozess unter Windows, um den Einfluss anderer Prozesse zu minimieren. Von Interesse ist der Vergleich untereinander, weniger die absoluten Zeiten. Drei unmittelbar aufeinanderfolgende Durchgänge wurden gemessen:

Durchgang 1:

Erzeugung Primitive-Type: 1.223800 ms

Erzeugung Object-Type: 34.3us

Zugriff Primitive-Type: 900 ns

Zugriff Object-Type: 3us

Durchgang 2:

Erzeugung Primitive-Type: 4.8us

Erzeugung Object-Type: 9.3us

Zugriff Primitive-Type: 1.4us

Zugriff Object-Type: 2.2us

Durchgang 3:

Erzeugung Primitive-Type: 5.3us

Erzeugung Object-Type: 10us

Zugriff Primitive-Type: 1us

Zugriff Object-Type: 1.6us

Erkenntnisse (unter Vorbehalt):

Der Code zur Erzeugung wird offensichtlich bei seiner ersten Ausführung optimiert, der Code für die Zugriffe anscheinend nicht (wesentlich).

Zugriffe auf den Primitive-Type Array benötigen weniger Zeit als Zugriffe auf den Object-Type Array. Erzeugungen von Primitive-Type Arrays können durchaus länger dauern als von Object-Type Arrays – das hier gezeigte Zahlenverhältnis in Durchgang 1 konnte bei weiteren Programmausführungen reproduziert werden.

Kapitel 3 Kontrollstrukturen

3.1.2 Mehrfachverzweigungen

```
val zahl = (1..100).random()
println("zahl: $zahl")
when (zahl) {
  in 1..80 -> println("zwischen 1 und 80")
  in 20..100 -> println("zwischen 20 und 100")
}
```

Ausgaben:

zahl: 59

zwischen 1 und 80

Erkenntnis: Ranges dürfen sich überlappen. Es wird der erste Zweig mit einer Range ausgeführt, in dem der Wert liegt – entsprechend der generellen Vorgehensweise, dass der erste passende `when`-Zweig ausgeführt wird.

3.2.1 Schleifen: for

```
for (i in 1..10) {
  print("$i ")
  // i++  // nicht zulässig
}
```

Compilermeldung: `val` cannot be reassigned = `i` ist eine `val`-Variable.

Kapitel 4 Nullsicherheit

4.1 Nullfähige vs. nicht-nullfähige Typen

```
var x = 0
println("Typ von x ist ${x.javaClass}")
```

Ausgabe: Typ von x ist `int`

Die Zuweisung `x=null` ist nicht möglich, da der Typ zu `Int` (und nicht zu `Int?`) abgeleitet wurde.

4.2 Umgang mit nullfähigen Typen

Der Compiler akzeptiert nun den Code.

Kapitel 5 Funktionen

5.1.3 Parameter: Benennung und Defaultwerte

```
fun eineFunktion(a : Int, b : String = "String") {
  println("eineFunktion Version 1: $a $b")
}
fun eineFunktion(c : Int, d : Float = 10.0f) {
  println("eineFunktion Version 2: $c $d")
}
eineFunktion(10,"AAA")  // zulässig - Version 1
eineFunktion(20,20.0f)  // zulässig - Version 2
// eineFunktion(30)
           nicht zulässig: "overload resolution ambiguity"
```

Auflösung der "overload resolution ambiguity" durch explizite Benennung des Int-Arguments:

```
eineFunktion(a=30)  // zulässig - Version 1
eineFunktion(c=30)  // zulässig - Version 2
```

5.2.3 Inline-Funktionen

```
fun zweiHoch(n : UInt) : Int {
  var ergebnis : Int = 1
  repeat(n.toInt()) { ergebnis *= 2 }
  return ergebnis
}
inline fun zweiHochInline(n : UInt) : Int {
  var ergebnis : Int = 1
  repeat(n.toInt()) { ergebnis *= 2 }
  return ergebnis
}
fun inlineZeitmessung() {
  val n = 2000u
  var execTime = measureTime {
    repeat(1000) {
      zweiHochInline(n)
    }
  }
  println("Zeitdauer zweiHoch($n) mit inline:  $execTime")
  execTime = measureTime {
    repeat(1000) {
      zweiHoch(n)
    }
  }
  println("Zeitdauer zweiHoch($n) ohne inline:  $execTime")
}
```

Die folgenden Zeiten resultieren aus Messungen mit einem Echtzeitprozess unter Windows, um den Einfluss anderer Prozesse zu minimieren. Drei unmittelbar aufeinanderfolgende Durchgänge wurden gemessen:

Durchgang 1:

Zeitdauer zweiHoch(2000) mit inline: 7.206 ms

Zeitdauer zweiHoch(2000) ohne inline: 9.125400 ms

Durchgang 2:

Zeitdauer zweiHoch(2000) mit inline: 80.7us

Zeitdauer zweiHoch(2000) ohne inline: 1.412600 ms

Durchgang 3:

Zeitdauer zweiHoch(2000) mit inline: 15.375100 ms

Zeitdauer zweiHoch(2000) ohne inline: 1.453200 ms

Erkenntnisse: Die Ausführungszeiten schwanken stark. Dabei ist es (entgegen den Erwartungen) durchaus möglich, dass die Ausführung der Inline-Funktion länger dauert als die der regulären Funktion.

5.2.4 Endrekursive Funktionen

```
tailrec fun funkMitTailrec(n : Int) : Int {
    if (n<=1) return 1
    return n * funkMitTailrec(n-1)
}
fun funkOhneTailrec(n : Int) : Int {
    if (n<=1) return 1
    return n * funkOhneTailrec(n-1)
}
fun rekursivZeitmessung() {
  val anzahlRunden = 10
  var execTime : Duration
  var n : Int
  n = 8000
  execTime = measureTime {
    repeat(anzahlRunden) {
      funkMitTailrec(n)
    }
  }
  println(" Zeitdauer mit tailrec:  $execTime")
  execTime = measureTime {
    repeat(anzahlRunden) {
      funkOhneTailrec(n)
    }
  }
  println(" Zeitdauer ohne tailrec:  $execTime")
  n = 1000
  println("$anzahlRunden mal $n!:")
  execTime = measureTime {
    repeat(anzahlRunden) {
      funkOhneTailrec(n)
```

```
    }
  }
  println(" Zeitdauer ohne tailrec:  $execTime")
  execTime = measureTime {
    repeat(anzahlRunden) {
      funkMitTailrec(n)
    }
  }
  println(" Zeitdauer mit tailrec:  $execTime")
}
```

Ausgaben dreier aufeinanderfolgender Durchläufe:

Durchgang 1:

10 mal 8000!:

Zeitdauer mit tailrec: 3.118 ms

Zeitdauer ohne tailrec: 8.514900 ms

10 mal 1000!:

Zeitdauer ohne tailrec: 166.1us

Zeitdauer mit tailrec: 94.1us

Durchgang 2:

10 mal 8000!:

Zeitdauer mit tailrec: 1.050500 ms

Zeitdauer ohne tailrec: 532.1us

10 mal 1000!:

Zeitdauer ohne tailrec: 44.3us

Zeitdauer mit tailrec: 45us

Durchgang 3:

10 mal 8000!:

Zeitdauer mit tailrec: 412.7us

Zeitdauer ohne tailrec: 368.6us

10 mal 1000!:

Zeitdauer ohne tailrec: 54.4us

Zeitdauer mit tailrec: 200.8us

Erkenntnisse: Auch hier finden offensichlich Optimierungen während der Laufzeit statt. Diese Optimierungen können anscheinend für die Version ohne `tailrec` besser als für die Version mit `tailrec` sein, sodass `tailrec` keinen Vorteil mehr oder sogar einen deutlichen Nachteil hat.

Kapitel 6 Collections

6.3.2 List: Lesen, Schreiben, Iterieren, Vergleich

```
val size = 10000
val list = List(size) { Random.nextDouble() }
val mutList = MutableList(size) { Random.nextDouble() }
val zeitImmutable = measureTime {
  val sortedList = list.sorted()
}
val zeitMutable = measureTime {
  mutList.sort()
}
println("Mutable:   $zeitMutable")
println("Immutable: $zeitImmutable")
```

Die folgenden Zeiten resultieren aus Messungen mit einem Echtzeitprozess unter Windows, um den Einfluss anderer Prozesse zu minimieren. Drei unmittelbar aufeinanderfolgende Durchgänge wurden gemessen:

Durchgang 1:

Mutable: 5.406700 ms

Immutable: 27.554400 ms

Durchgang 2:

Mutable: 10.416400 ms

Immutable: 9.796501 ms

Durchgang 3:

Mutable: 15.647499 ms

Immutable: 17.444100 ms

Es lässt sich nicht generell feststellen, dass die Sortierung einer unveränderlichen Liste, bei der ja eine neue Liste erstellt wird, länger dauert als die Sortierung einer veränderlichen Liste. Die Verwendung unveränderlicher Collections, bei denen bei jeder Operation jeweils neue Collections erzeugt werden, ist also nicht notwendigerweise nachteilig für die Performance.

6.6.2 Sequences: Operationen

Neuberechnung der Elemente einer Sequence:

```
val zweierpotenzenKleiner2000 : Sequence<Int> =
  generateSequence(1) { print("$it "); if (it<1000) it*2 else null }
println("2 hoch 5: ${zweierpotenzenKleiner2000.elementAt(5)}")
println("2 hoch 10: ${zweierpotenzenKleiner2000.elementAt(10)}")
```

Ausgaben:

1 2 4 8 16 2 hoch 5: 32

1 2 4 8 16 32 64 128 256 512 2 hoch 10: 1024

Zeitmessung Sequence vs. List:

```
val zweierpotenzenSequence : Sequence<Int>
    = generateSequence(1) { if (it<1000) it*2 else null }
val zeitSequenceZugriff = measureTime {
  println(" elementAt 5: ${zweierpotenzenSequence.elementAt(5)}")
  println(" elementAt 10: ${zweierpotenzenSequence.elementAt(10)}")
}
val zweierpotenzenList : List<Int>
val zeitListErzeugung = measureTime {
  zweierpotenzenList = List<Int>(11)
                        { Math.pow(2.0,it.toDouble()).toInt()}
}
val zeitListZugriff = measureTime {
  println(" elementAt 5: ${zweierpotenzenList.elementAt(5)}")
  println(" elementAt 10: ${zweierpotenzenList.elementAt(10)}")
}
println("Zugriffe fuer Sequence: $zeitSequenceZugriff")
println("Erzeugung der List: $zeitListErzeugung")
println("Zugriffe fuer List: $zeitListZugriff")
```

Ausgabe:

Sequence:

elementAt 5: 32

elementAt 10: 1024

List:

elementAt 5: 32

elementAt 10: 1024

Zugriffe fuer Sequence: 549.9us

Erzeugung der List: 44.4us

Zugriffe fuer List: 688.2us

Zweiter Durchlauf:

Zugriffe fuer Sequence: 117.4us

Erzeugung der List: 10.9us

Zugriffe fuer List: 61.4us

Dritter Durchlauf:

Zugriffe fuer Sequence: 186.5us

Erzeugung der List: 55.2us

Zugriffe fuer List: 139.8us

Bei weiteren Durchläufen lagen die Zugriffszeiten für die List stets unter den Zeiten für die Sequence. Der schlechtere Zugriffswert für die List im ersten Durchlauf könnte ein Ausreißer oder auf Optimierungen während der Laufzeit zurückzuführen sein.

Reihenfolge der Sequence-Operationen:

```
val zufallszahlen : Sequence<Double> =
  generateSequence { print("generate  "); (0..9).random() }
  .map { print("map $it  "); it/100.0 }
  .distinctBy { println ("distinct $it"); it }
val anzahl = 5
val fuenfZufallszahlen = zufallszahlen.take(anzahl).toList()
```

Ausgabe:

generate map 2 distinct 0.02

generate map 7 distinct 0.07

generate map 3 distinct 0.03

generate map 9 distinct 0.09

generate map 7 distinct 0.07

generate map 4 distinct 0.04

Kapitel 7 Klassen – Grundlagen

7.2.1 Setter für Computed Property

Der Typ der Property `wert` wird aus dem Getter zu `Double` abgeleitet. Damit muss der Parameter des Setters auch den Typ `Double` haben.

7.2.2 init-Block und Sekundärkonstruktor

```
class EineKlasse {
  init { println("Erster Initblock") }
  constructor() { println("Sekundaerkonstruktor") }
  init { println("Zweiter Initblock") }
}
```

Zuerst werden beide `init`-Blöcke ausgeführt, danach der Sekundärkonstruktor.

7.3.1 Ausführungsreihenfolge bei Singletons

```
object LoggerSingletonExperiment {
  init {
    println("Logger erzeugt")
  }
  private var logSpeicher : String = ""
  fun neuerEintrag(eintrag : String) {
    logSpeicher += eintrag+"\n"
    println("--- eingetragen")
  }
  override fun toString() : String = logSpeicher
}
```

```
fun singletonExperiment() {
  println("Funktion startet")
  println("> erster Eintrag in den Logger")
  LoggerSingletonExperiment.neuerEintrag("Erster Eintrag")
  println("> zweiter Eintrag in den Logger")
  LoggerSingletonExperiment.neuerEintrag("Zweiter Eintrag")
  println("> dritter Eintrag in den Logger")
  LoggerSingletonExperiment.neuerEintrag("Dritter Eintrag")
  println("Log-Eintraege:\n$LoggerSingletonExperiment")
}
```

Ausgabe:

Funktion startet

> erster Eintrag in den Logger

Logger erzeugt // hier wird deutlich: der Logger wird nur einmal erzeugt

--- eingetragen

> zweiter Eintrag in den Logger

--- eingetragen

> dritter Eintrag in den Logger

--- eingetragen

Log-Einträge:

Erster Eintrag

Zweiter Eintrag

Dritter Eintrag

7.3.2 Anzahl der Companion Objects

Es darf nicht mehrere Companion Objects geben, selbst wenn sie unterschiedliche Namen tragen. Compilermeldung: „Only one companion object is allowed per class."

7.5.3 Konstruktorparameter des Typs T

Selbst wenn ein Typparameter einer generischen Klasse mit `out T` gekennzeichnet ist, dürfen Konstruktoren `T`-Parameter haben – siehe zum Beispiel die Klassen `Pair` und `Triple`.

7.5.4 Zuweisung bei generischen Typen ohne in und out

Der Compiler akzeptiert die Zuweisung nicht mehr; er erwartet hier eine Invarianz.

Kapitel 8 Klassen – Erweiterungen

8.3.2 Extension Functions für Interfaces

Extension Functions können auch für Interfaces definiert werden:

```
interface InterfaceA
fun InterfaceA.ausgabe() { println("Extension InterfaceA") }
class C : InterfaceA
val obj = C()
obj.ausgabe() // funktioniert
```

Man kann durchaus für mehrere Interfaces Extension Functions mit derselben Signatur definieren. Bei Objekten, die mehrere dieser Interfaces implementieren, ist allerdings keine eindeutige Namensauflösung möglich:

```
InterfaceA mit Extension Function wie oben
interface InterfaceB
fun InterfaceB.ausgabe() { println("Extension InterfaceB") }
class C : InterfaceA, InterfaceB
val obj = C()
obj.ausgabe() // Compilerfehler: "overload resolution ambiguity"
```

8.5.2 Delegation mehrerer Interfaces

Die Implementation von Interfaces kann an verschiedene Objekte delegiert werden:

```
interface Interface01 { fun ausgabe01() }
interface Interface02 { fun ausgabe02() }
class Cls (val object01 : Interface01, val object02 : Interface02) :
                 Interface01 by object01, Interface02 by object02
val obj1 = object : Interface01{
  override fun ausgabe01() { println("obj1") }
}
val obj2 = object : Interface02{
  override fun ausgabe02() { println("obj2") }
}
val obj = Cls(obj1,obj2)
obj.ausgabe01()  // Ausgabe: obj1
obj.ausgabe02()  // Ausgabe: obj2
```

8.6.1 Überladen von Operatoren

```
fun Int.plus(a : Int, b : Int) = 2*(a+b) // Versuch der Überladung
val x : Int = 1
val y : Int = 2
println("$x + $y = ${x+y}")
```

Ausgabe: 1 + 2 = 3. Der Versuch, den +-Operator zu überladen, ist also wirkungslos.

Kapitel 9 Nebenläufigkeit

9.1.3 Coroutinen mit Suspending Functions

Compilermeldung: Suspend function 'ausgabeVerzoegert' should be called only from a coroutine or another suspend function.

9.2.2 Structured Concurrency

```
private suspend fun ausgabeVerzoegert(
                 text : String, wartezeit : Long) {
  delay(wartezeit)
  println(text)
}
fun fehlerCoroutine() {
  runBlocking {
    launch {
      while(true) {
        delay(500)
        print("*")
      }
    }
    launch {
      delay(4000)
      throw ArithmeticException()
    }
    while(true) { print("-"); delay(500) }
  }
}
```

Ausgabe:

-*-*-*-*-*-*Exception in thread "main" java.lang.ArithmeticException ...

und keine weiteren -*-*... mehr. Es wird also auch die Coroutine mit der Endlosschleife terminiert.

Kapitel 10 Weitere Themen

10.1.3 Reflection: Objekte und Ausdrücke

```
val triple : Triple<Double,Int,String> = Triple(0.0,1,"Eins")
println("triple::class: ${triple::class}")
```

Ausgabe: `class kotlin.Triple`, also keine Information über die Typargumente `Double`, `Int` und `String` aufgrund der Type Erasure.

10.1.4 Reflection: Properties und Funktionen

Prüfung der Top-Level Property und der Member Property:

```
val x : Int = 0
class TestClass {
  val x = 0
}
val kPropertyTopLevel : KProperty0<Int> = ::x
val kPropertyMember : KProperty1<TestClass, Int> = TestClass::x
println("kPropertyTopLevel: ${kPropertyTopLevel}")
println("kPropertyMember: ${kPropertyMember}")
```

Ausgabe:

kPropertyTopLevel: `val x: kotlin.Int`

kPropertyMember: `val vonjavazukotlin_10.TestClass.x: kotlin.Int`

Abfrage der Arraytypen:

Ausgabe:

Kotlin-Typ: `kotlin.BooleanArray`

Kotlin-Typ: `kotlin.IntArray`

Kotlin-Typ: `kotlin.DoubleArray`

Kotlin-Typ: `kotlin.CharArray`

Kotlin-Typ: `kotlin.Array`

Kotlin-Typ: `kotlin.Array`

Kotlin-Typ: `kotlin.Array`

Kotlin-Typ: `kotlin.Array`

Kotlin-Typ: `kotlin.Array`

Kotlin-Typ: `kotlin.Array`

Erkenntnis: Bei den Primitive-Type Arrays können die Typen durch Reflection vollständig abgefragt werden, bei Object-Type Arrays wegen der Type Erasure jedoch die Typargumente nicht.

Kotlin kurzgefasst

Von Java zu Kotlin

Java ist eine etablierte, weitverbreitete Programmiersprache, hat jedoch Einschränkungen und Schwächen. Die Nachfolgesprache Kotlin ist Java-nah, aber gegenüber Java konzeptuell deutlich erweitert worden. Zudem ist ihre Syntax in wesentlichen Aspekten einfacher und ausdrucksstärker als die von Java.

Die Charakterisierung als Java-nah bedeutet, dass

- Kotlin deutliche sprachliche Ähnlichkeiten zu Java hat,
- Kotlin-Quellcode ebenfalls in Bytecode für die Java Virtual Machine compiliert und damit auf derselben Plattform wie ein Java-Programm ausgeführt wird und
- Kotlin mit Java voll interoperabel ist, also Codestücke in beiden Sprachen sich wechselseitig nutzen können, und dies sowohl innerhalb eines Projekts als auch durch Importe von Paketen und Klassen.

Von Java nach Kotlin kann man also schrittweise umsteigen, denn man kann vorhandenen Java-Code in einem Kotlin-Projekt weiter nutzen.

Wesentliche konzeptuelle Verbesserungen und Erweiterungen in Kotlin gegenüber Java sind:

- Funktionen werden als First-Class Citizens behandelt: Es gibt ein Typkonzept für Funktionen; Funktionen können in Variablen gespeichert, als Lambda-Parameter an Funktionen übergeben und von Funktionen zurückgegeben werden.
- Top-Level Functions können eigenständig außerhalb von Klassen definiert werden.
- Defaultwerte für Parameter können vereinbart werden, und man kann bei Funktionsaufrufen Parameternamen angeben.
- Klassendefinitionen enthalten weniger redundanten Code bei der Festlegung der Attribute/Properties, der zugehörigen Konstruktoren, Getter und Setter.
- Die Funktionalität einer Klasse kann nicht nur durch Vererbung, sondern auch durch Extension Functions und Delegation erweitert werden.
- Das Dateisystem zur Organisation der Klassen und Pakete eines Projekts ist potenziell einfacher, da es nicht zwingend durch die Pakethierarchie festgelegt ist.
- Ein grundlegender Schutz gegen `NullPointerExceptions` wird durch sogenannte nicht-nullfähige Typen sichergestellt, deren Variablen nie den Wert `null` annehmen können.
- Exceptions müssen nicht zwingend vom Programm abgefangen werden.
- Coroutinen zur Programmierung von Nebenläufigkeit sind leichtgewichtiger als objektorientierte Threads.

Datenorganisation

Kotlin ist eine statisch getypte Programmiersprache, speichert also Werte in Variablen und Konstanten, deren Typen schon zur Übersetzungszeit feststehen. Das Typsystem von Kotlin ist klassenbasiert; auch Zahlen, Zeichen und Wahrheitswerte werden durch Klassen und Objekte realisiert.

Variablen können mit `var` oder `val` deklariert werden. Bei `var` kann ihr Wert beliebig oft geändert werden; bei `val` ist er nach der Initialisierung unveränderlich. Lässt sich der Typ einer Variablen aus dem Initialwert ableiten, so muss er bei der Deklaration nicht explizit angegeben werden:

```
var eineVariable : Int = 1
var nochEineVariable = 'x'
val startzeit = System.currentTimeMillis()
```

Zuweisungen, Eingaben und Ausgaben geschehen wie in Java. Zudem gibt es in Kotlin die Top-Level Function `readln()`, mit der man eine Zeile direkt als String einlesen und dann in einen Wert eines bestimmten Typs umwandeln kann. Ausgabewerte lassen sich mit dem $-Symbol direkt in Strings einfügen:

```
val einInt = readln().toInt()
println("Wert einfach und doppelt: $einInt ${2*einInt}")
```

Zahlen, Zeichen, Wahrheitswerte und Strings werden im Wesentlichen wie in Java behandelt. Neben Klassen, die den Java-Typen entsprechen, umfasst Kotlin Klassen für nichtnegative ganze Zahlen und Zeitdauern. Auf Zahlenobjekten, Zeichenobjekten usw. kann man Funktionen aufrufen:

```
val zweiHochZehn : Int = 1.shl(10)   // shl(): Linksshift
val wertMalVier : Int = wert.shl(2)
```

Explizite Funktionsaufrufe sind insbesondere für Typumwandlungen erforderlich, denn Kotlin ist gerade bei Zahlentypen sehr typ-streng:

```
val einDouble : Double = (einInt+2).toDouble()
```

Wertintervalle lassen sich durch Ranges darstellen:

```
val einsBisInklusiveZehn : IntRange = 0 .. 10
val einsBisExklusiveZehn : IntRange = 0 until 10
```

Arrays können Objekte zum indizierten Zugriff speichern. Man kann Arrays entweder durch Funktionen erzeugen, deren Argumente die Initialwerte des Arrays spezifizieren, oder durch Konstruktoren mit Initialisierungsfunktionen:

```
val quadratzahlen = intArrayOf(0,1,4,9,16)
val quadratzahlen = IntArray(5) { i -> i * i }
```

Kontrollstrukturen

Kotlin bietet dieselben Kontrollstrukturen wie Java, nämlich Alternativen (`if-else`), Mehrfachverzweigungen (`when`, entsprechend `switch-case`), kopf- und fußgesteuerte Schleifen (`for` und `while` bzw. `do-while`, zudem `repeat`) und Ausnahmebehandlungen (`try-catch-finally`). Es gibt jedoch Unterschiede:

- Bei Mehrfachverzweigungen hat man in Kotlin mehr Möglichkeiten, Bedingungen zu formulieren:

```
when (x) {
  1 -> print("x ist 1")
  2, 3 -> print("x ist 2 oder 3")
  in 4..10 -> print("x liegt im Intervall [4,10]")
  else -> print("x<1 oder x>10") }
when (x) {
  y+z -> print("x ist gleich y+z")
  y-z -> print("x ist gleich y-z") }
when (variable) {
  is String -> print("Typ ist String")
  is Double -> print("Typ ist Double")
  ... }
```

- Die Köpfe von `for`-Schleifen über ganzen Zahlen lassen sich in Kotlin deutlich kompakter schreiben:

```
for (i in 1..10) ...
for (i in 1 until 10) ...
for (i in 10 downTo 0 step 2) ...
```

- Mit derselben einheitlichen Notation werden die Elemente von Datenstrukturen wie beispielsweise Arrays durchlaufen:

```
for (element in einArray) ...
```

- Mit einer `repeat`-Schleife kann man Operationen eine bestimmten Anzahl von Malen wiederholen:

```
repeat(5) {
  print("Zugabe! ")
}
```

- `if-else`, `when` und `try-catch` sind in Kotlin Ausdrücke mit Werten, die man speichern und weiterverarbeiten kann:

```
val min = if (x < y) x else y
val x3 =
  try { x1/x2 }
  catch (exc : ArithmeticException) { Int.MAX_VALUE }
```

Nullsicherheit

Ein grundlegendes Ziel von Kotlin ist, Null Pointer Exceptions (NPEs) möglichst vollständig zu verhindern. Daher ist jeder Typ, den Kotlin vorgibt oder den man selbst definiert, zunächst einmal „nicht-nullfähig" („non-nullable"). Variablen dieser Typen darf die Nullreferenz nicht zugewiesen werden:

```
val s1 : String = null  // nicht zulässig
```

Bei Variablen eines nicht-nullfähigen Typs kann man also davon ausgehen, dass sie keine NPEs verursachen werden. Der Programmtext muss hier also keine Prüfungen auf `null` und keine Behandlungen von NPEs enthalten und der Compiler muss nicht individuell prüfen, ob eine NPE-Gefahr besteht.

Allerdings gibt es zu jedem nicht-nullfähigen Typ einen entsprechenden „nullfähigen" („nullable") Typ, dessen Name der ursprüngliche Typ-/Klassenname mit einem angehängten Fragezeichen ist. Seine Variablen dürfen die Nullreferenz speichern:

```
val s2 : String? = null  // zulässig
```

Bei solchen Variablen achtet der Compiler streng darauf, dass sie keine NPEs verursachen, prüft also für jede Benutzung einer Variablen,

- ob sie an dieser Stelle `null` sein kann und, wenn ja,
- ob das Programm sicherstellt, dass die Benutzung zu keiner NPE führt.

Neben dem traditionellen Ansatz, eine Variable per `if` auf Gleichheit mit `null` zu prüfen, bietet Kotlin spezielle Sprachkonstrukte zum Umgang mit der Nullreferenz:

- Den Safe-Call-Operator `?.`

  Der Operator bewirkt, dass ein Ausdruck den Wert `null` hat, wenn in ihm ein Zugriff aufgrund einer Nullreferenz nicht möglich ist. So hat `str?.length` den Wert `str.length`, wenn `str` nicht `null` ist; ist `str` gleich `null`, so hat auch der gesamte Ausdruck den Wert `null`.

- Den Elvis-Operator `?:`

  Der Operator `?:` spezifiziert für einen Ausdruck einen Alternativwert, wenn dieser Ausdruck den Wert `null` hat. Wenn also in `str?.length ?: -1` die Variable `str` und damit auch `str?.length` gleich `null` ist, so hat der gesamte Ausdruck den Wert -1, sonst `str.length`.

- Den Non-Null Assertion Operator `!!`

  Der Operator `!!` versichert dem Compiler, dass bei der Programmausführung keine Nullreferenz vorliegen wird (z. B. `str!!.length`) und er den Zugriff daher akzeptieren soll. Dies birgt natürlich die Gefahr einer späteren NPE, falls man sich dabei irrt.

- Die `let()`-Funktion, die ein Codestück nur ausführt, wenn ein bestimmter Ausdruck nicht `null` ist.

Funktionen

Funktionen können in Kotlin als eigenständige Top-Level Functions, als Funktionen einer Klasse oder eines Interface sowie lokal in anderen Funktionen definiert werden. Sie werden als First-Class Citizens, also als getypte Programmelemente behandelt, was eine wichtige Grundlage für die funktionale Programmierung ist.

Einfache Funktionen werden im Wesentlichen wie in Java definiert und aufgerufen. Für Parameter kann man Defaultwerte spezifizieren, sodass die Wertübergabe an sie optional ist. Hierdurch wird das Überladen von Funktionen mit verschiedenen Parameterlisten überflüssig. Bei Aufrufen kann man Parameter explizit benennen und somit Mehrdeutigkeiten auflösen.

```
fun polynom(a:Int=0, b:Int=0, c:Int=0, x:Int) : Int {
  return a*x*x + b*x + c
}
val ergebnis = polynom(a=3, c=6, x=2)  // implizit: b=0
```

Für Single-Expression Functions, die nur aus einem Ausdruck bestehen, gibt es Kurzschreibweisen:

```
fun kleiner(a:Int, b:Int) = a<b
```

Kotlin realisiert ein Typkonzept für Funktionen. Damit können Funktionen in Variablen gespeichert, über Parameter an Funktionen höherer Ordnung übergeben und von diesen zurückgeliefert werden.

```
var vergleicher : (Int,Int)->Boolean = ::kleiner
fun sortiereArray(array : IntArray, vgl : (Int,Int)->Boolean) {
  sortiere 'array' anhand des Vergleichskriteriums 'vgl'
}
sortiereArray(myArray, vergleicher)
```

Üblicherweise werden an Funktionen höherer Ordnung Lambdas übergeben. Sie lassen sich knapp und prägnant formulieren, sodass der Programmtext gut lesbar ist.

```
sortiereArray(myArray, {a,b -> a<b})
```

Die etwas unschöne Schachtelung der Klammern kann man durch die Trailing-Lambda-Notation vermeiden, bei der ein Lambda-Argument hinter die geklammerte Argumentliste gesetzt wird:

```
sortiereArray(myArray) {a,b -> a<b}
```

Funktionen mit Lambda-Argumenten können in einer Kette aufgerufen werden:

```
daten.fktA { lambdaA }.fktB { lambdaB }.fktC { lambdaC } ...
```

Auch können sie geschachtelt werden. Dies realisiert das Operationsprinzip der funktionalen Programmierung, Daten schrittweise zu transformieren. In Kotlin spielen solche Transformationen bei der Verarbeitung von Collections, also von Datensammlungen, eine wesentliche Rolle.

Collections

Collections sind, wie von Java her bekannt, Datenstrukturen, die mehrere Objekte eines bestimmten Typs speichern. Collections in Kotlin umfassen Listen/Lists, Mengen/Sets und Abbildungen/Maps, die es jeweils in veränderlicher und unveränderlicher Form gibt. Entsprechend definiert das Paket `kotlin.collections` die generischen Interfaces `Collection<T>` und `MutableCollection<T>`, von denen die Interfaces `List<T>` und `Set<T>` bzw. `MutableList<T>` und `MutableSet<T>` abgeleitet sind. Separat davon sind die Interfaces `Map<T>` und `MutableMap<T>` definiert.

Ergänzend zu Collections gibt es Sequences, die in einem eigenen Paket definiert sind. Wie Java-Streams sind Sequences Folgen von Objekten, die erst bei Bedarf (also „lazily“) generiert werden. Insbesondere für Szenarien, in denen nicht alle Elemente tatsächlich benötigt werden, und für Pipelining-Anwendungen können Sequences effizienter sein als Collections.

Charakteristisch für Collections und Sequences ist die Vielzahl von vordefinierten Funktionen, die über Lambda-Parameter flexibel gesteuert werden können, wie

- Such und Filterfunktionen:

  ```
  stringCollection.firstOrNull { it.startsWith('A') }
  ```

  liefert den ersten String von `stringCollection`, der mit A beginnt.

  ```
  stringCollection.filter { it.startsWith('A') }
  ```

  liefert alle Strings von `stringCollection`, die mit A beginnen.

- Transformationsfunktionen:

  ```
  intCollection.map { it*2 }
  ```

  liefert eine neue Collection mit den verdoppelten Zahlen von `intCollection`.

  ```
  stringCollection.groupBy { it.first() }
  ```

  gruppiert die Strings von `stringCollection` nach ihren Anfangsbuchstaben.

- Aggregierungsfunktionen:

  ```
  stringCollection.count { it.startsWith('A') }
  ```

  zählt die Strings in `stringCollection`, die mit A beginnen.

  ```
  intCollection.reduce { a,b -> a*b }
  ```

  multipliziert alle Zahlen in `intCollection` miteinander.

Funktionen dieser Art ermöglichen eine funktionale Programmierung, da sie verkettet werden können, aus Collections neue Collections generieren und keine Seitenffekte haben. Zusätzliche Schreib- und Umordnungsfunktionen für veränderliche Collections unterstützen eine objektorientierte Programmierung, bei der gespeicherte Werte, also Zustände von Collections geändert werden.

Klassen – Grundlagen

Objekte dienen in Kotlin wie in Java dazu, Werte und Operationen darauf zu Einheiten zusammenzufassen. Objekte sind typisiert, gehören also vorgegebenen oder selbstdefinierten Klassen an. Zu einer Kotlin-Klassendefinition (und damit zu den Membern dieser Klasse) gehören typischerweise Properties, Funktionen und Konstruktoren:

- Die Properties eines Kotlin-Objekts haben getypte Werte und geben damit den aktuellen Zustand des Objekts an. Diese Werte können im Speicher abgelegt sein, sie können aber auch durch eine `get()`-Funktion berechnet werden:

  ```
  class Quadrat {
   var seitenlaenge : Double = 0.0
   val flaeche : Double
    get() = seitenlaenge*seitenlaenge }
  ```

  Auf Properties kann mit Punktnotation zugegriffen werden. Intern führt das zum Aufruf einer implizit oder explizit definierten `set()`- oder `get()`-Funktion.

- Die Funktionen eines Objekts arbeiten wie in Java auf seinen Properties.
- Ein Primärkonstruktor fasst die Deklaration und die Initialisierung von Properties zusammen und vermeidet somit Redundanzen:

  ```
  class Quadrat (var seitenlaenge : Double = 0.0) { ...
  ```

Für Objekte, die primär zur Speicherung von Werten dienen, bietet Kotlin Datenklassen. Datenklassen definieren implizit die grundlegenden Funktionen `copy()`, `equals()`, `hashCode()` und `toString()`:

```
data class Stadt (val name : String, val einwohner : Int)
```

Enumerationsklassen besitzen eine feste Menge von Objekten

```
enum class Jahreszeiten { FRUEHLING, SOMMER, HERBST, WINTER }
```

Mit dem Schlüsselwort `object` wird das Companion Object einer Klasse definiert, das klassenbezogene Properties und Funktionen enthält. Zudem kann man mit `object` Singletons und anonyme Klassen realisieren.

In Kotlin gibt es wie in Java generische Klassen, die von einem oder mehreren Typparameteren abhängen:

```
data class ZweiWerteEinTyp<T> (val wert1 : T, val wert2 : T)
```

Typparameter kann man mit `in` oder `out` kennzeichnen und somit angeben, ob die Klasse `T`-Werte nur als Argumente für Parameter akzeptiert oder nur als Funktionsrückgaben liefert. Dies ist die Basis für In-, Ko- und Kontravarianzregeln, die die Zuweisungskompatibilitäten zwischen Objektvariablen mit demselben generischen Typ, aber möglicherweise unterschiedlichen Typargumenten betreffen.

Klassen – Erweiterungen

Zum Aufbau von Klassenhierarchien bietet Kotlin zunächst einmal dieselben Möglichkeiten wie Java: Man kann neue Klassen von Basisklassen ableiten, also von ihnen erben, und dabei mit Sealed Classes die Vererbung auf bestimmte Klassen beschränken. Durch Interfaces und abstrakte Klassen kann man Schnittstellen definieren und sie in abgeleiteten Klassen implementieren. Klassendefinitionen können geschachtelt sein. Darüber hinaus realisiert Kotlin weitere Konzepte, mit denen sich die Funktionalität von Klassen erweitern lässt:

- Mit Extensions kann man einer Klasse weitere Funktionen hinzufügen. Man definiert dazu eigenständige Funktionen und schreibt vor ihre Namen die Namen der zu erweiternden Klassen. Eine solche Funktion lässt sich dann wie eine Member Function der Klasse aufrufen:

  ```
  fun Collection<Double>.median() : Double { ... }
  eineDoubleCollection.median()
  ```

- Funktionen mit Receivern werden per Punktnotation auf Receiver-Objekten aufgerufen; Extensions sind eine spezielle Form davon. Eine weitere Art solcher Funktionen sind Lambdas mit Receivern. Sie ermöglichen gegenüber Top-Level-Funktionen eine verkürzte Schreibweise, da in ihren Körpern das Receiver-Objekt direkt per `this` angesprochen werden kann und daher nicht explizit als Argument übergeben werden muss:

  ```
  val mal : Int.(Int)->Int = { y:Int -> this*y }
  val produkt = 2.mal(4)
  ```

- Scope Functions ermöglichen ebenfalls eine verkürzte Schreibweise. Mit ihnen kann man Code-Blöcke definieren, die auf Objekte zugreifen, ohne sie dabei explizit über Namen ansprechen zu müssen:

  ```
  with (einString) {
    println("Laenge von $this: $length")
    println("$this in Kleinschrift: ${lowercase()}") }
  ```

- Durch Delegation kann eine Klasse die Realisierung bestimmter Funktionen und Properties an Objekte einer anderen Klasse übertragen. So lässt

  ```
  class EineKlasse() : EinInterface by Objekt
  ```

  alle Funktionen und Properties von `EinInterface` durch `Objekt` implementieren. `EineKlasse` kann sich also auf die Definition zusätzlicher Member beschränken.

- Um in eigenen Klassen vorhandene Operatoren zu nutzen und ihnen dabei eine klassenspezifische Bedeutung zu geben, kann man Funktionen mit dafür festgelegten Namen definieren – zum Beispiel für den Operator + die Funktion `plus()`. Mit Infix-Funktionen kann man weitere Operatoren definieren.

Nebenläufigkeit

Um nebenläufige Programme zu realisieren, kann man in Kotlin wie in Java mit Threads arbeiten. Darüber hinaus unterstützt Kotlin ein Coroutinen-Konzept. Coroutinen sind sehr leichtgewichtig, sodass man mit ihnen feingranulare, auch kurzlebige nebenläufige Programmkomponenten in hoher Zahl erzeugen kann. Darüber hinaus ist ein Programm mit Coroutinen ähnlich strukturiert wie ein sequenzielles Programm. Es ist damit deutlich übersichtlicher als ein Programm mit Thread-Klassen und -Objekten.

Coroutinen erzeugt man mit Buildern: `runBlocking {...}` generiert einen Scope, also eine Umgebung, zur Ausführung von Coroutinen. Innerhalb dieses Rahmens können weitere Builder aufgerufen werden – `launch {...}` für Coroutinen ohne Rückgabe eines Resultats und `async {...}` für Coroutinen mit Resultatrückgabe:

```
runBlocking {
  launch { Aktionen }
  val deferred = async { Aktionen mit Resultatrückgabe }
  val resultat = deferred.await()
}
```

Die Aktionen innerhalb dieses `runBlocking {...}` werden asynchron, also nebenläufig zueinander ausgeführt. Dies kann durch einen einzigen Thread geschehen, der zwischen den Coroutinen wechselt, wenn sie eine suspendierende Funktion wie `delay()` aufrufen. `async` liefert sein Resultat über ein `Deferred`-Objekt zurück, auf dem die aufrufende Coroutine in der suspendierenden Funktion `await()` wartet.

Mit Dispatchern lässt sich steuern, wie Coroutinen durch Threads und die darunterliegende Hardware ausgeführt werden. So werden die Coroutinen in

```
runBlocking(Dispatchers.Default) { ... }
```

durch so viele Threads ausgeführt, wie die CPU Kerne hat. Die Anzahl der Coroutinen selbst wird hierdurch nicht beschränkt, da die Threads zwischen den Coroutinen hin- und hergeschaltet werden.

Zur Synchronisation von Coroutinen (wechselseitiger Ausschluss, Reihenfolge, auch Abbruch) werden Mechanismen eingesetzt, die von Threads übernommen werden oder denen von Threads ähneln.

Flows dienen zur Übertragung von Datenströmen zwischen Coroutinen. Man unterscheidet zwischen Cold Flows, die ihre Werte nur auf Anforderung liefern, und Hot Flows, die Werte als Broadcasts verschicken, die von anderen Coroutinen beobachtet werden können. Hot Flows werden weiter differenziert nach Shared Flows, die Ströme von Werten beliebiger Art erzeugen, und State Flows, die speziell Änderungen von Zuständen wie beispielsweise von Variablenwerten melden.

Weitere Themen

Kotlin enthält ein Reflection-Paket, mit dem ein Programm Informationen über seine Klassen, Interfaces, Objekte, Properties und Funktionen abfragen und nutzen kann:

```
val classInfo = EineKlasse::class
println("Es ist eine Data Class: ${classInfo.isData}")
println("Die Member sind:")
classInfo.members.forEach { println("${it.name}") }
val einObjekt = EineKlasse()
val memberProperty0 = classInfo.memberProperties.toList()[0]
println("Der Wert der ersten Property:")
println("${memberProperty0.getter.call(einObjekt)}")
```

Type-Safe Builder unterstützen die Arbeit mit Domain-Specific Languages. Mithilfe der geschachtelten Trailing-Lambda-Notation kann man sprachliche Strukturen übersichtlich spezifizieren und gleichzeitig Code zur Erzeugung entsprechender Objekte bereitstellen:

```
val eineLinksammlung =
  linksammlung {
    titel = "Links zu Kotlin"
    link {
      bezeichnung = "Hauptseite"
      url = "https://kotlinlang.org"
    }
    ...
  }
```

Die Klasse `Regex` ermöglicht es, reguläre Ausdrücke zu definieren und mit ihnen Strings zu prüfen, in Strings nach bestimmten Mustern zu suchen und Teilstrings zu ändern:

```
val hexzahlRx = Regex("\\b0[xX][0-9A-Fa-f]+[lL]?\\b")
if (hexzahlRx.matches("0x00FF"))
  println("0x00FF ist eine Hexzahl")
val text = "Drei Hexzahlen: 0x1A, 0xff, 0x100L"
val fundstellen = hexzahlRx.findAll(text)
println("Die Hexzahlen und ihre Positionen:")
for (fundstelle in fundstellen)
  println("${fundstelle.value} [Pos. ${fundstelle.range}]")
val text_in_Grossbuchstaben
  = hexzahlRx.replace(text)
       { match -> match.value.uppercase() }
```

Mit Kotlin Multiplatform lassen sich Kotlin-Programme für verschiedene Plattformen übersetzen und dort ausführen.

Stichwortverzeichnis

C

G

H

I

J

K

L

M

N

O

W

Y

Z